Zur Arbeit mit dem Buch

Einstiegskapitel

Das **erste Kapitel** ist fakultativ zu behandeln. Es dient den Schülerinnen und Schülern am Wirtschafts- und Sozialwissenschaftlichen Gymnasium mit wirtschaftswissenschaftlicher Prägung (WSG-W) vorrangig als Einstieg in das Fach Sozialkunde. Für die Schülerinnen und Schüler am Wirtschafts- und Sozialwissenschaftlichen Gymnasium mit sozialwissenschaftlicher Prägung (WSG-S) stellt es eine Art Grundwissenssammlung aus der Jahrgangsstufe 8 dar. Kapitel 1 fungiert darüber hinaus als einleitendes Unterstützungskapitel, da hier wesentliche politische Aspekte thematisiert werden, die Basisinformationen für die nachfolgenden Kapitel bieten.

Der Aufbau der Kapitel ...

Die **Auftaktseiten** jedes Kapitels sind mit ansprechenden Bildern gestaltet. Die Rubrik „Was weißt du schon?“ dient der Lernstandserhebung und der Annäherung an das Thema. Das zu erwerbende Können wird für jedes Kapitel ausformuliert und macht den Schülerinnen und Schülern transparent, über welches Können sie am Ende des Kapitels unter anderem verfügen werden.

Der **Materialienteil** bietet repräsentatives und altersgerechtes Text- und Bildmaterial, das Interesse an den soziologischen und politischen Themen weckt. Gezielt werden auch politische und fachwissenschaftliche Kontroversen dargestellt, die die Urteilsfähigkeit der Schülerinnen und Schüler herausfordern. Die Materialien stellen ein Angebot dar, die Vorgaben des Lehrplans in einem begrenzten Zeitraum zu erarbeiten.

Unter der Rubrik **Methoden** werden politische und soziologische Forschungsmethoden und Arbeitsweisen eingeführt. An geeigneten Inhalten werden die Methoden exemplarisch dargestellt. Die Erläuterungen und Anregungen können und sollen aber auch unabhängig davon an anderer Stelle herangezogen werden.

In farblich unterlegten **Info**-Texten werden zentrale soziologische und politologische Begriffe erklärt, um eine exakte fachwissenschaftliche Verwendung zu erleichtern.

Unter der Rubrik **Exkurs** wird das erworbene Wissen auf andere inhaltlich verwandte Themengebiete angewendet. Der Exkurs dient somit einem differenzierten Unterricht.

Nach jeder abgeschlossenen Unterrichtseinheit finden sich **Aufgaben**, die nicht nur die Inhalte einzelner Texte/Materialien abfragen, sondern gezielt auf Probleme und Zusammenhänge eingehen. **Miniprojekte** haben speziell die Gegebenheiten des Unterrichtsalltags im Blick. Sie stellen eine Aufgabenform dar, die entweder mit den Materialien des Buches im arbeitsteiligen Unterricht oder durch kleinere unaufwändige Erhebungen u. Ä. bearbeitet werden kann.

Die Rubriken **„Wissen kompakt“** und **„Überprüfe dein Können“** beenden die Themeneinheiten. Das grundlegende Sachwissen des Kapitels wird auf der Seite „Wissen kompakt“ für Schülerinnen und Schüler übersichtlich und verständlich zusammengefasst. Die Seite „Überprüfe dein Können“ beinhaltet Angebote zur Überprüfung und Anwendung des im Kapitel erworbenen Könnens.

Ein **Glossar** zum Nachschlagen wichtiger Grundbegriffe und ein **Register** zum Auffinden von Querverweisen sind wichtige Hilfsmittel und erleichtern das selbstständige Arbeiten mit dem Buch.

Hinweis:

Aufgrund der besseren Lesbarkeit wird im Folgenden darauf verzichtet, immer beide Geschlechter anzusprechen („Schülerinnen und Schüler“), auch wenn selbstverständlich beide gemeint sind.

1 Grundlagen der Politik 8

1.1 Verbraucherschutz vor Internet-Betrügern 10

1.2 Mitreden und Entscheiden 12

1.3 Das Grundgesetz als „Hausordnung“ 14

1.4 Politik als „Endlosschleife“ 16

Wissen kompakt 18

2 Toleranz und soziale Integration in der Gesellschaft 20

2.1 Minderheiten in Deutschland 22

2.1.1 Wie leben Minderheiten in unserer Gesellschaft? – I 22

2.1.2 Wie leben Minderheiten in unserer Gesellschaft? – II 24

Methode: Perspektivenwechsel – „Soziales Labor“: Frühstück im Stockdunkeln 27

2.1.3 Warum werden Menschen ausgegrenzt? 28

2.1.4 Wie funktionieren Vorurteile? 30

2.1.5 Wie entstehen Vorurteile? 32

Exkurs: Vorurteile in der Geschichte 33

Wissen kompakt 34

2.2 Förderung von Integration 36

2.2.1 Was leistet die Zivilgesellschaft? 36

2.2.2 Was leistet der Staat? 40

2.2.3 Was leisten die Kommunen? 42

Wissen kompakt 44

2.3 Förderung von Toleranz und Achtung 46

2.3.1 Wie kann die Familie Toleranz und Achtung fördern? 46

Miniprojekt: Erziehung zur Zivilcourage oder „Feig sein ist schon ziemlich schwach“ 49

2.3.2 Wie kann Schule Integration fördern? 50

Wissen kompakt 52

2.4 Friedliches Zusammenleben im Staat 54

2.4.1 Wie regeln Gesetze das friedliche Zusammenleben? 54

2.4.2 Welche integrationsfördernden Regeln werden diskutiert? 58

Wissen kompakt 60

3 **Jugend und Medien** 62

3.1 **Medien in unserer Demokratie – rechtliche Grundlagen** 64
3.1.1 Welchen Einfluss haben Titelbilder? 64
3.1.2 Welche Aufgaben erfüllen Massenmedien? 66
Exkurs: Wie kann eine Tageszeitung Veränderungen initiieren? 68
3.1.3 Wie selbstverständlich ist die Pressefreiheit? 70
Wissen kompakt 74

3.2 **Die ökonomischen Strukturen der deutschen Medienlandschaft** 76
3.2.1 Was bedeutet die duale Rundfunkordnung? 76
3.2.2 Wohin führt die Medienkonzentration? 78
Wissen kompakt 80

3.3 **Analyse von Medienbeiträgen** 82
3.3.1 Wie entstehen Nachrichten? 82
3.3.2 Wie werden Nachrichten präsentiert? 85
Methode: Nachrichtenformate vergleichen 87
3.3.3 Können Bilder lügen? 88
Wissen kompakt 90

3.4 **Jugendliche und Medien** 92
3.4.1 Wie nutzen wir Medien? 92
3.4.2 Was sagt die Statistik über unser Nutzungsverhalten? 94
Methode: ein Medienprotokoll erstellen 95
3.4.3 Wie prägen Medien unseren Alltag? 96
Wissen kompakt 100

3.5 **Folgen von Medienmissbrauch** 102
3.5.1 Macht Fernsehen wirklich dumm? 102
3.5.2 Können Medien süchtig machen? 106
3.5.3 Wie können Persönlichkeitsrechte geschützt werden? 110
Wissen kompakt 114

4 Leben in Europa ... 116

4.1 Was Europa ausmacht – eine Annäherung ... 118
4.1.1 Kann man Europa „erfahren“? ... 118
4.1.2 Was ist Europa? ... 120
4.1.3 Ist Europa eine Wertegemeinschaft? ... 122
Exkurs: zum Umgang mit dem Islam in Europa – eine Wertediskussion ... 123
Wissen kompakt ... 124

4.2 Europa wächst politisch zusammen – die Europäische Union ... 126
4.2.1 Wer oder was ist die EU? ... 126
4.2.2 Wie nimmt Europa auf uns Einfluss? ... 128
4.2.3 Was sind die Motive und Ziele der europäischen Einigung? ... 130
Wissen kompakt ... 132

4.3 Europäische Zusammenarbeit – Erfolge und Herausforderungen ... 134
4.3.1 Was ist eine „Euregio“? ... 134
4.3.2 Welche Probleme gibt es in der europäischen Zusammenarbeit? ... 136
Wissen kompakt ... 138

4.4 Jugend in Europa ... 140
4.4.1 Haben europäische Jugendliche gleiche Interessen, Lebensverhältnisse und ähnliche Probleme? ... 140
Methode: Diagramme lesen, auswerten und vergleichen ... 141
Exkurs: Europawahl 2009 – wie haben junge Erwachsene gewählt? ... 145
4.4.2 Wie können Jugendliche Europa als Chance wahrnehmen? ... 146
Wissen kompakt ... 150

5 Geschlechterverhältnisse im Spiegel des gesellschaftlichen Wandels ... 152
Methode: das Portfolio ... 154

5.1 Rollenspiele? ... 155
5.1.1 Wie verändern sich die Rollenklischees? ... 156
5.1.2 Fördern Gesetze Gleichberechtigung? ... 158
5.1.3 Wie sind die Rollen heute verteilt – typisch weiblich, typisch männlich oder doch Rollenbrecher? ... 160
Methode: klassische Frauen- und Männerberufe in einem Kurzreferat vorstellen ... 163
Wissen kompakt ... 164

5.2 Lebensentwürfe heute ... **166**
5.2.1 Familie – hopp oder topp? ... 166
5.2.2 Was sind Ursachen für den Sozialen Wandel? ... 168
Methode: Umgang mit einem Sachtext ... *169*
Wissen kompakt ... *170*
5.3 Aktuelle Situation in Gesellschaft, Politik und Wirtschaft ... **172**
5.3.1 Wie wirken sich Rollenklischees aus? ... 172
Methode: Auswerten von Werbespots, Anzeigen und Plakaten ... *173*
5.3.2 Lassen sich Geschlechtergerechtigkeit und -sensibilität vereinen? ... 174
5.3.3 Was schlagen Experten vor? ... 176
Methode: Gruppenpuzzle ... *181*
Wissen kompakt ... *182*

Glossar ... **184**
Register ... **188**
Literaturnachweis ... **190**
Bildnachweis ... **192**

Methoden

Perspektivenwechsel – „Soziales Labor“: Frühstück im Stockdunkeln ... 27
Nachrichtenformate vergleichen ... 87
Ein Medienprotokoll erstellen ... 95
Diagramme lesen ... 141
Das Portfolio ... 154
Klassische Frauen- und Männerberufe in einem Kurzreferat vorstellen ... 163
Umgang mit einem Sachtext ... 169
Auswerten von Werbespots, Anzeigen und Plakaten ... 173
Gruppenpuzzle ... 181

Exkurse

Vorurteile in der Geschichte ... 33
Wie kann eine Tageszeitung Veränderungen initiieren? ... 68
Zum Umgang mit dem Islam in Europa – eine Wertediskussion ... 123
Europawahl 2009 – wie haben junge Erwachsene gewählt? ... 145

IM HERBST SIND
WAHLEN
UND DAS IST AUCH GUT SO.

DEUTSCHEN VOLKE

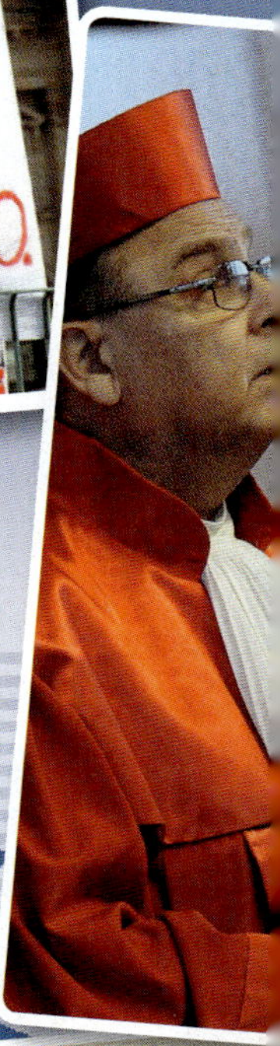

1

Grundlagen der Politik

Politik klingt abstrakt und langweilig? Aber unser ganzes Leben wird davon beeinflusst, jeder spürt die Auswirkungen, auch du. Politik regelt das alltägliche Zusammenleben der Menschen und ist fast überall. In der Politik geht es um die Lösung von Problemen, die die Öffentlichkeit betreffen. Meist versuchen dabei verschiedene Gruppen, ihre gegensätzlichen Interessen durchzusetzen. Politik ist deshalb auch ein Kampf um Herrschaft, Macht und Einfluss.

Dieses Anfangskapitel fördert das Grundverständnis für Politik. Deutlich werden dabei ihre Grundlagen, ihre Regeln und die Strukturen für Entscheidungsprozesse.

Am Ende dieses Kapitels kannst du unter anderem:

- erklären, was man unter Politik versteht
- Probleme im Alltag mit Politik in Verbindung bringen
- wissen, wer in Deutschland welche Regeln des Zusammenlebens aufstellt
- zuordnen, welche Staatsorgane welche Aufgaben erledigen
- Politik als ständigen Prozess der Problemlösung begreifen

Was weißt du schon?

- Suche dir ein Bild aus, das du am ehesten mit Politik in Verbindung bringst.
- Begründe, warum du dich für dieses Bild entschieden hast.

1.1 Verbraucherschutz vor Internet-Betrügern

IT-Recht (Informationstechnologierecht): juristisches Arbeitsfeld mit den Schwerpunkten Medien-, Internet-, Telekommunikationsrecht.
Zu den Kernbereichen gehören Fragen des Datenschutzes, des geistigen Eigentums und des E-Commerce.

M 1 Ein Klick mit Folgen

Rezepte, Hausaufgabenhilfe oder Gratis-Software: Im Internet gibt es das alles kostenlos – auf den ersten Blick jedenfalls. Doch Verbraucherschützer warnen vor versteckten Kostenfallen auf vermeintlich harmlosen Seiten. Sie schätzen, dass bereits Hunderttausende in Kostenfallen im Netz getappt sind.

Die Betreiber unseriöser Seiten arbeiten immer nach der gleichen Masche: Vor dem Herunterladen soll der Nutzer seine persönlichen Daten angeben. Dass man mit dem Klick auf „Abschicken“ oder „Bestätigen“ ein kostenpflichtiges Abo abschließt, erfährt der ahnungslose User erst, wenn die Rechnung ins Haus flattert. Zahlt der Kunde nicht, wird er schließlich mit Mahnungen spezialisierter Inkasso-Anwälte bombardiert.

Benedikt Klas, Rechtsanwalt mit Schwerpunkt IT-Recht, kritisiert die Arbeit einiger seiner Kollegen: „Die Anwälte wissen von dem betrügerischen Modell. Sie arbeiten mit den Betreibern zusammen“, sagt er. Ihn ärgert es, dass „skrupellose Geschäftemacher“ den Ruf aller Anwälte schädigen. Deshalb hat er jetzt auf Schadensersatz geklagt – gegen eine Anwältin. Und: Benedikt Klas gewann den Rechtsstreit. Bislang gab es aber noch keine Staatsanwaltschaft, die ein Strafverfahren gegen einen Abofallen-Anwalt durchsetzen konnte. Für Benedikt Klas ist das ein Unding: „Die Zurückhaltung der Justiz kann ich nicht verstehen“, sagt er. „Schließlich ist sich die Fachliteratur einig: Hier handelt es sich um Betrug.“

http:www.stern.de, 04.11.2009

M 2 Die Lösung?

„Wir sind uns einig, dass wir im Interesse der Verbraucher zu einer europaweiten Lösung kommen müssen“, erklärte Bundesverbraucherministerin Ilse Aigner nach einem Gespräch mit EU-Justizkommissarin Viviane Reding in Berlin.“ (...) „Eine gemeinsame europäische Lösung muss weiter Vorrang haben vor einem möglichen nationalen Alleingang“. (...)

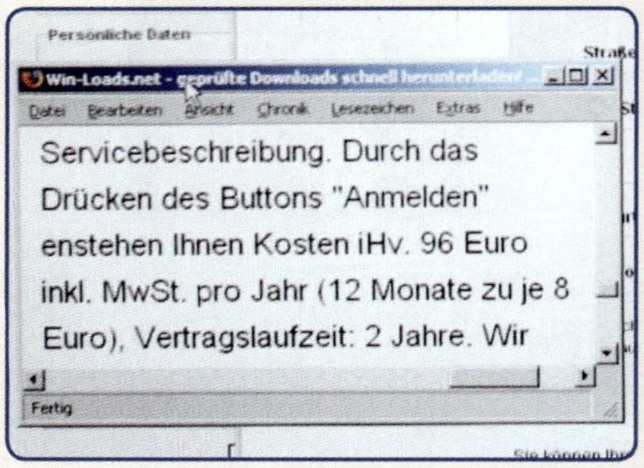

Mit der sogenannten „Button-Lösung" wird der Verbraucher künftig vor Abgabe einer Vertragserklärung im Internet klar und verständlich über eine mögliche Kostenpflicht informiert. Erst bei Bestätigung der Kenntnisnahme dieses Hinweises kommt ein Vertrag zustande. Der Verbraucher muss durch Anklicken einer Schaltfläche („Button") bestätigen, dass er den Kostenhinweis zur Kenntnis genommen hat.

BMELV, Pressemitteilung v. 23.9.2010.

Was bedeutet Politik?

Info

Im alten Griechenland hießen die Stadtstaaten „Polis". Das waren Städte, die sich selber verwalteten. Daher leitet sich das Wort „Politik" ab. Es ist die Staatskunst, also alles, was das geordnete Zusammenleben der Bürgerinnen und Bürger regelt. Politik umfasst alle Dinge, die von Regierungen, Ministerinnen und Ministern, aber auch zum Beispiel von Verwaltungen (Ämtern) und Bürgermeistern in den Gemeinden bestimmt und gesetzlich festgelegt werden. Wenn in deiner Stadt ein neues Schwimmbad gebaut oder eine neue Straße geplant wird, dann ist das eine kommunalpolitische Entscheidung. („Kommune" ist ein anderer Begriff für „Gemeinde".) Oder wenn auf der höchsten Staatsebene der Bundeskanzler oder die Bundeskanzlerin und das Kabinett Beschlüsse fassen über die Beziehungen zu anderen Staaten, dann ist das Außenpolitik. Es gibt fast keinen Bereich im Zusammenleben der Menschen, der nicht mit Politik zu tun hat. Das zeigt sich schon in den Bezeichnungen: Kinder- und Jugendpolitik, Schulpolitik, Arbeitsmarktpolitik, Gesundheitspolitik, Rentenpolitik.

Aber Politik hat nicht nur etwas mit Regierungen und Ministern zu tun. „Politik" hat oft eine viel weitere Bedeutung. Darunter versteht man alles, was mit der Durchsetzung von Forderungen und Zielen zu tun hat, mit Einflussnahme und Gestaltung, sowohl im persönlichen als auch im öffentlichen Bereich.

Gerd Schneider/ Christine Toyka-Seid, Politik, in: Das junge Politik-Lexikon, bpb, Bonn, 2. korr. Aufl. 2006, S. 221

Aufgaben

1. Vielleicht weißt du selbst etwas über zweifelhafte „Geschäftsmodelle" im Internet (M 1). Beschreibe wirkliche und denkbare Fallen, mit denen entstehende Kosten trickreich verdeckt werden.
2. Die Ministerin schlägt eine „Button-Lösung" (M 2) vor, hält aber wenig von einem „nationalen Alleingang". Beurteile die Wirksamkeit eines solchen Buttons. Erläutere die Hintergründe für die Forderung nach einer europaweiten Lösung.
3. Die Politik hat sich mehrmals des Problems angenommen: Ermittle die aktuell geltenden Regeln bei Vertragsabschlüssen im Internet. Helfen können dir dabei Informationen von Verbraucherschutzministerien oder der Verbraucherzentralen und -schutzverbände.
4. Suche aus einer Tageszeitung eine Mischung aus aktuellen Schlagzeilen heraus und entscheide, ob sie sich der Definition in der InfoBox entsprechend mit Politik befassen. Begründe dein Urteil.

1.2 Mitreden und Entscheiden

M 3 Forderungen – Vorschläge – Interessen

Verbraucherschützer fordern schärfere Gesetze gegen Internetkriminalität

Juristen warnen: Buttonlösung wird Abofallen-Gauner nicht einschüchtern!

Journalisten decken auf: „Gratis-Partnersuche" als Köder

Seniorenverbände fordern Korrektur der gesetzlichen Regelungen

Vorschlag des Justizministerium: vier Seiten Rechtstext für jede Internet-Kaufaktion

EU-Kommission befürwortet Netzsperren

Innenminister schlägt Recht auf Gegendarstellung im Internet vor

TV–Magazin weist auf Sicherheitslücken beim Personalausweis hin

Industrie- und Handelskammer: schwarze Schafe im Internet bestrafen

Landgericht Bonn: Mutter hat keinen Anspruch auf Datenauskünfte über den Vater ihres Kindes

Bundestag will Künstler gegen Gratiskultur im Internet schützen

Universitäten: Professorenwertung im Netz verletzt Datenschutz

Scheckkartenausweis mit Chip wird Gesetz

Bundestag stärkt Datenschutz am Arbeitsplatz

Gesetz schränkt Handel mit Internetdaten und Adressen ein

M 4 Staatliche Kernaufgaben: Regeln setzen, Regeln durchsetzen, Regeln auslegen

Staat:
Vereinigung vieler Menschen (Staatsvolk) in einem abgegrenzten Gebiet (Staatsgebiet) mit eigenen Staatsorganen (Staatsgewalt); normalerweise von keinem anderen Staat abhängig, also „souverän"

In der Bundesrepublik Deutschland ist im Grundgesetz präzise geregelt, wer welche Regeln aufstellen darf, die im ganzen Land gelten. Solche „Gesetze" werden in einem festgelegten Verfahren entworfen, beraten und dann von einem Parlament beschlossen. Parlamente sind also „Gesetzgeber": der Bundestag in Berlin beschließt Gesetze für das ganze Land, die Landesparlamente beschließen Gesetze zu Politikfeldern, für die die Bundesländer zuständig sind.

Die Aufteilung der Aufgaben im Staat auf verschiedene Organe nennt man Gewaltenteilung. Sie beschreibt zunächst die horizontale Aufteilung auf Organe der Regelsetzung (Legislative), der Regeldurchsetzung (Exekutive) und der Regelauslegung im Zweifelsfall

(Judikative). Gewaltenteilung meint ferner die vertikale Aufteilung von Funktionen auf verschiedene Ebenen: auf die Bundes- und die Länderebene sowie auf die Ebene der Städte und Gemeinden.

Diese Aufteilung und Verschränkung der staatlichen Gewalten will die Funktionen auf verschiedene Organe und Personen verteilen, um die Willkürherrschaft eines Organs oder einer Ebene zu verhindern. Die Balance zwischen den staatlichen Organen ist ein wichtiges Element in einer Demokratie.

Autorentext

Staatsorgane:
Die obersten Staatsorgane nennt man auch Verfassungsorgane. In Deutschland gibt es auf Bundesebene fünf ständige Verfassungsorgane: *Bundestag, Bundesrat, Bundespräsident, Bundesregierung und Bundesverfassungsgericht.*

M 5 Ebenen und Gewalten im Staatsaufbau

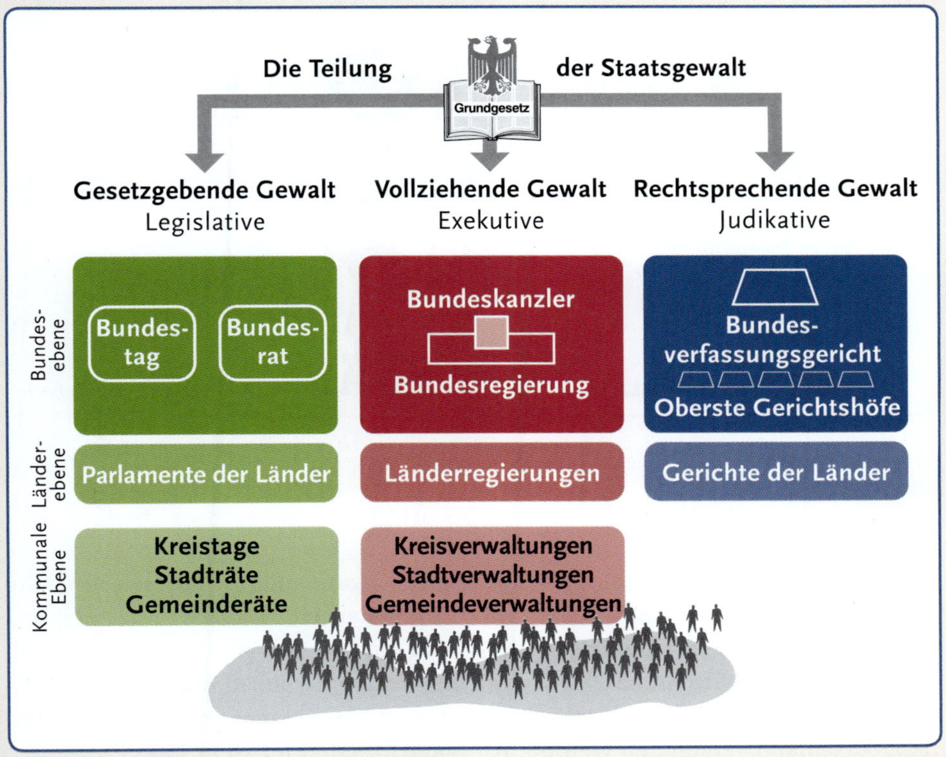

Bergmoser + Höller Verlag *61 110*

Aufgaben

1. Die Schlagzeilen in M 3 zeigen, dass sich sehr viele Akteure zu politischen Themen äußern. Versuche – von M 3 ausgehend – einen Katalog zu entwickeln, wer alles Einfluss nehmen will und wer entscheiden darf.
2. Die Medien (Printmedien, TV, Radio, Internet) übernehmen in diesem „politischen Prozess" wichtige Aufgaben. Nenne einige Funktionen der Medien.
3. Suche in der Tageszeitung oder auf einschlägigen Web-Seiten aktuelle Schlagzeilen und Nachrichten. Ordne sie den Ebenen und Säulen des Schemas zu. Welche Schwierigkeiten ergeben sich (M 5)?
4. Die Aufteilung von Zuständigkeiten auf verschiedene Ebenen und Gewalten hat viele Vorteile, bringt aber auch Nachteile mit sich. Begründe beide Sichtweisen.

1.3 Das Grundgesetz als „Hausordnung“

Demokratie:
Im engeren Sinne bedeutet Demokratie „Herrschaft des Volkes“ und stellt somit eine Herrschaftsform dar. Im weiteren Sinne steht Demokratie für eine Willens- und Entscheidungsbildung grundsätzlich von unten nach oben, d. h. freie Wahl der Regierenden durch die Bürger; Grundsatz der Mehrheit bei Entscheidungen, Schutz von Minderheiten mit der Chance zur Mehrheit zu werden; Möglichkeit der Abwahl der Regierenden.

M 6 Gebrauchsanleitung für die Demokratie

Karikatur: Erich Rauschenbach / Baaske Cartoons

M 7 Das Grundgesetz

Das Grundgesetz (GG) gilt seit der Staatsgründung im Jahr 1949 als Grundlage des Zusammenlebens der Menschen in Deutschland. Es kann als „Hausordnung“ der Bundesrepublik Deutschland verstanden werden, in der die Spielregeln für Menschen und Staat stehen. Alle Parlamente, alle Behörden und Gerichte, alle Bürgerinnen und Bürger müssen sich daran halten.
Inhaltliche Schwerpunkte sind die Grundrechte für den Einzelnen (z. B. Bekenntnis zu den Menschenrechten, Recht auf Leben und körperliche Unversehrtheit, Gleichberechtigung, Recht der freien Meinungsäußerung) und die Zuständigkeiten der staatlichen Organe und die Formen ihrer Zusammenarbeit. Das Grundgesetz legt also die Werte fest, an denen sich unser Zusammenleben orientiert, und die Regeln, nach denen die staatlichen Organe arbeiten müssen.
Der Begriff Grundgesetz wurde 1949 gewählt, um den Begriff „Verfassung“ für die Zeit zu reservieren, in der der Westen Deutschlands (Bundesrepublik) und der Osten (Deutsche Demokratische Republik) wieder vereinigt wären. Nach der Vereinigung 1990 wurde der Begriff „Grundgesetz“ allerdings aus historischen Gründen beibehalten.

Autorentext

M 8 Alle Staatsgewalt geht vom Volk aus

Artikel 20 (GG)

Absatz 2: Alle Staatsgewalt geht vom Volk aus. Sie wird vom Volke in Wahlen und Abstimmungen und durch besondere Organe der Gesetzgebung, der vollziehenden Gewalt und der Rechtsprechung ausgeübt.

Absatz 3: Die Gesetzgebung ist an die verfassungsmäßige Ordnung, die vollziehende Gewalt und die Rechtsprechung sind an Gesetz und Recht gebunden.

Volkssouveränität:
Wählerwille als höchste Instanz, Rückführung und Begründung allen staatlichen Handelns auf den Wählerwillen („Legitimation")

Rechtsstaat:
Prinzip des Rechtsstaats, Bindung jeden staatlichen Handelns an das Grundgesetz und die vom Parlament verabschiedeten Gesetze, Verbot jeder Willkür der staatlichen Gewalten; weitere Rechtsstaatselemente: Gewaltenteilung, unabhängige Rechtsprechung

Vermittlungsausschuss:
Findet ein Gesetzesbeschluss des Bundestages nicht die Zustimmung des Bundesrates, kann ein Vermittlungsausschuss einberufen werden (Art 77 Abs. 2 GG). Bundestag und Bundesrat entsenden jeweils 16 Mitglieder, die für beide Seiten eine Kompromisslösung zu finden versuchen.

M 9 Wie die Verfassungsorgane zusammenarbeiten

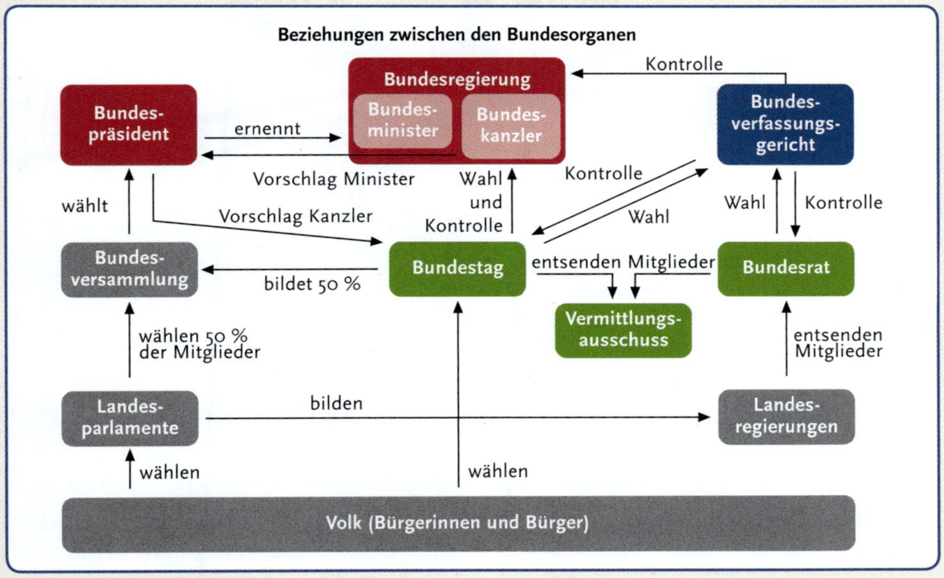

www.staatsrecht4u.de

Aufgaben

1. Ermittle die Aussage der Karikatur (M 6). Erläutere die Vorzüge einer eher knapp gefassten „Hausordnung".
2. Erarbeite dir anhand einer leicht zugänglichen Ausgabe des Grundgesetzes dessen Gliederung! Kläre dir unbekannte Begriffe.
3. Der erste Artikel des Grundgesetzes beginnt mit „*Die Würde des Menschen ist unantastbar.*" Erkläre, inwiefern die Entscheidung, diesen Satz an den Anfang zu stellen, auch historische Erfahrungen widerspiegelt.
4. Beschreibe anhand des Strukturbilds (M 9), wie alle Gesetze und jedes staatliche Handeln seinen Ursprung im Wählerwillen haben.

1.4 Politik als „Endlosschleife“

M 10 Ist der Weg das Ziel? – Politik als ständiger Prozess der Problemlösung

Paul Ackermann, u.a.: Politikdidaktik kurzgefasst, Bonn, 1994, S. 41

M 11 Endlosgeschichte Telekommunikationsgesetz?

Gesetzesnovelle:
Ergänzung oder Änderung eines Gesetzes auf Grund neuer Problemlagen oder wegen geänderter Mehrheiten im Bundestag mit anderen politischen Zielen

Wenn das Parlament mit seiner Mehrheit ein Problem gesetzlich regeln will und z. B. das Problem der Kostenfallen im Internet lösen oder mindern will, dann muss ein Gesetz formuliert oder – wie im genannten Fall – das schon bestehende Telekommunikationsgesetz geändert werden. Das umfangreiche Gesetz wurde erstmals am 22. Juni 2004 verabschiedet und inzwischen immer wieder „novelliert“. Einige Beispiele:
Im Jahr 2006 wurden Regelungen ergänzt, die Jugendliche vor Verschuldung durch Handykosten schützen sollen.
Im Jahr 2007 wurden strengere Regelungen für die Telefonüberwachung eingeführt, so dass sie nur bei schweren Straftaten möglich ist.
Im Jahr 2009 wurde die Rufnummerunterdrückung bei Werbeanrufen per Gesetz verboten. Außerdem wurde die heimliche Handy-Ortung erschwert. Im Jahr 2010 wurde Telefonwerbung verboten und als unzumutbare Belästigung gewertet.
Die Änderungen zielen in der Regel auf eine Stärkung des Verbraucherschutzes, da am Telefon oder im Internet immer wieder neue Methoden entwickelt werden, um die Kunden zu übervorteilen.

Autorentext

M 12 Der Politikzyklus

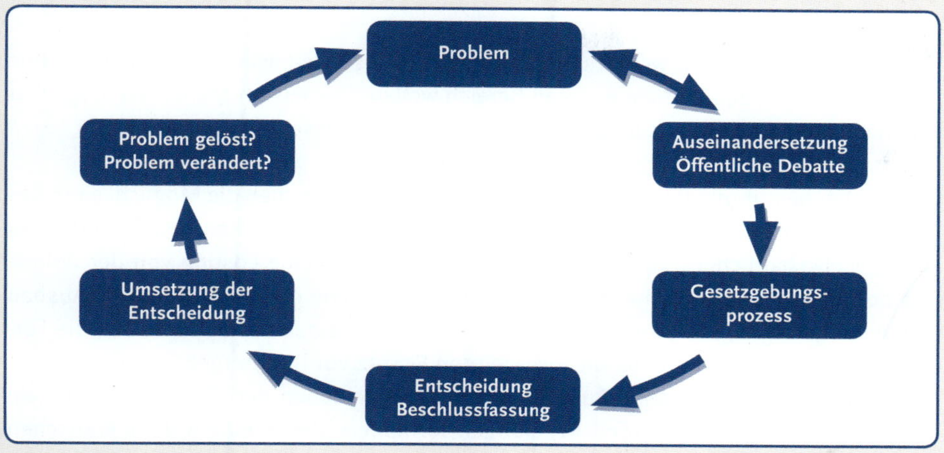

Die Politik steht ständig vor neuen Problemen und muss immer wieder auf sich wandelnde oder neue Herausforderungen reagieren. Wissenschaftler, die sich mit Politik befassen, haben dazu ein Modell entwickelt, das die Wirklichkeit - wie jedes Modell - zwar vereinfacht wiedergibt, aber damit den Ablauf und die Zusammenhänge gut sichtbar macht. Der Politikzyklus (Politikkreislauf) ist ein solches Modell und ihm liegt ein bestimmtes Verständnis von Politik zugrunde:

Politik wird hier als eine (endlose) Kette von Versuchen zur Bewältigung gesellschaftlicher Probleme gesehen.

Politik ist also ein Vorgang, der meist lange andauert und manchmal auch nicht endet. Es gibt Probleme, die werden von der Politik gelöst. Es gibt aber auch Probleme, die die Politik dauerhaft beschäftigen.

Am Beginn des Politikzyklus nehmen die jeweils Betroffenen zuerst das Problem wahr, formulieren es und bringen es in die Öffentlichkeit. Wenn sich die Parteien und Organe der Legislative des Problems annehmen, folgt das Gesetzgebungsverfahren in Bundestag und Bundesrat. Ist eine Entscheidung mit Mehrheit getroffen, wird sie von der Exekutive umgesetzt. Wenn das Problem damit beseitigt werden kann, dann wird der Politikzyklus nur einmal durchlaufen. Verändert sich das Problem oder sind die getroffenen Maßnahmen nicht wirksam, werden sie neu diskutiert und bewertet. Oft beginnt dann der Zyklus von vorn.

Autorentext

Aufgaben

1. Entwickle Erklärungsansätze für die relativ häufigen „Novellierungen" des Telekommunikationsgesetzes (M 11).
2. M 11 macht sichtbar, wie die Politik immer wieder anstehende Probleme bearbeitet und mit Gesetzesnovellierungen Lösungen herbeiführen will. Stelle Vermutungen an, wie sich dieses Thema weiter entwickeln könnte.
3. Ordne die Daten und Informationen aus den Materialien M 1, M 2, M 3, M 9 in den Politikzyklus in M 12 ein.
4. Beschreibe mögliche Folgen für Bürger und Staat, wenn die Politik Probleme nicht ständig bearbeitet und ihre Lösung vernachlässigt.

Wissen kompakt

Vieles in unserem Alltag wollen und können wir selbst organisieren und regeln, ohne Staat, ohne Behörden. Diesen privaten Bereich wollen die meisten Menschen möglichst von staatlichen Regelungen freigehalten und geschützt wissen.

Zentrale Aufgabe der Politik

Sobald aber bestimmte Rechte geschützt werden müssen, reichen die Möglichkeiten des Einzelnen nicht immer aus. Auch wenn ein Problem viele Menschen betrifft und es zu einer gesellschaftlichen Angelegenheit wird, fordern viele eine Lösung von der Politik. Das betrifft z. B. die Verschmutzung der Luft, die Hygiene in Gaststätten, den Ausbau von Verkehrswegen, aber auch Themen wie Auslandseinsätze der Bundeswehr, die Förderung von Menschen mit Handicaps oder den Schutz vor Internetbetrügern.
Politik hat mithin als zentrale Aufgabe, das Zusammenleben der Menschen zu regeln und zu gestalten. Dabei werden Regelungen formuliert, die in einem demokratischen Staat als Gesetze für alle Bürger gelten.

Die Verteilung der Aufgaben auf die drei Staatsgewalten

Das Recht, solche Gesetze zu erlassen, haben die Parlamente (Legislative). Die Umsetzung von verabschiedeten Gesetzen in die Wirklichkeit ist die Aufgabe der Regierung und der an ihre Weisungen gebundenen Behörden und Ämter (Exekutive). Werden diese Gesetze nicht eingehalten bzw. entsprechen sie nicht geltendem Recht, entscheidet die richterliche Gewalt (Judikative) über vom Gesetzgeber vorher festgelegte Konsequenzen.
Alle geltenden Gesetze unterliegen drei Bedingungen:

1. Sie dürfen in keinem Punkt dem Grundgesetz widersprechen. Es trat 1949 in Kraft und ist die Grundlage für alle Parlamentsentscheidungen.
2. Gesetze dürfen nur von einem Parlament verabschiedet werden, dem das Grundgesetz diese Zuständigkeit zuschreibt. Dem Bundestag stehen dabei andere Zuständigkeiten zu als den Länderparlamenten.
3. Gesetze werden von einem Parlament mit Mehrheit verabschiedet, das sich auf Wahlen berufen kann und so den Wählerwillen widerspiegelt. Damit ist sicher gestellt, dass jede Gesetzesentscheidung durch den Wähler legitimiert ist.

Geregeltes Zusammenwirken der staatlichen Organe

Das staatliche System ist durch das geregelte Zusammenwirken der Verfassungsorgane gekennzeichnet. Die Grundsätze und Zuständigkeiten regelt das Grundgesetz. Bei Unstimmigkeiten oder dem Fehlverhalten eines Verfassungsorgans kann – nach bestimmten Vorgaben – das Bundesverfassungsgericht (Judikative) über ein Urteil Klarheit schaffen.

Ständig neue Herausforderungen: der Politikzyklus

Weil die Politik viele Probleme nicht für alle Zeiten lösen kann, muss sie sich immer wieder neuen Herausforderungen stellen. Oft ist ein Nachsteuern nötig, weil sich die Umstände geändert haben oder ein Problem sich neu darstellt. Man spricht deswegen vom „Politikkreislauf“ oder „Politikzyklus“.

Überprüfe dein Können

Aufgaben

1. Bildet Gruppen und teilt die Begriffe auf den Tabu-Karten unter euch auf. Jede Gruppe überlegt sich zu ihrem Begriff drei „Tabu-Wörter", die bei der Beschreibung des Begriffs nicht verwendet werden dürfen und fertigt eine Tabu-Karte an.
2. Gebt die Karte an die nächste Gruppe verdeckt weiter, so dass jede Gruppe eine fertige Karte erhält, auf der sich ein Begriff und die drei Tabu-Wörter befinden.
3. In jeder Gruppe deckt eine/r die Tabu-Karte auf und erklärt den Begriff, ohne die Tabu-Wörter zu benutzen. Wichtig ist, dass er/sie auch keine Teile oder Zusammensetzungen der Tabu-Wörter und des Begriffs benutzt. Die anderen erraten den Begriff innerhalb einer vorgegebenen Zeit (z.B. 60 Sekunden).
4. Gebt die Karten so lange weiter, bis alle Gruppen die zwölf Begriffe erklärt haben.

Obdachlos
arbeitslose
amte AUTO
NWACHS
Internet
Mädche
onfessionslose
dische Informatiker
Steuerza
Autofahrer Katholiken Verkäufer Nichtwähler
Syrien Dorfjugend Kinderlose Ehepaare Rotkreuz-
itler Reinigungspersonal Sekretäre Bäcker
Fahrgast Reisende Redakteure Ausländer Studenten
Urlauber Mieter Waldarbeiter Behinderte Sportler Angeklagte
EURIN Gastgeber Musiker Rechtsradikale Mitarbeiter
urer Jurist Väter Single Ingenieurin Biologin Dieb Mediatoren Wäsche
Bischof Stadträtin Joggerin Witwe Fremdenführer Sauerländer
nmerin AUSZUBILDENDE Leistungsträger Schichtarbeiter Asyl suchen
häftsleute National gesinnte Einkommensstarke Arbeitssuchende Konsum
nalisten Kinder Mitglieder von Greenpeace Alleinstehende Familien mit vier Kindern
ochenendbeziehungen Kleinkriminelle Professoren Hartz IV–Empfä
altungsangestellte RECHTSANWÄLTE Erzieher Rentner Auge
träte Zahnärzte Kioskbesitzer Alleinerziehende Mütter Großgrundbesitzer vere
andwirte Lehrer Studenten Parteimitglieder Politiker Designerin Maler
Pfälzer Richter binationale Ehepaare Polizistinnen Vermieter
VORLESER Badegast Wählerin Westfale
Trainer Mäzen Verlierer Vertreter Kolleginnen Werber
andwerker Rheinländer Steuerhinterzieher Opa
recher Flüchtlinge Priester Bürgermeister Übersetzerin
itekt Schreinerin Großstädter Jüdische Zuwanderer
KONSERVATIVE Banker
werker Politisch Desinteressierte Wissenschaftler
ankenschwestern/-pfleger „GENERATION SILVER
ogensüchtige Schichtarbeiter Börsenspekulanten
Schüler Ordensschwestern Eltern Partygänger Nesthocker
ähler Lebenskünstler Winzer Brauer Eigentümer Förster
liche Schauspieler Spieler Strafgefangener Verliebte
UTONOME Europäer
gerarbeiter Zahnärzte Rechtsanwä

2

Toleranz und soziale Integration in der Gesellschaft

Wie schaffen wir es eigentlich, dass so viele Menschen mit ihren verschiedenen Ansichten, Interessen, Lebensweisen, Träumen, Erinnerungen und Fähigkeiten in einem einzigen Land ganz ordentlich zusammenleben?
Gibt es für uns eine unsichtbare Steuerung? Oder einen „Bestimmer"? Oder einen Mechanismus, der wie in einer altmodischen Uhr, Takt und Abläufe angibt? Oder geht das irgendwie alles ganz von alleine?
In diesem Kapitel versuchen wir herauszufinden, was das sein kann, was diese Gesellschaft mit ihren über 80 Millionen Individuen eigentlich zusammenhält. Es muss etwas mit unseren Grundeinstellungen zu anderen zu tun haben.

Am Ende dieses Kapitels kannst du unter anderem:

- die Situation von Minderheiten und Randgruppen beschreiben
- Ursachen und Hintergründe für die mangelnde Integration von bestimmten Bevölkerungsgruppen nennen
- beurteilen, inwieweit integrationsfördernde Maßnahmen geeignet sind, ihre Ziele zu erreichen
- die Bedeutung von Toleranz und Achtung für den Zusammenhalt der Gesellschaft verstehen

Was weißt du schon?

- Nenne die Voraussetzungen, die ein gutes Zusammenleben zwischen Menschen in einem Land möglich machen.
- Die Deutschlandkarte symbolisiert die Vielfalt und Verschiedenheit der Gesellschaft. Suche dich selbst in der Karte.
- Gruppenarbeit: Jeder notiert fünf Mitglieder der Gesellschaft aus der Karte, die in seinem Umfeld **nicht** vorkommen. Gebt die Notiz dem Nachbarn. Streicht nun jene Gruppen, die in eurem Umfeld vorkommen. Wiederholt dies bis jeder wieder seine eigene Notiz hat. Diskutiert, welche Gruppen warum übrig geblieben sind.

2.1 Minderheiten in Deutschland

2.1.1 Wie leben Minderheiten in unserer Gesellschaft? – I

M1 „Lustig" ist das Zigeunerleben

1.
Lustig ist das Zigeunerleben
faria, fariaho
Brauch'n dem Kaiser kein Zins zu geben
faria, fariaho
Lustig ist's im grünen Wald wo des
Zigeuners Aufenthalt.
Faria, faria …

2.
Sollt' uns mal der Hunger plagen,
faria, fariaho
Gehen wir uns ein Hirschlein jagen,
faria, fariaho
Hirschlein, nimm dich wohl in acht,
wenn des Jägers Büchse kracht.
Faria, faria …

3.
Sollt uns mal der Durst sehr quälen
faria, fariaho,
Gehen wir hin zu Wasserquellen,
faria, fariaho,
Trinken das Wasser wie Moselwein,
meinen, es dürfte Champagner sein.
Faria, faria …

4.
Wenn wir auch kein Federbett haben,
faria, fariaho
tun wir uns ein Loch ausgraben,
faria, fariaho
Legen Moos und Reisig nein,
das soll unser Federbett sein.
Faria, faria …

Volkslied aus dem 19. Jahrhundert

M2 „Den Teufelskreis durchbrechen"

Gufy, das Klassen-Meerschweinchen, haben die Kinder einmal in einer Mülltonne gefunden und dann systematisch aufgepäppelt. Neben einer dicken Karotte fläzt es sich in seinem Käfig, und eigentlich hat Lehrer Christoph Schulenkorf gesagt, dass es dort während des Unterrichts bleiben soll. Doch Deborah nimmt das Tier heraus, streichelt es, spielt mit ihm. Schulenkorf muss sie wieder an ihr Übungsheft erinnern – Vokale üben. „E – wie Eis, A wie Auto", murmelt das Mädchen vor sich hin, während sie alle Selbstlaute mit ihrem Bleistift einkringelt. Vieles sieht normal aus in dieser Kölner Klasse. (...)
Jeder, jetzt auch Deborah, übt in seinem Heft, teils beflissen, teils aufgedreht. (...) Armando, ein sehr quirliger Bub, hat den Lehrer mit seinem Heft gerade in Beschlag genommen, zeigt stolz seine kritzligen Buchstaben. „Das kleine g musst du noch üben", sagt Schulenkorf, „das machst du am besten fünf Minuten am Tag." Er macht eine kurze Pause, vielleicht unbewusst: „zu Hause". Eben „zu Hause" – das ist für den Jungen und seine Mitschüler meist ein unwirtliches Gebäude irgendwo in der Stadt, es gibt mehrere. Und das ist auch der Grund, warum diese Schule keine normale Schule ist. „Amaro Kher", aus der Sprache der Roma stammend und zu Deutsch „Unser Haus" beschult als

Sinti und Roma (früher oft abwertend auch „Zigeuner" genannt): seit 1400 vor allem in Europa verstreute ethnische Minderheit mit indischen Wurzeln, eigener Sprache (Romani) und einer vielfältigen Tanz- und Musikkultur und Handwerkskunst sogenannte Vorbereitungsschule Roma-Kinder, die in Asylbewerberheimen leben. (…) Amaro Kher soll Schutzraum sein. Deshalb gibt es ein warmes Essen, heute Huhn mit Kartoffeln; deshalb gibt es einen Schlafsaal, in dem zumindest die Kleinen eine Stunde täglich ruhen; deshalb fahren die Erzieherinnen mit der Kita-Gruppe ins Hallenbad und lehren dort neben Schwimmen auch Körperhygiene unter einer richtigen Dusche – denn geregelte Mahlzeiten, ein ruhiger Schlafplatz und ausreichend sanitäre Anlagen sind in der Asyl-Unterkunft nicht selbstverständlich. „Wir müssen die Kinder stärken, egal, welche Zukunft sie erwartet, sie Hoffnung sammeln lassen."

„Roma-Kinder müssen die Chance bekommen, den Teufelskreis aus Armut, Ausgrenzung und Vorurteilen zu durchbrechen", fordert auch eine Resolution des Kinderhilfswerks Unicef – und bezieht sich ausdrücklich nicht nur auf die Ghettoisierung von Roma in Südosteuropa, sondern auch in Deutschland.

Johann Osel, Das Prinzip Hoffnung, in: Süddeutsche Zeitung, Nr. 191, 09.08.2010, S. 24

Ghettoisierung: erzwungene oder freiwillige räumliche und soziale Abschottung einer Bevölkerungsgruppe

M 3 Endlich frei

Als die 475 Tage im Jugendgefängnis vorüber sind, steuert Marc Krüger (alle Namen geändert) die Theke einer Bremer Großraumdisco an und trinkt zehn Tequila. Eigentlich wollte er doch Ordnung in seine Gedanken bringen. (…)

„Bevor das Leben schön wird, muss es erst mal scheiße sein", sagt er. Mit 18, so denken Erwachsene oft, startet das Leben für alle mehr oder weniger bei null. Wie denkt einer wie Marc, der bei minus zehn startet, über das Leben, das vor ihm liegt? „Seit ich aus dem Gefängnis raus bin, richte ich den Blick auf die Zukunft." Das klingt sehr pflichtschuldig, aber tatsächlich sind sein Vorstellungen recht präzise, vielleicht sogar präziser als die seiner Altersgenossen vom Gymnasium, für die er, wie er sagt, „das letzte Gesocks" sei. Während Abiturienten noch zwischen Weltreise, Studium oder sozialem Jahr abwägen, weiß Marc bereits, was er will: eine Lehre als Einzelhandelskaufmann machen. (…)

Marc selbst betrachtet den Gefängnisaufenthalt als Martyrium, das er durchleiden musste, um wieder auf die richtige Spur zu geraten. Marc hat Menschen mit voller Wucht ins Gesicht geschlagen, immer wieder kam das vor. (…)

Marc will seine Vergangenheit abschütteln. Er bemüht sich eifrig um eine Lehrstelle, hat bisher aber nur Absagen erhalten. Wegen seines guten Schulzeugnisses ist es trotzdem nicht unrealistisch, dass er noch einen Ausbildungsplatz findet. (…)

Wenn Marc von seiner Zukunft träumt, dann ist es ein einfacher Traum: „Ich wünsche mir eine gute Frau, einen schönen Platz zum Wohnen und einen Job. Ich will ein Leben, das ich leben kann."

Philipp Wurm: Endlich frei in: Zeit Magazin Nr. 34, 19.08.2010, S. 18–19

Aufgaben

1. Vergleiche den Liedtext von M 1 mit den in M 2 dokumentierten Lebenssituationen und Lebenschancen der Roma-Kinder heute.
2. Nenne Gründe, warum das Lied in M 1 heute nicht mehr oder nur mit Hintergrundinformationen gelehrt werden sollte.
3. Entwirf verschiedene Szenarien für Marcs Zukunft und ordne sie mit Begründungen nach der Wahrscheinlichkeit ihres Eintretens (M 3).

2.1.2 Wie leben Minderheiten in unserer Gesellschaft? – II

Info

Minderheiten – Randgruppen

Mit Minderheit bezeichnet man eine zahlenmäßig im Verhältnis zur Mehrheit kleinere Gruppe, z. B. bei Abstimmungen. Die Sozialwissenschaften verstehen unter einer Minderheit eine Gruppe von Menschen, denen durch ihr Anderssein bezüglich der in einer Gesellschaft bestimmenden Merkmale eine Sonderstellung zugesprochen wird oder die diese für sich beanspruchen. Diese Sonderstellung kann auch mit Diskriminierungen, also mit Ablehnung, Abwertung und Benachteiligungen verbunden sein. Wenn Minderheiten so behandelt werden, nennt man sie oft auch Randgruppen.

Autorentext

M 4 Einstellung der deutschen Bevölkerung gegenüber dem Islam

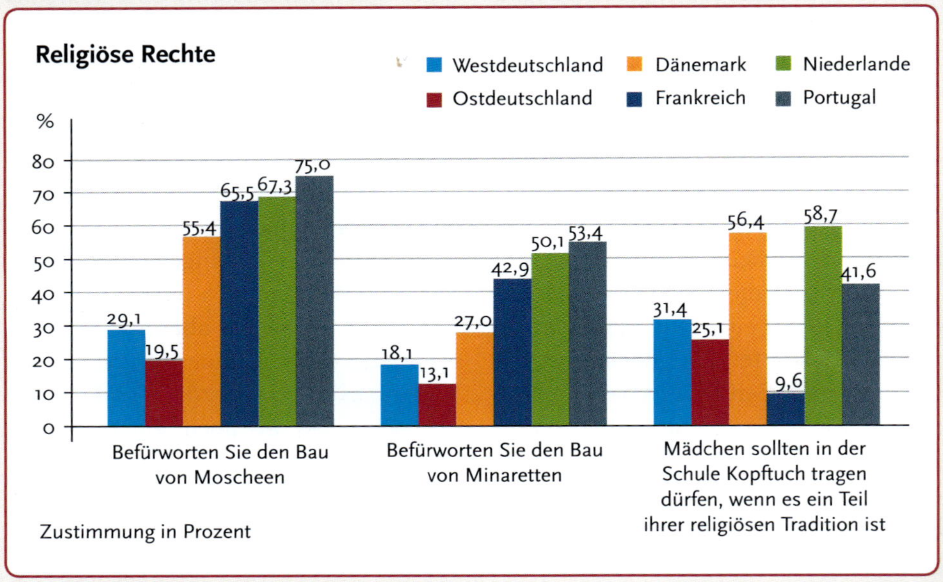

www.uni-ms.de/Religion-und-Politik, Abruf am 16.05.2011

Exzellenzcluster:
Besonderer Forschungsbereich für Themen mit hoher gesellschaftlicher Bedeutung, meist interdisziplinär arbeitend (mehrere Wissenschaften umfassend, hier Religionswissenschaft und Soziologie)

Nach einer (...) Studie des Exzellenzclusters „Religion und Politik" an der Universität Münster sind 57,7 Prozent der Westdeutschen und 62,2 Prozent der Ostdeutschen islamkritisch. Mit dem Islam verbinden die Deutschen vor allem Frauendiskriminierung (über 80 Prozent), Fanatismus (mehr als 70 Prozent) und Gewaltbereitschaft (über 60 Prozent). Lediglich 8,2 Prozent der Westdeutschen und 5,2 Prozent der Ostdeutschen halten den Islam für friedfertig.

Presseerklärung des Evangelischen Pressedienstes, 02.12.2010

M 5 Leben zwischen den Stühlen

Dahlem ist ein ruhiges und gediegenes Villenviertel im Südwesten Berlins. (...) Mitten in dieser gutbürgerlichen Umgebung (...) hat sich ein Mann niedergelassen. Aber nicht in einer Villa oder einer Wohnung, sondern draußen im Freien. Er lebt unter einem alten blauen Sonnenschirm, zwischen zwei übermannshohen weiblichen Eiben, in einer winzigen öffentlichen Grünanlage. In Indien wäre er ein heiliger Mann, ein Sadhu. Hier ist er nur ein „Schandfleck". (...) An einem kühlen Samstagmorgen im April 2010 beschließe ich, den obdachlosen Mann aufzusuchen und ihn zu fragen, weshalb er im Gebüsch lebt. Ich trete so diskret wie möglich näher. Er sitzt auf dem Boden und liest. Mich für die Störung entschuldigend, stelle ich mich vor und formuliere kurz mein Anliegen. Unwirsch blickt er mich mit klaren blauen Augen an und sagt höflich auf Hochdeutsch: „Gespräche interessieren mich nicht, ich interessiere mich nicht für Obdachlose – und auch nicht für Leute mit Obdach. (...) Das Überleben draußen im Freien ist eine Kunst, die man erst mal hart erlernen muss. Es ist lebenswichtig, wo man seine Plätze sucht. Was und wie viel man trinkt. Ich bin kein Alkoholiker, trinke aber gern österreichischen Weißwein. Man muss wissen, wo man sein ‚Bedürfnis', seine ‚Notdurft' verrichtet", er lacht, „wo man Essen findet, was man anzieht, wie man sich bei Frost, Schnee, Regen und Sturm schützt, oder vor Überfällen. Ich will hier aber nicht als Obdachloser bezeichnet werden. Die Sprache ist ja in vielen Dingen nicht mehr identisch zum Leben, deshalb muss man aufpassen. Und zudem habe ich als Obdachloser schlechte Erfahrungen gemacht, mit Kirchen und Behörden, mit ihren sogenannten Hilfsangeboten. Das interessiert mich nicht. Also ich bin nicht obdachlos, ich bin nichtsesshaft, ohne festen Wohnsitz. Und ich bin auch nicht arm, ich bin mittellos ..., bin sie los, die Mittel!" Er lacht sehr über diesen zugeflogenen Wortwitz. (...) „Im Sommer ist weiter hinten ein Wasserhahn mit sauberem Trinkwasser, und es gibt bis zum späten Herbst überall in der Umgebung Obstbäume, die Leute heben es nicht mal auf. Nussbäume gibt es, Brombeeren und wilde Trauben. Nur einmal am Tag brauche ich was zum Essen. Das ist eigentlich selten ein Problem. Ich esse Brot, das man nicht mehr haben will. Vom Chinesen bekomme ich ab und zu Reis geschenkt, oder ich besorge mir was, aus der Ökotonne am Supermarkt vorne. Ich esse die abgelaufenen Sachen, und mir ist längst nicht jedes Mal schlecht geworden danach." (...) „Ich bin bei Adoptiveltern aufgewachsen. Früher war ich mal in der Kirche, bin aber '86 ausgetreten. Ich habe an fast alles mal geglaubt. Habe mich auch politisch engagiert, und das war genau so ein Reinfall. War auch mal kriminell, habe Autos geklaut usw., war im Gefängnis 1989, das will ich gar nicht unterschlagen. Ich habe die ganze Palette durchprobiert, eigentlich. Ging ins Staatliche Aufbaugymnasium Alzey, das ist bei Worms. Habe die Schule dann aber abgebrochen. Andere Dinge waren interessanter damals. (...)" Ich frage: „Und wie kam es dann zum Absturz?" Er schaut mich entgeistert an. „Absturz? Welcher Absturz? Das ist mein Aufstieg!" Wir lachen sehr, er am heftigsten. „Ich habe doch etwas erreicht. Ich bin in keinem System mehr drin, auch nicht im Geldsystem. Konto habe ich seit Jahren keins. Ich habe überall gar nichts mehr. Es sind schon viele Jahre, dass ich gar nichts mehr in Anspruch nehme (...). Ich mache nicht mit! Ich bin ohne alles. Ich besit-

Jörg Jonas lebt in Berlin Dahlem.

ze kaum noch was, außer ein paar für mich wertvollen Erinnerungsstücken." (...) „Zusammenfassend sage ich: In diesen über 50 Jahren – in den letzten 35 Jahren besonders – habe ich vieles ausprobiert, im Guten und Schlechten. Die Enttäuschungen sind nicht immer gegenwärtig, sonst würde man ja zu einer Bahnschiene laufen und sich vom nächsten Zug überfahren lassen. Soweit muss es nicht kommen. Das alles ausprobiert und Wiederholungsfehler ausgeschlossen zu haben, das ist es, was ich erreichen wollte. Gesegnete Zeiten gab es auch, auch mit anderen Menschen. Und das Gegenteil. Aber müssen Menschen immer sein? Tag und Nacht? Da habe ich mir dann gesagt, wenn du schon keine richtigen Chancen gekriegt hast, dann willst du auch keine falschen. Willst auch diese mittelfalschen nicht! Und auch diese halb gutherzigen Nimmerleinstagchancen nicht, die du kriegst, wenn du die Wiederholungsfehler immer wieder machst. Irgendwann wirst du dann konsequent. Oder auch nicht."

Gabriele Goettle, in: http://www.taz.de, 25.04.2010

Info: Gesellschaft

Der Begriff Gesellschaft wird häufig und in unterschiedlichen Zusammenhängen verwendet. Ganz allgemein bezeichnet man damit eine Gruppe von Menschen in einem abgrenzbaren Raum, meist innerhalb eines Staates (z. B. „Gesellschaft in Deutschland"). Gemeinsam ist allen, dass sie in der gleichen staatlichen und rechtlichen Ordnung leben, in der die Gesetze für alle gleich gelten. Gleichzeitig gibt es viele Unterschiede zwischen den Menschen, so gehören sie verschiedenen Alters-, Berufs- oder Einkommensgruppen an oder unterscheiden sich durch Herkunft, Sprache, Hautfarbe oder religiöse Zugehörigkeit. Die Soziologie untersucht die Gesellschaft mit wissenschaftlichen Methoden, sie analysiert ihre Untergruppen, deren Zusammensetzung und deren Beziehungen untereinander.

Autorentext

Aufgaben

1. Entwickle anhand von M 2 – M 5 und dem Info-Text Merkmale, die Randgruppen kennzeichnen.
2. Klärt in arbeitsteiliger Gruppenarbeit, ob folgende Gruppen eher als „Minderheit" oder als „Randgruppe" einzuschätzen sind: *Langzeitarbeitslose – Menschen mit Altersdemenz – chinesische Studenten an deutschen Universitäten – Homosexuelle – Menschen mit multipler Sklerose*.
3. Beschreibe die Grafik in M 4 und nimm Stellung zu der Aussage: *„Je häufiger Deutsche Kontakte zu Muslimen haben, desto besser ist ihr Bild vom Islam."*
4. Jörg Jonas möchte nicht als obdachlos und auch nicht als arm gelten, vielmehr spricht er rückblickend von einem Aufstieg. Diskutiert seine ungewöhnliche Sicht auf seine Situation in der Klasse (M 5).
5. *„Da habe ich mir dann gesagt, wenn Du schon keine richtigen Chancen gekriegt hast, dann willst Du auch keine falschen."* Beurteile, inwieweit seine Einschätzung zutrifft und seine Haltung konsequent ist (M 5).

Methode: Perspektivenwechsel – „Soziales Labor“: Frühstück im Stockdunkeln

„Oh großer Geist, bewahre mich davor, über einen Menschen zu urteilen, ehe ich nicht eine Meile in seinen Mokassins gegangen bin.“

(Altes Gebet der Sioux-Indianer)

Das folgende „soziale Experiment“ erfordert von allen Beteiligten ein hohes Maß an Ernsthaftigkeit – und im wahrsten Sinn des Wortes viel Fingerspitzengefühl. Die Idee: Im Rahmen eines „Frühstücks im Stockdunkeln“ erfährt jede Schülerin und jeder Schüler wenigstens eine Unterrichtsstunde lang sehr „anschaulich“ und konkret, was es bedeutet, keinen oder nur einen stark eingeschränkten Sehsinn im Alltag zur Verfügung zu haben.

Versuchsanordnung des „Laborexperiments“:

- Für das „soziale Experiment“ sollte eine Doppelstunde vorgesehen sein.
- Es wird ein Raum ausgewählt, der vollkommen abgedunkelt werden kann.
- Eine Organisationsgruppe bereitet das Frühstück für die Klasse vor („kluges Tischdecken“), eine andere räumt ab und auf (ggf. beides im Dunkeln).
- Zunächst setzt sich eine Hälfte der Klasse mit vier bis fünf der unten genannten Themen auseinander, gleichzeitig frühstückt die andere Hälfte. Nach einer Stunde wird gewechselt.

Als Variante denkbar: Zunächst wird konsequent weder laut noch flüsternd miteinander gesprochen, danach ist das Sprechen möglich.

Aufgaben

Für die Unterrichtsstunde nach dem Frühstück werden die individuellen Labor-Ergebnisse schriftlich anhand folgender Leitfragen zusammengefasst. Sie dienen als Grundlage für die abschließende reflektierende Diskussion.

1. Beschreibe zuerst deine eigenen Gefühle und Gedanken, sobald du dich im Dunkeln zurechtfinden musstest.
2. Erläutere die Wahrnehmungsmöglichkeiten und Informationen, die dir in dieser Situation geholfen haben.
3. Nenne mögliche Hilfsmittel für eine(n) Blinde(n) im Alltag.
4. Ohne den Sehsinn erhält der Begriff Schönheit eine neue Qualität: Was wird nun als „schön“ empfunden? Welche Gründe kannst du dafür nennen?
5. Bedeutet Blindsein gleichzeitig Ausgeschlossensein und Ausgegrenztsein? Argumentiere bei deiner Antwort präzise und differenziert.

2.1.3 Warum werden Menschen ausgegrenzt?

M 6 Soziale Reaktionen fürs „Anderssein"?

Katharina, 18, galt als hochbegabt und wechselte aus der dritten Klasse direkt aufs Gymnasium. Damit begann ihr Martyrium. Sie wurde als Streberin beschimpft, alte Mitschüler lauerten ihr immer wieder auf.
„Es kommt immer mal wieder hoch. Wenn irgendwer leise Kritik äußert, zweifle ich an mir. Mein Selbstbewusstsein ist ziemlich im Eimer."
Frank Gerstenbach, u.a., in: Stern, 38/2009, 10.09.2009, S. 57

Vor 27 Jahren kam der schmächtige Ukrainer (Igor) mit der markanten Glatze und glitzerndem Schmuck an Ohr und Fingern nach Deutschland. Igor war 13 Jahre alt, als seine Familie aus der Heimat vertrieben wurde, weil sein Vater als Dissident galt. (...) Durch seine markant slawischen Wangenknochen sehe er sich immer noch vermehrt Polizeikontrollen auf offener Straße ausgesetzt. Auch vor einem deutschen Gericht stand er schon: Ein Autofahrer habe ihn als „scheiß Ausländer" beschimpft, wegen des anschließenden Wortgefechts und kleinen Handgreiflichkeiten verurteilte man ihn zu 2000 Mark Schmerzensgeld. Schlussplädoyer des Staatsanwalts laut Igor: „Bei uns in Deutschland macht man so etwas nicht!"
Communichator no 21 sose 2010, hrsg v. Institut für Kommunikationswissenschaft und Medienforschung der LMU München, S. 6–7

Dissident:
Kritiker in Diktaturen, der wegen seiner politischen, weltanschaulichen oder religiösen Überzeugung verfolgt wird.

„Fehlende Schulabschlüsse und geringere Qualifikationen erschweren den Zugang in Arbeit und Ausbildung", sagte das BA (Bundesagentur für Arbeit)-Vorstandsmitglied Heinrich Alt (...). Hinzu kämen Sprachdefizite, auch in der zweiten und dritten Generation. Alt kritisierte, dass die unterschiedlichen Zuständigkeiten für die Anerkennung von ausländischen Bildungsabschlüssen „schwer durchschaubar" seien. (...) Zur These des Bundesbank-Vorstands Thilo Sarrazin, dass muslimische Einwanderer weniger integrationswillig seien, sagte Alt: „Dafür gibt es aus unseren Statistiken heraus keine Belege."
Karl-Heinz Büschemann, Thomas Öchsner, Sozialer Sprengstoff, in: Süddeutsche Zeitung, 01.09.2010, S. 19

Da ist (...) die ARGE, die Behörde, die die Arbeitslosen betreut. „Nur Misstrauen" komme ihr von dort entgegen, sagt etwa Marlene Roth, die seit kurzem Hartz IV bezieht. Auch im Privaten wird es schwierig. „Du bist selbst schuld, denken doch alle", sagt Roth. „Ich höre immer nur: Mit deiner Qualifikation und den guten Fremdsprachenkenntnissen – das gibt es doch gar nicht, dass du nichts findest. Andere arbeiten doch auch irgendwo an der Kasse." Sebastian Tesch sagt: „Die Freunde hauen alle ab. Ein, zwei Mal laden sie dich ein, aber dann heißt es: Wir arbeiten doch auch." Es ist das fehlende Geld, das Arbeitslose nach und nach in die Einsamkeit treibt. Sie können nicht mehr mithalten bei Hobbys und anderen Freizeitaktivitäten im Freundeskreis.
Nicola Holzapfel, Das gibt es doch gar nicht, dass du nichts findest, in: Süddeutsche Zeitung, 29.09.2010, S. 20

M 7 Identität durch Abgrenzung?

Abgrenzung und Ausgrenzung

Info

Nach der „Theorie der sozialen Identität" schreiben Gruppen sich selbst bestimmte positive Eigenschaften zu, die sie anderen Gruppen absprechen. Dadurch wird soziale Identität und (feindliche) Abgrenzung gegenüber anderen Gruppen konstituiert. Es herrscht immer Knappheit an begehrten Positionen und Gütern und folglich versuchen fast alle Menschen, ihre eigenen Chancen und die der nahe stehenden Gruppenmitglieder zu erhöhen. Um zwischen Eigen- und Fremdgruppe zu unterscheiden, werden Menschen kategorisiert, und zwar vor allem nach leicht erkennbaren Kennzeichen: Hautfarbe, Geschlecht, Alter, Aussehen, Staatszugehörigkeit, Religion, Sprachkompetenz, Statussymbole (Kleidung, Auto, Wohnort etc.).

Die „Feindlichkeit" äußert sich in der Regel nicht durch Gewalt, sondern durch vielfältiges Ausschließen. Wenn möglich, versucht jemand sich selbst und seine Familie zu begünstigen, im nächsten Schritt die Verwandten, dann die guten Bekannten usw. Also gibt es Integration und „Fremdenfeindlichkeit" in mehreren Schichten.

Klaus Feldmann, Soziologie kompakt. Eine Einführung, 4., überarbeitete Auflage, Wiesbaden 2006, S. 91

Aufgaben

1. Ermittle aus den Beispielen in M 6 und den Bildern in M 7 die Ursachen fürs Anderssein.
2. Formuliere für die Betroffenen aus M 6 eine Handlungsanleitung, wie sie sich in ihrer Situation verhalten sollten.
3. Die Bilder in M 7 stehen für verschiedene soziale Gruppen. Erschließe die Merkmale der Gruppen, die jeweils ihre „soziale Identität" begründen.
4. Beschreibe anhand von M 7 die Möglichkeiten der sozialen Gruppen, andere offen oder verdeckt auszugrenzen.
5. Integration und Exklusion (= Ausgrenzung von Personen oder Gruppen) sind „unvermeidliche Prozesse innerhalb von Gesellschaften". Erstelle – von dieser Aussage und der Infobox ausgehend – einen Katalog mit fünf Grundregeln, die der Staat zur Vermeidung von Exklusion sichern sollte.

2.1.4 Wie funktionieren Vorurteile?

M 8 Stimmt ´s oder stimmt ´s nicht

Karikatur: Burkhard Mohr

Karikatur: Thomas Plaßmann / Baaske Cartoons

Karikatur: Klaus Stuttmann

Karikatur: G. Mester / Baaske Cartoons

Info

Vorurteile

Vorurteile sind stabile negative Einstellungen gegenüber einer anderen Gruppe bzw. einem Individuum, weil es zu dieser Gruppe gerechnet wird. (...) Der Bestand an Vorurteilen hat sich also im Laufe der Geschichte verändert und ist je nach sozialen Gruppen (Schichten, Ethnien, Religionsgemeinschaften) verschieden. Was heute für jedermann als lächerliches Vorurteil gilt (zum Beispiel der Hexenglaube), hat einmal zu den unbestrittenen Gewissheiten von Kirche, Wissenschaft und Öffentlichkeit gehört. Das Erkennen von Vorurteilen hängt (...) von der Fähigkeit und der Bereitschaft ab, die eigenen Urteile und Bewertungen kritisch auf ihre Rationalität, ihre Gerechtigkeit und Mitmenschlichkeit zu prüfen und die möglicherweise abweichenden Perspektiven anderer einzubeziehen. Da man gewöhnlich von seinen eigenen (Vor-)Urteilen fest überzeugt ist, zumal wenn sie wichtige Züge der eigenen Person oder Gruppe betreffen, ist die Überwindung von Vorurteilen ein langwieriger und schmerzhafter Prozess des Umlernens.

Werner Bergmann, Was sind Vorurteile?, in: Informationen zur politischen Bildung, Vorurteile – Stereotype – Feindbilder, Nr. 271, 2001

M 9 Der rosa Elefant: Was passiert, wenn man Vorurteile unterdrückt?

So ließ der Psychologe (Jens Förster) etwa Studenten Aufsätze über Ausländer verfassen unter der Auflage, jedes ausländerfeindliche Klischee zu vermeiden. Als er seine Probanden hinterher dem Assoziationstest unterwarf, zeigte sich, dass die Intensität ihrer Vorurteile nicht etwa schwächer, sondern stärker geworden war. Werden Vorurteile unterdrückt, wirken sie umso massiver, lautet Försters Hypothese. »Das ist das bekannte Phänomen des rosa Elefanten: Wenn man nicht an ihn denken soll, denkt man an nichts anderes.« Gelänge es dagegen, so seine Vermutung, das Denken zu »entkrampfen«, die unterdrückten negativen durch positive Assoziationen zu ersetzen, könnte man sich vielleicht leichter von ihnen lösen. Ein anderes Phänomen, dem er in seinen Projekten nachgeht, ist das der Self-fulfilling-prophecy, der »sich selbst erfüllenden Prophezeiung«. Stereotype beeinflussen nicht nur das Denken derer, die sie aussprechen, sondern auch diejenigen, auf die sie gemünzt sind. So schnitten blonde Studentinnen bei Intelligenztests immer dann schlechter ab, wenn man ihnen zuvor Blondinenwitze erzählt hatte. Selbst wesentlich subtilere Einflüsse zeigen Wirkung. Wenn Frauen vor dem Lösen mathematischer Aufgaben einen Fragebogen mit persönlichen Angaben ausfüllen und darin auch ihr Geschlecht angeben müssen, zeigen sie schlechtere Leistungen. Daraus schließt die Sozialpsychologie: Fokussiert man die Aufmerksamkeit der Frauen stärker auf ihr Geschlecht, aktiviert man in ihnen das unbewusste Vorurteil, Frauen seien in Mathematik minderbegabt. Umgekehrt schnitten Männer im Vergleichstest schlechter ab, wenn ihre Sprachkompetenz gefragt war. Dass Misserfolgserwartungen die Leistungsfähigkeit beeinträchtigen, ist seit den frühen 1970er Jahren bekannt. Försters Forschung geht einen Schritt weiter. Er konnte zeigen, dass Leistungen nicht generell, sondern nur in bestimmter Weise gemindert werden. Dazu ließ er beispielsweise Frauen und Männer dünne Drähte in Fliegengitter flechten. Wurde diese Aufgabe als »Stickarbeit« angekündigt, arbeiteten die Frauen meist schneller als Männer, allerdings auch weniger sorgfältig. Wurde die Arbeit dagegen als technische Aufgabe ausgegeben, war der Effekt umgekehrt: Die Männer absolvierten sie schneller, aber schlampiger.

Sabine Etzold, „Forscher, Sänger, Provo", in: Die Zeit, 28.04.2005

Assoziationstest:
Der Assoziationstest ist eine Methode in der Psychologie, um Unterschiede zwischen dem Bewusstsein und dem Unterbewusstsein aufzudecken.

Self-fulfilling-prophecy:
in den Sozialwissenschaften eine Vorhersage, die – sobald sie den Betroffenen bekannt wird – die vorhergesagte Entwicklung oder das Verhalten beschleunigt oder verstärkt (Gegenteil: Self-defeating-prophecy)

Stereotype:
stark verallgemeinernde Meinung über andere (oder über sich selbst); in ihrer Einfachheit meist ungerechtfertigt und emotional aufgeladen, schwer veränderbar

Aufgaben

1. Formuliere die zum Ausdruck gebrachten Vorurteile der Karikaturisten und beschreibe, wie mit Vorurteilen Feindbilder erzeugt werden können (M 8).
2. In deine Klasse soll ein Mädchen aus einer anderen Schule wechseln. Irgendjemand hat gehört, sie sei von der Schule geflogen, weil sie dort immer geklaut habe.
   a) Überlege, was jetzt wahrscheinlich in der Klasse passiert.
   b) Du bist Klassensprecher/in und hältst nicht viel von Gerüchten. Entwickle eine Strategie, wie ihr mit der Situation klug umgehen könnt.
3. Ergänze die Aussage *„Ich kenne Türken, die wollen kein Deutsch lernen, die wehren sich richtig dagegen …"* mit unterschiedlichen Schlussfolgerungen.
4. Entwickle einen Katalog von Vorschlägen für Lehrkräfte, der die Erkenntnisse aus M 9 für den Schulalltag zugrunde legt.

2.1.5 Wie entstehen Vorurteile?

Wer ist das?
Er hat große Füße, hält in der Hand ein Glas Bier und ist ein Wurstesser mit dickem Bauch. Er ist phantasielos und temperamentlos, eher schwerfällig; er liebt Volksmusik und tritt in Gruppen quadratisch geordnet auf. Er ist fleißig und vor allem stolz auf seinen Wohlstand. Des Rätsels Lösung? Das bist du selbst! Oder? So jedenfalls sehen einige Ausländer den typischen Deutschen. Das ist ein Vorurteil! Sicher, aber wie sieht für dich ein typischer Franzose, Engländer, Italiener oder Japaner aus?

Wolfgang Redwanz, Halt! Keine Gewalt. Gegen Extremismus und Fremdenfeindlichkeit, Wiesbaden, 1992, S. 8 f.

M 10 Wie entstehen Vorurteile? – ein Experiment

Ein Experiment: Der amerikanische Psychologe M. Sherif führte mit 12-jährigen Jungen ein Experiment durch und wollte dabei herausfinden, wie Vorurteile entstehen.
Stufe 1: Ungefähr zwei Dutzend Jungen, die sich vorher nicht kannten, trafen sich in einer Ferienanlage. Nach drei bis vier Tagen wurden wie üblich Freundschaften geschlossen.
Stufe 2: Nun wurden die Jungen in zwei Gruppen eingeteilt, wobei die Freunde bewusst auseinandergerissen wurden, was zunächst etwas Protest auslöste. Nach einigen weiteren Tagen verstanden sich die Jugendlichen innerhalb der Gruppe recht gut. Die einen nannten sich „Bulldoggen", die anderen die „Roten Teufel". Jeder glaubte, in der neuen Gruppe zu sein, die tüchtiger, sportlicher und kameradschaftlicher ist.
Stufe 3: Jetzt ließ der Psychologe die beiden Gruppen bei sportlichen Wettkämpfen gegeneinander antreten, so etwa beim Tauziehen. Es kam zu offener Feindschaft zwischen den Gruppen. Jeder hielt die anderen für unfair und schließlich prügelten sie sich. Später kam es zu Überfällen auf die jeweils andere Unterkunft. Die Jugendlichen wurden befragt, was sie von den beiden Gruppen hielten: Dabei wurde die jeweils eigene Gruppe als die kameradschaftlichere, tapferere und nettere Gruppe bezeichnet, die „Feindgruppe" galt als unsportlicher, gemeiner und feiger.
Stufe 4: Der Leiter des Experiments versuchte, die Beziehungen zwischen den beiden Gruppen wieder in Ordnung zu bringen. Schließlich gelang es ihm tatsächlich, die Spannungen zwischen den verfeindeten Lagern abzubauen und den Frieden wiederherzustellen. Dies gelang durch einen gemeinsamen Ausflug, der gemeinsam vorbereitet wurde, durch ein Fußballspiel gegen eine dritte Mannschaft, wobei aus den verfeindeten Mannschaften eine neue gebildet wurde. Schließlich brach durch einen „Zufall" die Wasserversorgung im Ferienlager zusammen und es gelang nur mit gemeinsamer Anstrengung, die Wasserversorgung wiederherzustellen.

Nach: Wolfgang Redwanz, Vorurteile, in: Zeitlupe 33/1994, Bonn, 1994, S. 4

Aufgaben

1. Erläutere, wie die Vorurteile gegenüber der jeweils anderen Gruppe im Experiment entstanden und wie sie schließlich abgebaut werden konnten (M 10).
2. Erkläre mit Hilfe von M 10 und dem Text in der Randspalte „Wer ist das?", welche Basis Vorurteile haben.
3. Bildet Gruppen und bezieht die Ergebnisse von M 10 auf die Fragen in der Randspalte: Macht fünf Vorschläge für Maßnahmen, durch die sich Vorurteile zwischen Nationen abbauen lassen und stellt die Ergebnisse der Klasse vor.

Exkurs: Vorurteile in der Geschichte

„Die Italiener" und was sich in den letzten Jahrzehnten geändert hat

Im Jahr 1955 wurde ein Anwerbeabkommen mit Italien geschlossen. Die deutsche Wirtschaft war im Zuge des Wirtschaftswunders auf ausländische Arbeitskräfte angewiesen. Weitere Anwerbeverträge folgten u. a. mit Spanien/Griechenland 1969, mit der Türkei 1961, mit Portugal 1964 und mit Jugoslawien 1968. Ein Anwerbestopp im Jahr 1973 beendete diese Entwicklung, danach war Zuwanderung über Familiennachzug möglich.

Mario Gargiulo betreibt das Ristorante „Bei Mario" und ist heute der am längsten in München arbeitende italienische Koch. Er war 25 Jahre alt, als er 1959 aus Sorrent kam, weil er sich in ein Mädchen aus Ravensburg verliebt hatte. Der Koch lebte nun in einem Land, das keine Pizza und kaum Italiener kannte. Als er die Chance bekam, Küchenchef zu werden, blieb er. Gargiulo machte sechs Jahre lang keinen Tag frei, erst nach sieben Jahren fuhr er das erste Mal in seine Heimat. In dieser Zeit schickte er die Hälfte seines Einkommens zu seiner Familie. Ausgehen? Zu teuer.
Wie oft er das Wort „Spaghettifresser" gehört hat, weiß er nicht. Aber er weiß noch gut, dass „Italiener nicht gut angesehen waren". „In Tanzlokalen erhielt man als Italiener keinen Einlass". Sein zukünftiger Schwiegervater sollte ihm einmal helfen, als er in Memmingen ein Lokal pachten wollte. Denn als Italiener allein, ohne Unterstützung eines Deutschen, wäre es schwierig geworden, „da waren alle Türen schon halb zu". Aber der Schwiegervater kam nicht zur verabredeten Zeit. Die Eltern hatten Angst um ihre Tochter. Irgendwann trennten sich die beiden, und der 35-jährige Mario heiratete eine gleichaltrige Frau aus Italien, um seine kranke Mutter glücklich zu machen.
Diese Erlebnisse sind typisch. Die Männer aus der Fremde lebten oft in Baracken oder anderen Gemeinschaftsunterkünften, um die Kosten für eine teure Wohnung zu sparen. Sie übten sich in Konsumverzicht. Aber sie waren der Beginn eines Prozesses, der Deutschland zum De-facto-Einwanderungsland machte. (...)

Italienisches Restaurant in München

Mario Gargiulo, der heute mit einer Augsburgerin verheiratet ist und dessen Tochter Marie-Lisa „Bei Mario" übernehmen wird, erzählt von den Rumänen, die für ihn als Tellerwäscher arbeiten. Sie machen ihre Arbeit gut, eine Arbeit, die Deutsche nicht haben wollen: „Auch nicht Deutsche, die das Arbeitsamt mir schickt". Aber Rumänen dürfen nur drei Monate im Jahr als Saisonarbeiter in Deutschland jobben. „Warum?", fragt Mario Gargiulo, „die Arbeit muss doch gemacht werden!" Wenn er seine Pflicht tut, warum muss er nach drei Monaten gehen? (...)
Mario Gargiulo aus Sorrent, der hier sein Glück gefunden hat, findet die deutschen Behörden sehr stur. Und dann fragt er freundlich: „Möchten Sie vielleicht noch einen Espresso?"

Harald Hordych, Zu Gast bei Fremden in: Süddeutsche Zeitung, 23./24.10.2010, S. V2/6

Aufgaben

Mario Gargulio durchlebte seit 1959 verschiedene Phasen der Ablehnung, nutzte aber auch mehrere Chancen, sich in die deutsche Gesellschaft zu integrieren.

a) Ermittle aus dem Text die Faktoren, die angeworbenen Arbeitskräften eine Integration erschweren.
b) Stelle ihnen die Faktoren entgegen, die ein Bleiben in Deutschland erleichtern.
c) Fasse – eigene Erfahrungen berücksichtigend – in einem Satz zusammen, wie sich die Einstellung gegenüber Italienern in Deutschland geändert hat.
d) Entwickle einen Erklärungsansatz für die Veränderung der Einstellung gegenüber Italienern.

Wissen kompakt

Unzureichende Integration als zentrales Merkmal von Randgruppen

In Deutschland leben über 80 Millionen Menschen in höchst unterschiedlichen Lebenssituationen und mit verschiedenen Lebensperspektiven. Unter ihnen sind Minderheiten, die etwa durch ihre Herkunft, ihre Religion, wegen ihrer Lebensform oder einer chronischen Krankheit als Gruppen in der Kerngesellschaft nicht gut integriert sind. Unter Integration versteht man allgemein die Eingliederung, also auch die Einbindung und das Dazugehören zur Gesellschaft. Fehlt dieses Eingebundensein in die Gesellschaft oder ist sie unzureichend, bezeichnet die Sozialwissenschaft Minderheiten als Randgruppen. Sie sind vor allem gekennzeichnet durch

- sehr ungünstige materielle Lebensbedingungen (Armut, Armutsrisiken)
- geringe Zugangschancen zu Bildungseinrichtungen und Arbeitsmarkt (Behinderungen, mangelnde Qualifikationen, sprachliche Defizite)
- problembeladene Beziehungen zur Kerngesellschaft (Vorurteile, Diskriminierungen, Ablehnung der Normen und Regeln der Kerngesellschaft)
- konfliktbehaftete Verhältnisse zu staatlichen Stellen (Kriminalität, Betreuung).

Ursachen für mangelnde Integration und Formen von Ausgrenzung

Die Ursachen für mangelnde Integration sind vielfältig, z. B. zählen dazu:

- mangelnde Sprachbeherrschung
- Unkenntnis der Normen und Regeln, die in der Gesellschaft gelten
- geringe oder fehlende Integrationsbereitschaft

Häufig wird Randgruppen auch der Zugang zur Kerngesellschaft erschwert, weil sie von vielen Menschen als Bedrohung für den sozialen Frieden eingestuft werden, als Konkurrenten eingeschätzt werden oder mit Vorurteilen zu kämpfen haben.

Die ausgrenzenden Verhaltensweisen gegenüber Randgruppen sind ebenso vielfältig und abgestuft. Dazu gehören: gezielte Nichtbeachtung, still gezeigte Abneigung, Spotten, Abwerten, Benachteiligung und Diskriminierung, offenes oder verdecktes Verwehren des Mitmachens, Verleumden, Mobbing, Verfolgen, gewaltsame Auseinandersetzungen, physische Angriffe bis zur Verletzung oder Vernichtung.

Die Funktionsweise von Vorurteilen

Vorurteile sind zunächst ein sinnvoller Mechanismus, der uns den Alltag bewältigen hilft. Sie vereinfachen unsere Wahrnehmung, weil wir nicht jede Situation, jeden fremden Menschen, jede Verhaltensweise immer wieder neu und zeitaufwändig abschätzen und einordnen müssen. Vorurteile können sich auch durch gemachte Erfahrungen entwickeln, dürfen sich aber nicht als unveränderbar verfestigen. Andererseits ergeben sich aus diesem verallgemeinernden Mechanismus problematische Zuweisungen: Man übernimmt Vorurteile ungeprüft von anderen. Diese vereinfachenden Zuschreibungen von Eigenschaften lassen sich schnell aktivieren. Auf der Suche nach Sündenböcken für gesellschaftliche Missstände können Vorurteile gegenüber Bevölkerungsgruppen dazu benutzt werden, die Mitglieder der eigenen Gruppe und sich selbst von der Verantwortung dafür zu entlasten (Entlastungsfunktion). Daneben erfüllen Vorurteile oft auch die Funktion, die „Wir–Gruppe" aufzuwerten. Der „Teufelskreis der Vorurteile" hat überdies einen Self-fullfilling–Effekt. Er führt dazu, dass die von Vorurteilen Betroffenen diese Fremdzuschreibungen übernehmen und ihr Verhalten danach bewusst oder unbewusst ausrichten. Trotz des starken Beharrungsvermögens von Vorurteilen zeigen Beispiele, dass sich durch verstärkte Aufklärung und Information sowie durch persönliche Nähe Einstellungen und Verhaltensweisen von Menschen positiv verändern können.

Überprüfe dein Können

James Thurber: Die Kaninchen, die an allem Schuld waren

Es war einmal – die jüngsten Kinder erinnern sich noch daran – eine Kaninchenfamilie, die unweit von einem Rudel Wölfe lebte. Die Wölfe erklärten, die Lebensweise der Kaninchen gefalle ihnen nicht. (Die Wölfe waren begeistert von der Art, wie sie selber lebten, denn das war die einzig richtige Art zu leben.) Eines Nachts kamen einige Wölfe bei einem Erdbeben ums Leben, und die Schuld daran wurde den Kaninchen zugeschoben, denn es ist allgemein bekannt, dass die Kaninchen mit ihren Hinterbeinen auf den Erdboden aufstoßen und Erdbeben verursachen. In einer anderen Nacht wurde einer der Wölfe von einem Blitz erschlagen und schuld daran waren wieder die Kaninchen, denn es ist allgemein bekannt, dass Salatfresser Blitze verursachen. Die Wölfe drohten, die Kaninchen zu zivilisieren, wenn sie sich nicht anständig betrügen, und die Kaninchen beschlossen, auf eine verlassene Insel zu flüchten. Aber die anderen Tiere, die weit entfernt wohnten, beschämten sie, indem sie sagten: „Ihr müsst bleiben, wo ihr seid, und tapfer sein. Dies ist keine Welt für Ausreißer. Wenn die Wölfe euch angreifen, werden wir euch zu Hilfe kommen, aller Wahrscheinlichkeit nach." So blieben die Kaninchen in der Nachbarschaft der Wölfe wohnen, und eines Tages kam eine schreckliche Überschwemmung, die eine große Anzahl Wölfe ersäufte. Daran waren die Kaninchen schuld, denn es ist allgemein bekannt, dass Mohrrübenknabberer mit langen Ohren Überschwemmungen verursachen. Die Wölfe fielen über die Kaninchen her, zu ihrem eigenen Besten, und sperrten sie in eine finstere Höhle, zu ihrem eigenen Schutz. Als man ein paar Wochen lang nichts von den Kaninchen zu hören bekam, richteten die anderen Tiere eine Anfrage an die Wölfe, was mit ihnen geschehen sei. Die Wölfe erwiderten, die Kaninchen seien gefressen worden, und da sie gefressen worden seien, sei der Fall eine rein innere Angelegenheit. Die anderen Tiere drohten jedoch, sie würden sich möglicherweise gegen die Wölfe verbinden, wenn kein Grund für die Vernichtung der Kaninchen angegeben würde. So gaben die Wölfe einen an. „Sie versuchten auszureißen", sagten die Wölfe, „und wie ihr wisst, ist dies keine Welt für Ausreißer." Moral: Gehe, nein, galoppiere zur nächsten verlassenen Insel.

James Thurber: Fünfundsiebzig Fabeln für Zeitgenossen, Rowohlt Verlag GmbH, 1967

Aufgaben

1. Erschließe den Text, indem du zunächst die Ziele der beteiligten Tiere und ihre Verhaltensweisen beschreibst.
2. *„Es ist allgemein bekannt, dass ..."* heißt es an einigen Stellen im Text über die Kaninchen. Sammele alle „allgemein bekannten Verhaltensweisen" der Kaninchen.
3. Übertrage die Fabel auf Situationen im Zusammenleben von Menschen. Erläutere an einem Beispiel die Wirkungsweise von Vorurteilen.
4. Kläre den Mechanismus, der sich aufgrund von Vorurteilen in Bewegung setzen kann. Ist der Fachbegriff „Self-fullfilling-prophecy" deiner Ansicht nach zutreffend?
5. Fabeln vermitteln in der Regel immer eine Lehre, die Moral am Ende dieser Fabel ist jedoch ungewöhnlich.
   a) Erläutere das Bild vom Menschen, das sich hinter dem Ratschlag verbirgt.
   b) Zeige die Auswirkungen auf, wenn wir Menschen unser Handeln ausschließlich auf diese „Moral" gründen würden.
6. *„Es ist leichter ein Atom zu zertrümmern, als Vorurteile abzubauen."*
   Setze dieser sehr strikten Behauptung von Albert Einstein einige Anregungen entgegen, mit denen sich Vorurteile vielleicht doch entschärfen oder verringern lassen.

2.2 Förderung von Integration

2.2.1 Was leistet die Zivilgesellschaft?

Demenz:
meist nicht mehr heilbare Verringerung von Gedächtnisleistungen und Auffassungsgabe durch Schädigungen des Gehirns, häufig verbunden mit Änderungen der Persönlichkeitsstruktur; meist in der Form der Altersdemenz

Integration:
Integration meint ganz allgemein die Eingliederung eines Teils in ein größeres Ganzes. In den Sozialwissenschaften versteht man in der Regel den Prozess der Eingliederung von Personen oder Gruppen in eine Gemeinschaft, die ihr Zusammenleben ohne große Konflikte und auf der Grundlage gleicher Werte oder ähnlicher Handlungsmuster organisiert. Gelingt die Integration nicht oder nur unbefriedigend, so entwickeln sich offen oder verborgen Konflikte mit der Mehrheitsgesellschaft.
Im Unterschied zur Assimilation (Anpassung) müssen sich bei der Integration Minderheiten und Mehrheiten aufeinander zu bewegen.

M 1 Wie Demenzkranke „dabeibleiben“ können

Interview mit dem Demenzexperten Peter Wißmann

Herr Wißmann, in Deutschland leben schätzungsweise über eine Million Menschen mit einer Demenzerkrankung. Was bedeutet diese Zahl für unsere Gesellschaft?

Ich denke, diese Zahl macht deutlich, dass Menschen mit Demenz keine kleine Randgruppe sind. Das gilt vor allen Dingen, weil man eigentlich auch noch die Angehörigen der Erkrankten dazuzählen muss. Aus meiner Sicht darf man auf keinen Fall so tun, als ob es diese große Zahl der Betroffenen nicht gäbe. Es ist vielmehr wichtig, dass sich in der Gesellschaft ein aufgeklärtes Bild der Demenz durchsetzt. (...)

Wie können wir diesen Herausforderungen begegnen?

Ich wünsche mir, dass es in Zukunft noch mehr bürgerschaftlich Engagierte gibt. Die freiwilligen Helferinnen und Helfer sehe ich dabei nicht als Lückenbüßer. Ganz im Gegenteil: Ihre Beziehung zu den Menschen mit Demenz hat eine besondere Qualität, die ich für sehr wichtig halte. Professionelle Dienstleister werden natürlich immer erforderlich sein. Aber es geht etwas Wichtiges verloren, wenn demenziell veränderte Menschen nur auf der Ebene einer bezahlten Dienstleistung betreut und begleitet werden. Familiäre Hilfe und bürgerschaftliches Engagement stellen einen großen Wert dar.

Wie kann Menschen mit einer Demenzerkrankung zu einer möglichst hohen Lebensqualität verholfen werden? Wie sieht Ihrer Meinung nach die optimale Versorgung der Betroffenen aus?

Man darf die Frage der Lebensqualität nicht darauf reduzieren, wie gut und ausdifferenziert das System von beratenden und begleitenden Hilfsinstanzen ist. Natürlich brauchen wir dieses Netz und müssen es noch weiter ausbauen. Aber ich glaube, die Menschen mit Demenz brauchen vor allen Dingen auch, dass sie mit ihrer Besonderheit akzeptiert werden. Man sollte sie nicht nur als krank und hilflos verstehen und an den Rand der Gesellschaft drängen. Für die Betroffenen ist es das Wichtigste, „dabeibleiben“ zu können. Das sorgt für die höchste Lebensqualität.

Welche Unterstützung können Mehrgenerationenhäuser den Betroffenen und ihren Angehörigen bieten?

Ein Mehrgenerationenhaus ist ein Ort mitten im Gemeinwesen. Dort wird vieles möglich. Die Häuser bieten den Erkrankten und ihren Angehörigen beispielsweise die Gelegenheit, am Leben teilzuhaben und in Kontakt mit verschiedenen Bereichen unserer Gesellschaft zu bleiben. Betroffene können dort aus der Isolation der eigenen Wohnung heraustreten. Diese Dinge sind wichtig für ihr Wohlbefinden. Lassen sie mich aber auch noch ein konkretes Beispiel nennen: Kinder haben oftmals ein vollkommen unbeschwertes Verhältnis zu demenziell veränderten Menschen. Es ist phänomenal zu beobachten, wie locker sie mit dementen Menschen umgehen. (...) Soziale Teilhabe, Integration, das Miteinander der Generationen: All diese Dinge, die für demenziell erkrankte Menschen wichtig sind, sind dort zu finden. Die Häuser sind daher eine gute Basis, von der aus man viele Dinge weiterentwickeln kann.

http://www.mehrgenerationsenhaeuser.de, 12.05.2009

M 2 Rollenspiel: Soll Oma ins Heim?

Mutter

Sie kümmert sich am meisten um Oma. Ihre Nerven „liegen häufig blank“, wenn sie den ganzen Tag über mit Oma alleine ist. Am Nachmittag arbeitet sie wie früher wieder für einige Stunden in der Stadtbücherei, um einfach einmal unter Menschen zu kommen. Sie leidet sehr unter der veränderten Familiensituation.

Vater

„Meine Mutter kommt in kein Heim“, hat er immer wieder bekräftigt. Er ist Lebensmitteltechniker und würde auch eine Stelle als Teilzeitkraft nehmen, wenn es sie gäbe. Dann könnte er sich mehr um Oma kümmern. Aber es gibt leider keine Teilzeitstellen in dem kleinen Labor, in dem er arbeitet. Er hat ziemlich zugenommen, seit Oma bei der Familie wohnt, und greift zu Schokolade wie andere zu Beruhigungstabletten, wie Julia einmal feststellt.

Jennifer

Julias ältere Schwester, die nach dem Einzug von Oma das Zimmer mit der kleinen Schwester teilen muss. Die Schwestern gehen in die gleiche Schule, Jennifer ist aktiv in der Theater-AG und außerdem ist sie zurzeit in den Zivildienstleistenden verliebt, der die Familie einmal in der Woche unterstützt. Sie und Julia kümmern sich viel um Oma.

Julia

Sie hat ihr Zimmer für Oma geräumt. Sie teilt jetzt nicht nur das Zimmer mit ihrer Schwester Jennifer, sondern auch die Fürsorge für Oma, wenn die Mutter am Nachmittag einige Stunden in der Bücherei arbeitet oder die Eltern am Abend nicht da sind. Sie arbeitet in der Schülerzeitungsredaktion mit. Über Alzheimer-Witze kann sie schon lange nicht mehr lachen.

Aufgaben

Die folgenden Arbeitsaufträge erlauben auch arbeitsteilige Gruppenarbeit.

1. Nennt die Gründe, warum Peter Wißmann die Arbeit von ehrenamtlichen Kräften für sehr wichtig hält (M 1).
2. Sammelt – vom Text M 1 ausgehend – die Vorteile eines Mehrgenerationenhauses für alle Beteiligten und entwerft den Grundriss für ein Mehrgenerationenhaus, in den ihr die Anregungen des Demenzforschers einbezieht.
3. Informiert euch über staatliche und kommunale Förderprogramme für Mehrgenerationenhäuser. Stellt ein Mehrgenerationenprojekt vor.
4. Lest die Rollenkarten aus M 2. Soll Oma ins Heim? Julias Familie ist ratlos. Beim Abendessen diskutiert die Familie die Frage neu. Spielt diese Szene als Rollenspiel. Ergänzt die Rollenkarten mit Informationen, die ihr dem Text aus M 1 entnehmen könnt.

M3 Vereine gründen „Tafeln“

Wartende Menschen vor der Essensausgabe einer „Tafel“

Essensausgabe einer Münchener „Tafel“

Seit 1993 gibt es in vielen Städten so genannte Tafeln. Dort können sozial Schwache unentgeltlich Lebensmittel bekommen. 17 Jahre nach der Gründung in Berlin gibt es mehr als 850 Tafeln in ganz Deutschland. Als eine Gruppe Berliner Frauen am 22. Februar 1993 vor die Presse trat und die Eröffnung der ersten Tafel in Berlin bekannt gab, ahnte niemand, dass damit der Startschuss für eine landesweite Initiative gegeben war. Berliner Lebensmittelproduzenten, Einzelhändler und Restaurants hatten zugesagt, jene Lebensmittel kostenlos abzugeben, die nicht mehr verwendet oder verkauft werden durften. Mitunter war das Haltbarkeitsdatum nahezu abgelaufen, manchmal waren Brötchen und Brote übrig geblieben, die am folgenden Tag nicht mehr verkauft werden konnten. (...) Der Abfall der Gesellschaft für die Armen – so lautet einer der Kritikpunkte an der Tafelbewegung in Deutschland. (...) Geändert hat sich nicht nur die Zahl der Tafeln, sondern auch die Klientel. Waren es ursprünglich vor allem Obdachlose, die versorgt wurden, sind es heute Rentner, Arbeitslose und Geringverdiener. Noch alarmierender ist die steigende Zahl bedürftiger Kinder und Jugendlicher, die ohne die Tafeln keine warme Mahlzeit am Tag bekämen. Sie machen mit 23,5 Prozent fast jeden vierten Besucher aus.

http://www.dw-world.de, 25.08.2010

M4 „Hausaufgaben gemacht“ – 25 Jahre ehrenamtliche Arbeit

Warum sie das alles macht? Ihre Tage opfert, Probleme wälzt, sich einen Wust von Arbeit aufhalst? Die Antwort ist typisch für Ursula Hess: „Darüber habe ich noch gar nicht nachgedacht.“ Die Weidenerin betreut Flüchtlingskinder, kümmert sich vor allem in der Hausaufgabenhilfe darum, dass sie sich im anfangs fremden Land zurechtfinden. Vor 25 Jahren gründeten sie und ihr Mann Jost den Arbeitskreis Asyl. Ein Jubiläum, das Ursula Hess am liebsten ignorieren würde ...

Wie verbringen Sie den heutigen Dienstag mit dem AK Asyl? Hess: Um 12 Uhr bin ich in der Asylstraße, wo wir ja die Grund- und Hauptschüler betreuen. Dort kümmere ich mich unter anderem ums Personal. Nach dem Essen, gegen 14.30 Uhr, geht's rüber in die Sedanstraße. Dort habe ich auch selbst eine Gruppe – ich bin für

Latein zuständig. Jugendlichen aus den Klassen sieben bis zehn von weiterführenden Schulen helfen wir zudem in Mathe. **Wann ist Schluss?** Hess: So um 20, 21 Uhr. Manchmal auch etwas später, wenn viel aufgeräumt werden muss. Und das ist ein typischer Tag für Sie? Hess: Ein typischer Tag – mittlerweile in meinem Leben. **Gab es für Sie in den vergangenen 25 Jahren auch einen Tag ohne AK Asyl?** Hess: Nein. Eigentlich war er immer dabei. Abgesehen von den Urlauben. Die sind ganz wichtig, um den Kopf frei zu bekommen. **Hatten Sie sich das am Anfang so vorgestellt?** Hess: Nein, das hätte ich nie gedacht, dass sich mein Leben so total ändern würde – für ein Vierteljahrhundert. **Was gab den Ausschlag?** Hess: Ganz einfach das Erscheinen der Flüchtlinge. Vorher hatten wir ja schon „terre des hommes" gegründet, waren insofern vertraut mit dem Leben von Menschen in anderen Ländern. Und nun kamen plötzlich Menschen aus Notsituationen zu uns. Große Familien, viele Kinder. Unser Hauptaugenmerk galt von Anfang an den Kindern. **Wie haben Sie sich um sie gekümmert?** Hess: Anfangs spielten wir mit 20 bis 25 Kindern vormittags im Jugendzentrum. Im April 1985 ging's los. Mit einem Kindergarten. (...) Irgendwann kamen die Kinder in die Schule. So entstand die Hausaufgabenhilfe. Es ist gewachsen. In den 25 Jahren hatte der AK Asyl nie eine sorgenlose Zeit. **Welche Probleme machen Ihnen zurzeit zu schaffen?** Hess: Etliche Familien bekommen keinen Aufenthalt bewilligt. Eine lebt seit acht Jahren im Asylheim. Das Kind ist 14 Jahre – und kennt gar nichts anderes. Eine große Belastung ist auch unsere finanzielle Situation. Für nächstes Jahr müssen wir Förderanträge stellen – ohne zu wissen, was bewilligt wird. Beim Personal drückt es immer ein bisschen. Und was einen noch belastet: wenn bei einem Schüler das Vorrücken gefährdet ist. **Weshalb machen Sie doch immer weiter?** Hess: Darüber habe ich noch gar nicht nachgedacht (...) Wahrscheinlich, weil man auch Erfolge sieht. Dass am Ende was dabei rauskommt. Dass wir viele Kinder hatten, die was geworden sind. Und: Ich mag Kinder. **Wie viel Prozent AK Asyl sind Ursula und Jost Hess?** Hess: Das weiß ich nicht. Das möchte ich auch nicht sagen. **Aber ohne Sie gäbe es den Arbeitskreis nicht?** Hess: Ganz klar. Es muss halt immer jemanden geben, der sich engagiert.

http://www.oberpfalznetz.de, 10.03.2010

Terre des hommes – (frz. Erde der Menschlichkeit): ein entwicklungspoltisches Kinderhilfswerk, das unabhängig von Staat, Kirche und Parteien mehr als 450 Kinderhilfsprojekte in mehr als 25 Ländern fördert.

Aufgaben

1. Erkundet in eurer näheren Umgebung eine „Tafel", nehmt Kontakt mit leitenden Personen auf, erfragt die Grundzüge der Organisation, Erfahrungen und Perspektiven und stellt die Ergebnisse für ein Referat zusammen.
2. Die inzwischen weit verbreiteten „Tafeln" sehen sich auch Kritik und Einwänden ausgesetzt (vgl. M 3). Stellt die Pro- und Kontra-Argumente zu den „Tafeln" zusammen, wägt sie gegeneinander ab und formuliert anschließend eine Stellungnahme.
3. Erklärt, warum eine Hausaufgabenhilfe einen erheblichen Beitrag zur Integration von Kindern und Familien leisten kann, die neu ins Land kommen.
4. Die Leiterin des Arbeitskreises in M 4 formuliert am Ende des Interviews: *„Es muss halt immer jemanden geben, der sich engagiert."* Kannst du ihre Position argumentativ stützen oder widerlegen?

2.2.2 Was leistet der Staat?

M 5 Deutschkurs für jedermann

Quelle: Bundesamt für Migration und Flüchtlinge, Nürnberg, 2009

„Als ich in Deutschland ankam, sprach ich kein Wort Deutsch", sagt die 31-jährige Liuhong. Ihre Heimat ist Shanghai. In München lebt sie noch kein ganzes Jahr. Doch die Ingenieurin bewältigt den Alltag bereits in der deutschen Sprache. Selbst am Telefon spricht sie selbstsicher und fröhlich deutsch. Nun will sie sich um eine Stelle bewerben. Sie hat das Deutsche in etwa 205 Tagen in einem Integrationskurs gelernt. Diese 645-stündigen Sprachkurse sind gemäß Aufenthaltsgesetz Pflicht für Ausländer, die nach 2005 nach Deutschland gekommen sind, und weder einer Arbeit noch einem Studium nachgehen.

Viele, die schon länger in Deutschland leben oder aus einem EU-Land kommen oder hoch qualifiziert sind, absolvieren ihn auch freiwillig. (...)

Und sie kommen aus aller Welt, besonders aus der Türkei und Russland. Es sind aber auch Flüchtlinge jüdischer Abstammung, iranische und irakische Asylbewerber und -bewerberinnen, bereits in Deutschland lebende Migranten, die ihre Sprachkenntnisse für einen neuen Job verbessern wollen oder frisch Verheiratete wie Luidmila und Liuhong. (...)

Liudmila schätzt gerade das multikulturelle Flair in ihrem Integrationskurs. Auch die Generationen mischen sich hier: Die Teilnehmer ihrer Klasse sind zwischen 25 und 60 Jahren alt. Jeder ist neu im deutschen Kulturkreis.

Deshalb gebe es untereinander keine

falsche Scheu, sagt sie. Keine Scheu, die ersten erlernten Vokabeln Deutsch gleich in der Klasse auszuprobieren. (...)

Liudmila hat hier ihre Freundinnen gefunden: Die Gespräche aus dem Klassenraum wurden häufig in der Cafeteria des Goethe-Instituts fortgesetzt. Die Chance, viel Deutsch zu sprechen, haben Liudmila und Liuhong nicht oft. Weil sie erst wenige Leute hier kennen; und weil in Deutschland so viele das Englische beherrschen, und es unbedingt erproben wollen.

Franziska Schwarz, in: http://www.goethe.de, 12.12.2010

M 6 Was Kanada anders macht

Wenn man einem Kanadier erzählen würde, dass wir in Deutschland Geld für Migranten ausgeben, damit diese sich integrieren – er würde sich sehr wundern. Denn Kanada als Einwanderungsland hat wenig Probleme mit Migration und Integration – im Gegenteil: es löst seine Probleme durch die Zuwanderung. (...) Dabei stehen die Kanadier vor ähnlichen Herausforderungen wie wir: globaler Wettbewerb, Alterung der Gesellschaft, Fachkräftemangel. Was macht Kanada anders bei der Integration? Zum einen: Kanada sucht sich seine Zuwanderer selbst aus. Kriterien sind Berufserfahrung, Sprachkenntnisse, persönliche Eignung. Alles wird nach einem Punktsystem ausgewertet. Die Besten kommen rein. Man kann vermuten, dass dies auch dafür sorgt, dass Kanadas Zuwandererkinder der zweiten Generation sogar besser in der Schule sind als einheimische Kinder. Zumindest legen die Ergebnisse der PISA-Studien diesen Schluss nahe. In Deutschland ist es erstaunlicherweise so, dass Zuwandererkinder der zweiten Generation sogar schlechter sind als die der ersten. Zum anderen: Kanada hat den Zugang zum Sozialsystem streng geregelt. Wer ins Land will, braucht einen zahlungskräftigen Menschen, der rechtsverbindlich für Unterhalt und Auskommen bürgt, einen sogenannten Sponsor. Die meisten Migranten in Kanada sind so zu Recht stolz darauf, es entweder selbst oder mit ein wenig Familienhilfe geschafft zu haben.

Leo Spors, Mut und Wille statt Geld, in: http://reporter.zdf.de, 02.09.2010

Integrationskurs: vom Bundesamt für Migration und Flüchtlinge (BAMF) finanzierter Kurs mit dem Ziel, Menschen sprachlich so zu fördern, dass sie zur „gesellschaftlichen Teilhabe" befähigt werden; zur Teilnahme verpflichtet: neu zugewanderte Ausländer / -innen; besonders integrationsbedürftige Personen, Teilnahme z. T. von der Ausländerbehörde oder anderen Behörden angeordnet. Der Kurs vermittelt in 600 Stunden Deutschkenntnisse; in den verbleibenden 45 Stunden (dem „Orientierungskurs") wird die Geschichte, Gesellschaft und Kultur Deutschlands unterrichtet.

Aufgaben

1. Ermittle aus M 5 Ziele, Methoden und Probleme der verpflichtend angeordneten Integrationskurse.
2. Die Integrationskurse sollen *„den Teufelskreis von sprachlos – arbeitslos – chancenlos"* durchbrechen, so formuliert es das BAMF. Verbalisiere den Teufelskreis. Zeige Möglichkeiten auf, in welchen Phasen und unter welchen Bedingungen er sich durchbrechen lässt.
3. Erschließe anhand der Grafik in M 5 den zeitlichen und inhaltlichen Aufbau der staatlichen Integrationsmaßnahme.
4. Sammle die Voraussetzungen, unter denen das Konzept der Integrationskurse funktioniert.
5. Vergleiche die deutschen Integrationsmaßnahmen (M 5) mit dem kanadischen Modell (M 6).
6. Erörtere: Sollte die Politik dem kanadischen Modell folgen?

2.2.3 Was leisten die Kommunen?

M7 Barrierefreies Bamberg

M8 Zweite Chance für junge Kriminelle

In Zusammenarbeit mit der Landesregierung Baden-Württemberg betreibt ein gemeinnütziger Verein im Seehaus bei Leonberg ein Modellprojekt für straffällig gewordene Jugendliche, die zu einer Strafe ohne Bewährung verurteilt wurden. In einem Interview erläutert der Geschäftsführer des Trägervereins das Projekt „Chance":

Bewährung:
Aussetzung einer vom Gericht ausgesprochenen Strafe für eine bestimmte Frist; Bedingung: der/ die Verurteilte wird in dieser Zeit nicht straffällig

Was erwartet die jungen Leute im Seehaus?
Zum einen nehmen wir sie in eine Familie auf. Viele kennen kein funktionierendes Familienleben und erfahren hier zum ersten Mal Liebe und Geborgenheit. Zum anderen erwartet sie aber ein sehr stressiger Tagesablauf. Von 5.45 Uhr beginnend mit Frühsport bis abends 22 Uhr ist volles Programm. Das ist Stress pur für die Jungs.

Wie sieht der Alltag aus?
Hausputz, Schule, Arbeit, Sport, gemeinnützige Arbeit, Wiedergutmachung, soziales Training. Sie können im Holz- und Baubereich das erste Lehrjahr absolvieren. Metall kommt bald dazu. Sie renovieren das 400 Jahre alte Seehaus, wir haben aber auch Außenaufträge. In der Schreinerei machen wir Möbel. Sie werden verkauft. Das ist wichtig, weil die Jugendlichen damit Kundenkontakt bekommen. (...)

Welche Rückfallquote hat der normale Jugendstrafvollzug?
Bundesweiter Durchschnitt ist 78 Prozent. Aber das kann man nicht mit unseren 20 Prozent vergleichen. Wir können uns die Jungs aussuchen, wir können sie zurückschicken. Aber klar ist, wenn unsere Jugendliche im normalen Strafvollzug wären, dann hätten sie eine schlechtere Ausgangsposition.

Ulrich Hanselmann, in: http://content.stuttgarter-nachrichten.de, 06.10.2009

M 9 Eine Stadt als Integrationsmaschine

Interview im Deutschlandfunk (DLF) mit der Bürgermeisterin von Offenbach Birgit Simon:

DLF: Sie, Frau Simon, haben Offenbach, Ihre Stadt, mal eine Integrationsmaschine genannt. (...) Erzählen Sie mal ein bisschen von diesen Ideen, was läuft denn demnach in Offenbach richtig oder besser als in anderen Städten?
Simon: Na, dass es nach unserem Verständnis einen großen Sinn macht, die Migrantinnen und Migranten selbst als Akteure von Integrationsleistungen zu gewinnen. Das heißt, nicht nur Anforderungen an sie zu stellen und ihnen zu sagen, wie sie sich integrieren können, sondern sie auch konkret einzubeziehen und zu sagen: „Macht ihr das Angebot vor Ort, wir helfen euch und unterstützen euch. Es gibt ein städtisches Förderprogramm für bestimmte Integrationsleistungen, die könnt ihr auch mal in der Moschee anbieten oder im Kulturverein, wenn es beispielsweise um das Thema Eingliederung von Jugendlichen in den Arbeitsmarkt geht." Diese Möglichkeiten werden bei uns mittlerweile in Anspruch genommen. Oder dass Einwanderer nicht erst lange die Migrationsberatungsstelle aufsuchen müssen, sondern dass die Ausländerbehörde gleich den Kontakt herstellt; damit das schneller geht und es nicht so viel Herumirren gibt, sondern man möglichst früh anfängt. Und ich glaube, dass das einen guten Sinn macht.
DLF: Das heißt also vor allem so Frustrationsabbau durch die städtische Initiative auch, dass die Leute (...) nicht, sozusagen durch endlose Behördengänge oder Wartezeiten irgendwie abgeschreckt werden. Wie würden Sie denn so das Verhältnis Eigeninitiative, öffentliche Förderungsangebote in Ihrer Stadt einschätzen, ist das eine gesunde Mischung?
Simon: Es ist eine gesunde Mischung (...). So was geht natürlich nicht von heute auf morgen, dass man erreicht, dass Imame zum Rathaus kommen und sagen, wir brauchen einen Kurs, wir haben verstanden, (...) wir haben eine soziale Verantwortung.

http://www.dradio.de, 28.10.2010

Im Jahr 2007 wurde das Kompetenzteam Integration in Offenbach ins Leben gerufen. Impulsgeber war die Bürgermeisterin Birgit Simon (Bildmitte).

Imam (nach sunnitscher Auffassung):
Vorbeter beim islamischen Gebet

Aufgaben

1. Suche nach Erklärungen für die in M 8 genannte Rückfallquote von straffällig gewordenen Jugendlichen.
2. Im weiteren Verlauf des Interviews in M 8 verlangt der Geschäftsführer mehr Prävention, z. B. Früh- und Sprachförderung, die Stärkung der Familien und ein positives Freizeitverhalten. Entwirf als Stadträtin/Stadtrat ein Programm, das diesen Forderungen Rechnung trägt.
3. Die Bürgermeisterin von Offenbach (M 9) führt die Erfolge in der Integration auf die Aktivitäten in ihrer Stadt zurück. Beschreibe diese Bemühungen und ermittle die Voraussetzungen, die einen Erfolg wahrscheinlich machen.
4. In M 7 – M 9 werden verschiedene Bemühungen des Staats und der Kommunen vorgestellt, Menschen in schwierigen Situationen in die Gesellschaft zu integrieren. Erstelle eine Übersicht, welche Schwierigkeiten dabei entstehen und welche Erfolge damit erzielt werden können.

Wissen kompakt

Initiatoren und Akteure für integrierende Maßnahmen

Um möglichst alle Bevölkerungsgruppen, vor allem auch Randgruppen in schwierigen Lebenssituationen, in die Gesellschaft einzubinden, unternehmen viele Akteure Anstrengungen. Wesentlich dazu beitragen

- viele Freiwillige in ganz Deutschland (zivilgesellschaftliches Engagement)
- Gemeinden und Landkreise (kommunale Aktivitäten) sowie
- die Bundesländer und der Bundesstaat (staatliche Maßnahmen).

Zwischen diesen Akteuren gibt es häufig Verknüpfungen und Kooperationen, so unterstützt der Staat z. B. gemeinnützige Vereine oder Gemeinden mit finanziellen Hilfen, Vergünstigungen oder fachlicher Beratung.

Freiwilliges Engagement von Bürgern der Zivilgesellschaft

In jedem Ort, jedem Landkreis und in jedem Bundesland sind viele Menschen aktiv, die sich freiwillig und ohne Gewinnstreben um schwächere und ausgegrenzte oder in anderer Weise randständige Menschen kümmern. Dieses zivilgesellschaftliche (auch: bürgerschaftliche) Engagement wird vor allem geleistet

- innerhalb der Familie und der Verwandtschaft, z. B. wenn Kranke oder ältere Angehörige gepflegt werden,
- innerhalb des Freundeskreises oder der Nachbarschaft, z. B. bei der gegenseitigen Unterstützung in besonderen Notlagen,
- von ehrenamtlich tätigen Mitgliedern in Vereinen, Wohlfahrtsverbänden oder kirchlichen Einrichtungen, die sich z. B. um Ausländer oder Obdachlose kümmern,
- in Netzen und Selbsthilfegruppen Betroffener, die sich beraten und begleiten, so z. B. in Gruppen von Behinderten und Nichtbehinderten oder Netzwerken chronisch Kranker.

Staatliche und kommunale Maßnahmen zur Integrationsförderung

Kommunen und staatliche Stellen nutzen folgende Möglichkeiten für integrierende Maßnahmen:

- gesetzliche Regelungen, z. B. der verpflichtende Besuch von Integrationskursen,
- professionelles Personal in Behörden und Ämtern, z. B. amtlich bestellte Betreuer, Bewährungshelfer, Jugend- und Erziehungshelfer,
- Kooperationen mit zivilgesellschaftlich organisierten Akteuren, z. B. Zuschüsse für Vereine und Einrichtungen,
- Aufklärungskampagnen zu den Hintergründen der Lebenssituation von Randgruppen.

Die Probleme kommunaler und staatlicher Maßnahmen liegen in ihrer Abhängigkeit von den finanziellen Möglichkeiten.

Aufeinanderzugehen als Voraussetzung für eine gelingende Integration

Für das Gelingen von Integrationsmaßnahmen unerlässlich ist die Bereitschaft der betroffenen Gruppen, nach eigenen Kräften und Möglichkeiten einen Beitrag zur Integration zu leisten und sich selbst mit dafür zu engagieren, so z. B. die deutsche Sprache zu lernen und sich an die Gesetze zu halten. Auf der Seite der Gesellschaft ist der Wille nötig, die Mitglieder von Minderheiten auch aufnehmen zu wollen, gleichzeitig aber ihre Besonderheiten in einem angemessenen Rahmen zu akzeptieren. Das Aufeinanderzugehen ist ein Prozess, der in den Familien, Kindergärten und Schulen gelehrt und gelernt werden kann, sich aber auch in die Arbeits- und Berufswelt, in die Öffentlichkeit, in die Medien und in den Staat ausweiten muss.

Überprüfe dein Können

Aus dem Sozialgesetzbuch IX: Rehabilitation und Teilhabe behinderter Menschen

Junge Frau mit Trisomie 21 in einer Hotelküche

Chancen und Grenzen einer gesetzlichen Maßnahme

In insgesamt 12 Sozialgesetzbüchern (SGB) sind die Sozialgesetze zusammengefasst, so z. B. im SGB VI die „Gesetzliche Rentenversicherung" oder im SGB VIII die „Kinder- und Jugendhilfe". Die Bestimmungen des Sozialgesetzbuchs IX haben die „Rehabilitation und Teilhabe behinderter Menschen" zum Thema.

Auszüge aus dem SGB IX:

§ 71 Pflicht der Arbeitgeber zur Beschäftigung schwerbehinderter Menschen
(1) Private und öffentliche Arbeitgeber mit mindestens 20 Arbeitsplätzen (...) haben auf wenigstens 5 % der Arbeitsplätze schwerbehinderte Menschen zu beschäftigen. Dabei sind schwerbehinderte Frauen besonders zu berücksichtigen. (...)

§ 77 Ausgleichsabgabe[1)]
(1) Solange Arbeitgeber die vorgeschriebene Zahl schwerbehinderter Menschen nicht beschäftigen, entrichten sie für jeden unbesetzten Pflichtarbeitsplatz für schwerbehinderte Menschen monatlich eine Ausgleichsabgabe. (...)

§ 140
(1) Arbeitgeber, die durch Aufträge an anerkannte Werkstätten für behinderte Menschen zur Beschäftigung behinderter Menschen beitragen, können 50 vom Hundert des auf die Arbeitsleistung der Werkstatt entfallenden Rechnungsbetrags solcher Aufträge auf die Ausgleichsabgabe anrechnen.

1) Höhe der Ausgleichsabgabe: je Monat und nicht besetztem Arbeitsplatz zwischen 105 bis zu 260 €, abhängig von der Zahl der Gesamtarbeitsplätze und der Zahl der beschäftigten Schwerbehinderten

Aufgaben

1. Beschreibe das Ziel der hier zitierten gesetzlichen Vorschriften.
2. Versetze dich in die Position eines Arbeitgebers, z. B. eines Hoteliers. Er sucht für seine Rezeption und die damit verbundenen Arbeiten eine ausgebildete Hotelkauffrau/einen ausgebildeten Hotelkaufmann. Es bewerben sich ein Mann ohne Handicap und eine Schwerbehinderte in einem Rollstuhl, beide mit guter, vergleichbarer Qualifikation, sicherem Auftreten und ähnlicher Berufserfahrung.
   Erläutere den Handlungsspielraum des Arbeitgebers sowie die Auswirkungen seiner Entscheidung auf die Situation der Bewerber.
3. Sollte man den § 77 des SGB IX ersatzlos streichen? Begründe deine Antwort.
4. Entwickle Vorschläge, wie – über staatliche Maßnahmen hinaus – die Zivilgesellschaft die Integration von Behinderten in die Arbeitswelt fördern kann.
   Welche Einstellungen und Verhaltensweisen von Seiten der Arbeitgeber, der Arbeitskollegen und der Familienmitglieder würden ein Gelingen sichern?

2.3 Förderung von Toleranz und Achtung

Toleranz

Info

Toleranz bedeutet Respekt, Akzeptanz und Anerkennung der Kulturen unserer Welt, unserer Ausdrucksformen und Gestaltungsweisen unseres Menschseins in all ihrem Reichtum und ihrer Vielfalt. Gefördert wird sie durch Wissen, Offenheit, Kommunikation und durch Freiheit des Denkens, der Gewissensentscheidung und des Glaubens. Toleranz ist Harmonie über Unterschiede hinweg. Sie ist nicht nur moralische Verpflichtung, sondern auch eine politische und rechtliche Notwendigkeit. Toleranz ist eine Tugend, die den Frieden ermöglicht, und trägt dazu bei, den Kult des Krieges durch eine Kultur des Friedens zu überwinden.

Toleranz ist nicht gleichbedeutend mit Nachgeben, Herablassung oder Nachsicht. (...) Toleranz muss geübt werden von Einzelnen, von Gruppen und von Staaten. Toleranz ist der Schlussstein, der die Menschenrechte, den Pluralismus (auch den kulturellen Pluralismus), die Demokratie und den Rechtsstaat zusammenhält (...).

Toleranz bedeutet die Anerkennung der Tatsache, dass alle Menschen, natürlich mit allen Unterschieden ihrer Erscheinungsform, Situation, Sprache, Verhaltensweisen und Werte, das Recht haben, in Frieden zu leben und so zu bleiben, wie sie sind. Dazu gehört auch, dass die eigenen Ansichten anderen nicht aufgezwungen werden dürfen.

Erklärung der UNESCO (United Nations Educational, Scientific and Cultural Organization) aus dem Jahr 1995

2.3.1 Wie kann die Familie Toleranz und Achtung fördern?

M 1 Die Sicht der Karikaturisten

Karikatur: Marie Marcks

Karikatur: Peter Butschkow / Baaske Cartoons

M 2 Weltwissen der Siebenjährigen

Die Erziehungswissenschaftlerin Donata Elschenbroich sammelte in ihrem Buch „Weltwissen der Siebenjährigen" (2002) Erlebnisse, die Erwachsene bei einer Umfrage den siebenjährigen Kindern wünschen, darunter waren:

- einem Erwachsenen eine ungerechte Strafe verziehen haben
- vom Vater während einer Krankheit gepflegt worden sein
- eine Kissenschlacht gemacht haben
- einen Schneemann gebaut haben, eine Sandburg, einen Damm im Bach
- in einer anderen Familie übernachtet haben
- eine Ahnung von Welträumigkeit, von anderen Kontinenten haben
- ein Geheimnis für sich behalten können
- gesät und geerntet haben
- Flüche, Schimpfwörter kennen (in zwei Sprachen)
- die Spannung und Vorfreude empfunden haben, die von einem unbeschriebenen, unbemalten Blatt ausgehen kann
- einen Nagel einschlagen, eine Schraube eindrehen, eine Batterie auswechseln können
- eine Nachricht am Telefon aufnehmen, behalten und ausrichten können, den Unterschied zwischen Laufen, Gehen und Wandern kennen
- über Regeln verhandelt haben, mit dem Begriff „Ausnahme" etwas verbinden können
- den eigenen Pulsschlag gefühlt haben und den von Freund und Tier
- Stolz empfunden haben, „ein Kind" zu sein

Aus: Sylvia Meise, Bildung schon im Kindergarten, in: Psychologie heute compact, 2003, Heft Nr. 11, S.34

Donata Elschenbroich, Erziehungswissenschaftlerin und Autorin von: „Weltwissen der Siebenjährigen – wie Kinder die Welt entdecken können"

M 3 Warum Eltern manchmal so „schwach" sind ...

Damit eines klar ist. Meine Eltern und ich, wir lieben uns. Die diplomatischen Beziehungen zwischen unseren beiden Ländern sind völlig intakt. (...) Aber das war nicht immer so. Wir hatten schlimme Kämpfe auszufechten, mit schmerzhaften Verlusten auf beiden Seiten. Der erste Kampf, an den ich mich erinnern kann, drehte sich um einen roten Nickipullover. Mir war es wichtig gewesen, den Pullover alleine anzuziehen, mich dieser Herausforderung ohne fremde Hilfe zu stellen: Blöd war, dass ich zu dieser Zeit grade mal vier Jahre alt war und einfach noch nicht in der Lage, einen Pullover richtig anzuziehen. Ich trug ihn auf links und auch noch verkehrt herum und wollte mich partout in dieser Tracht auf den Weg zum Kindergarten machen. Meine Mutter hielt das für keine gute Idee, zog mir den Pullover an der Haustür wieder aus, drehte ihn auf rechts und einmal um und versuchte mich dazu zu bewegen, die Arme zu heben. So im Unterhemd dastehend fühlte ich mich erniedrigt und unverstanden und fing an zu plärren. Auch meine Mutter hob die Stimme, denn es war schon zehn vor Kindergarten. Sie wollte mir dringend meinen Pullover anziehen, und zwar richtig rum. Ich wollte das nicht. Eine verzwickte Situation. Meine Mutter – diplomatisch schon immer sehr stark – versuchte es so: „Was wollen wir denn jetzt machen?" Ich kleiner Hitzkopf, unter Zuhilfenahme einer beeindruckenden Tränenfontäne: „Mone leine machen! Mone leine machen!" Ich wollte es einfach alleine machen, ohne Verbündete in diese Schlacht ziehen, auf keinen Fall Rücksprache halten. Wer in unserem Streit die Rolle des Schurkenstaats inne hatte, muss ich wohl nicht erklären. Wir schrien uns noch ein bisschen an, ich schrie zugegebenermaßen lauter als meine Mutter, behielt am Ende die Oberhand und ging schlecht angezogen, aber voller Genugtuung in den Kindergarten. Was die Stylingfrage anging, stritten wir uns im Laufe der folgenden Jahre noch häufiger. (...) Oder (es ging) darum, ob drei Second-Hand-Unterröcke, zerrissene Netzstrumpfhosen, Cowboystiefel und schwarze Lippen in der Schule angebracht sind oder nicht. Als ich eine Zeitlang grundsätzlich zwei verschiedene Schuhe zu meiner Zahnspange trug, hörte ich meine Mutter irgendwann mal sagen: „Ach du Scheiße." Ich ignorierte das, und das Herz meiner Mutter war groß genug, mich immer Sieger bleiben zu lassen. Zu einem letzten Mode-Eklat kam es jedoch, als meine Oma mal meine Jeans flickte. Ich hatte sie in mühevoller Kleinarbeit mit der Eisenfeile meines Vaters an allen Ecken und Enden aufgerieben, das hat mich wirklich Nächte gekostet. Und am Tag, bevor meine Oma ihren Besuch bei uns beendete, fand ich eben diese kunstvoll zerstörte Jeans über meinem Stuhl, fein säuberlich zusammengelegt und mit einer unentfernbaren Marienkäferapplikation auf jedem einzelnen Loch. Ich stürmte in die Küche und stelle meine Oma und meine Mutter zur Rede. (...) Ich gab auf, ließ meine Klamotten fortan einfach so, wie sie waren und wurde ein großer Fan von Verschwörungstheorien.

Damit waren die Zeiten, in denen sich meine Eltern für mein Outfit schämen mussten, vorbei. Aber noch bevor ich dreizehn Jahre alt wurde, hatte ich angefangen, mich für meine Eltern zu schämen. Nicht, dass sie mir dafür einen besonderen Grund gegeben hätten. Sie hatten sich nicht verändert. Aber ich hatte mich verändert.

Simone Buchholz, Sind das deine? Warum Eltern manchmal so schwierig sind, in: Fluter, Bundeszentrale für politische Bildung, Heft Nr. 6, 04/2003, S. 46-49

Aufgaben

1. Die Karikaturen in M 1 geben Hinweise für Eltern, wie sie zu Toleranz und Achtung erziehen oder diese Erziehung gefährden. Werte jede Karikatur aus.
2. Erstelle auf Grundlage deiner Auswertung in Nr. 1 eine Positivliste für eine „gute Erziehung" mit den genannten Erziehungszielen.
3. Zu M 2:
   a) Die Autorin verwendet für ihren Katalog den Begriff „Weltwissen". Hältst du ihn für geeignet? Begründe deine Ansicht.
   b) Überprüfe, welche der „Erlebnisse" in M 2 einer Erziehung zu Toleranz und Achtung vor den Mitmenschen förderlich sind. Begründe deine Wahl.
   c) Ergänze die Liste um weitere Erlebnisse, die eben diesen Zielen dienen.
4. Zu M 3:
   a) Beurteile, ob das Verhalten der Mutter und der Oma einer Erziehung zu Toleranz und Achtung voreinander förderlich ist.
   b) Der Schluss von M 3 deutet an, dass sich mit Beginn der Pubertät die Einstellung der Autorin änderte. Erläutere, wie weit deine Toleranz gegenüber „peinlichen Eltern" gegangen ist oder gehen würde.
5. Suche in einem Katalog für Kinderspiele bis 12 Jahre ein Gesellschaftsspiel oder ein Computerspiel, das erkennbar den Toleranzgedanken fördert. Stelle ein Spiel der Klasse vor.

Miniprojekt: Erziehung zur Zivilcourage oder „Feig sein ist schon ziemlich schwach."

Zivilcourage – guter Wille reicht nicht!

Zivilcourage bezeichnet helfendes Verhalten aus der Überzeugung heraus, dass man dem Schwächeren, Bedrohten, Diskriminierten oder Geschädigten helfen muss. Die Person, die eingreift, muss mit einem Risiko rechnen.

Ob Menschen in einer konkreten Situation wirklich intervenieren (eingreifen), hängt von ihrem Wissen, ihrer Persönlichkeit und der Situationsbewertung ab. Der gute Wille ist bei den meisten Menschen vorhanden. Bis zum tatsächlichen Eingreifen müssen Hürden überwunden und Fragen beantwortet werden:

1. Man muss das kritische Ereignis als solches wahrnehmen: Was passiert da?
2. Man muss die Situation als Notfall für den/die Betroffenen einschätzen:
   Gibt es ein deutliches Ungleichgewicht? Ist jemand wirklich in Not?
3. Man muss sich verantwortlich fühlen für die Situation: Bin nur ich verantwortlich? Wer hilft? Welche Risiken gehe ich ein?
4. Man muss sich entscheiden, dass man eventuell eigene Ziele [Verabredung, ...] zugunsten des / der Bedrohten zurückstellt.
5. Man muss das Knowhow über zweckmäßige Handlungsalternativen (Repertoire) zur Verfügung haben: Wie kann ich eingreifen? Reichen meine Möglichkeiten? Kann ich den Konflikt verbal bearbeiten? Habe ich weitere Fähigkeiten, den Konflikt zu managen?
6. Man muss sich zum Eingreifen entscheiden. Welche meiner Möglichkeiten nutze ich konkret? Wo und wie positioniere ich mich? Wie kann ich Unterstützung erhalten? Wer kümmert sich um das Opfer?

Aufgaben

So lässt sich das Anti–Feigheitstraining in ca. drei Unterrichtsstunden umsetzen:

1. Konstruiert in mehreren Arbeitsgruppen jeweils Situationen, in denen an der Bushaltestelle, auf dem Schulweg, im Pausenhof oder im Klassenzimmer ein Schüler/eine Schülerin von einer Gruppe belästigt, diskriminiert oder körperlich angegriffen wird. Zwei Beobachter kontrollieren die Entwürfe mit Hilfe der oben genannten sechs Bedingungen.
2. Spielt die Situation mit verschiedenen Reaktionen vor. Die Beobachter erläutern jeweils das Vorgehen oder leiten eine Diskussion zu den verschiedenen Handlungsalternativen mit anschließender Bewertung.
3. Entwickelt einen Katalog von Verhaltensregeln für Situationen, in denen Mitschülerinnen oder Mitschüler belästigt oder angegriffen werden. Vielleicht könnt ihr euch in der Klasse auf eine Selbstverpflichtung einigen.
4. Wenn ihr eure Erkenntnisse in der Schule weiter verbreiten wollt:
   Vielleicht könnt ihr auch z. B. an einem „Tag der Zivilcourage" im Pausenhof eine kleine „Vorstellung" inszenieren – mit richtigem, zweifelhaftem und falschem Verhalten in brisanten Situationen. Oder anderen Schülerinnen und Schülern einen „Anti-Feigheits-Crash-Kurs" anbieten?

2.3.2 Wie kann Schule Integration fördern?

M 4 Deutschpflicht auf dem Schulhof ...

Wenn deutsch gesprochen wird, gibt es weniger Konflikte auf dem Schulhof.

Erstmals besteht eine Stuttgarter Schule darauf, dass auf dem Pausenhof Deutsch gesprochen wird. Das hat im Gemeinderat heftige Diskussionen ausgelöst. Das Land lässt den Schulen in dieser strittigen Frage freie Hand. In der Landeshauptstadt haben Lehrer, Eltern und Schüler für die Neckar-Realschule beschlossen, dass auch in der Pause Deutsch gesprochen werden muss. So sollen die Sprachkenntnisse verbessert und Konflikte vermieden werden. Ertappt die Pausenaufsicht Schüler, die sich in ihrer Muttersprache unterhalten, werden sie ermahnt. Im Wiederholungsfall drohen Strafarbeiten und Nachsitzen.

Maria Wetzel, Michael Deufel, Deutsch-Pflicht auf Stuttgarter Schulhof, in: http://www.stuttgarter-nachrichten.de, 08.05.2010

... und Reaktionen

Die Kultusminister der Länder haben sich klar gegen eine Deutschpflicht auf Schulhöfen ausgesprochen. (...) Eine flächendeckende Deutschpflicht auf dem Pausenhof sei nicht denkbar, betonte der Präsident der Kultusministerkonferenz (KMK) Ludwig Spaenle (CSU) nach dem Treffen. Dies gelte, auch wenn freiwillige Regelungen an einzelnen Schulen „durchaus interessant" sein könnten. Die rheinland-pfälzische Bildungsministerin Doris Ahnen (SPD) sagte, die Idee „sei in keiner Weise geeignet", Integrationsprobleme zu lösen. (...) Die Türkische Gemeinde in Deutschland reagierte erleichtert auf die Stellungnahme der Länderminister. „Es bedurfte eines Signals der KMK", sagte der Bundesvorsitzende Kenn Kolat, „ein Verbot der Muttersprache ist nicht hinnehmbar." Dies wäre ein „Signal der Unterwerfung" und eine „Stigmatisierung" von Jugendlichen mit ausländischen Wurzeln.

http://www.tagesschau.de, 15.10.2010

M 5 An der Wand Kreuz und Menora

Trialogisch: Gespräche und kultureller Austausch zwischen drei Partnern

In der Drei-Religionen-Grundschule in Osnabrück sollen bald christliche, jüdische und muslimische Kinder zusammen lernen. (...) Religion könnte an der katholischen Johannisschule in Osnabrück bald nicht nur ein Unterrichtsfach sein. Im Ramadan zum Beispiel könnten die muslimischen Kinder ihre MitschülerInnen zum Fastenbrechen einladen. Die jüdischen Mädchen und Jungen könnten in einer Projektwoche erklären, was koscheres Essen ist. Und die christlichen Kinder würden den anderen Kindern zeigen, wie sie Weihnachten feiern, inklusive Sternebasteln. So oder ähnlich könnte also der Alltag in diesem Haus aussehen. Was aber genau passieren wird an Deutschlands erster sogenannter trialogischer Schule, ist noch nicht so klar. Denn bis jetzt steht die Schule nur auf dem Papier. Mitte Dezember hat der Osnabrücker Stadtrat dem Konzept des Bistums Osnabrück zugestimmt. Im Sommer 2012 soll der Unterricht in der Drei-Religionen-Schule in der Innenstadt beginnen. (...) Und so könnte es zugehen an der Drei-Religionen-Schule: An den Wänden in den Klassenräumen werden Kreuz, Halbmond und Menora hängen. In Schulprojekten sollen die Kinder mehr über ihre eigene und die anderen Religionen erfahren. „Sie lernen, aus der Sicht der anderen wahrzunehmen", mutmaßt Verburg. Aber es gibt auch Kritik an der neuen Schulform. (...) Die SPD und die Hälfte der Grünen-Fraktion im Stadtrat stimmten gegen die Drei-Religionen-Grundschule. Ihre Begründung: Auch an staatlichen Schulen treffen die Religionen aufeinander.

Anne Reinert, An der Wand Kreuz und Menora, in: taz, 3.01.2011

Halbmond:
oft von Sternen begleitete Mondsichel, Wahrzeichen des Islam, in vielen Flaggen islamischer Staaten

Menora:
siebenarmiger Leuchter, Kultgerät mit besonderer Bedeutung in der jüdischen Liturgie

M 6 Art. 131 Bayerische Verfassung (BV)

(1) Die Schulen sollen nicht nur Wissen und Können vermitteln, sondern auch Herz und Charakter bilden.

(2) Oberste Bildungsziele sind Ehrfurcht vor Gott, Achtung vor religiöser Überzeugung und vor der Würde des Menschen, Selbstbeherrschung, Verantwortungsgefühl und Verantwortungsfreudigkeit, Hilfsbereitschaft und Aufgeschlossenheit für alles Wahre, Gute und Schöne und Verantwortungsbewusstsein für Natur und Umwelt.

(3) Die Schüler sind im Geiste der Demokratie, in der Liebe zur bayerischen Heimat und zum deutschen Volk und im Sinne der Völkerversöhnung zu erziehen.

Aufgaben

1. Schule gilt als ein wirklicher „Ort der Integration". Überprüfe diese Einschätzung. Begründe, ob dies ebenso für Kindergärten, Vereine oder Ausbildungsstätten gilt.
2. In M4 finden sich unterschiedliche Positionen zur Deutschpflicht auf dem Schulhof. Finde weitere Argumente.
3. Im Schulforum deiner Schule wurde von einem Elternvertreter ein Antrag gestellt, Deutschpflicht auf dem Schulhof einzuführen. Als Grundlage für die Diskussion und Entscheidung legst du deine Position schriftlich vor.
4. Diskutiert ausgehend von M 5, wie und ob verschiedene Konfessionen durch religiöse Symbole an eurer Schule kenntlich gemacht werden sollen. Berücksichtigt dabei auch das Zusammenleben religiöser und nicht-religiöser Menschen / Schüler.
5. Kritiker sehen in der Formulierung von Art. 131 BV (3) eine Zurücksetzung von Personen mit anderer Heimat und mit nichtdeutscher Herkunft. Nimm Stellung zu der Formulierung (M 6).

Wissen kompakt

Wertevermittlung in Familie und Schule

Die Bereitschaft, andere Meinungen zu tolerieren oder sozial Benachteiligten oder Randgruppen zu helfen, hat seit 2002 laut Umfragen erkennbar abgenommen. Umso mehr müssen sich die wichtigsten Sozialisationsinstanzen, also Familie und Schule, dieser Aufgabe annehmen. Sie besteht in der Vermittlung von Werten wie Achtung vor den anderen, Respekt vor dem, der anders ist als man selbst, und einer Erziehung zur Toleranz. Darunter versteht man, dass jeder das Anderssein und die Vielfalt unseres Menschseins anerkennt und akzeptiert.

Die Prägefunktion der Familie

Die ersten Lebensjahre sind entscheidend: Die Erfahrungen im alltäglichen Umgang in der Familie werden aufgenommen und in der Regel weitergelebt. Geprägt werden Kinder vor allem dadurch,

- ob und wie sie selbst Respekt von Eltern und Geschwistern im Alltag erfahren,
- wie man innerhalb der Familie mit unterschiedlichen Vorstellungen und Einstellungen umgeht,
- welche Einstellungen Eltern und Geschwister zu anderen Menschen äußern und welche Verhaltensweisen sie zeigen.

Entscheidend für den Erfolg einer werteorientierten Erziehung ist es deshalb, dass Eltern sich ihrer Verantwortung und Vorbildwirkung bewusst sind und ihr Verhalten danach ausrichten.

Ziele und Möglichkeiten der Schule

Der Schule sind ihre Aufgaben in der bayerischen Verfassung vorgeschrieben. Sie ist die Rechtsgrundlage für ihre Arbeit und verlangt u. a. die Bildung von Herz und Charakter, die Achtung vor religiöser Überzeugung und vor der Würde des Menschen, Selbstbeherrschung, Verantwortungsgefühl, Verantwortungsfreudigkeit, Hilfsbereitschaft und eine Erziehung im Geiste der Demokratie, in der Liebe zur bayerischen Heimat und zum deutschen Volk und im Sinne der Völkerversöhnung.

Lehrpläne und Unterricht sowie das erzieherische Wirken orientieren sich an diesen Werten. Die Schule leistet das u. a. über Informationen und Aufklärung über Kulturen und Religionen, über unterschiedliche Lebenssituationen und -perspektiven. Ferner werden soziale Fähigkeiten entwickelt und gefördert, so z. B. Rücksichtnahme und Einfühlungsvermögen oder die Fähigkeit zur Kommunikation und zum geregelten Konfliktaustrag. Oft leisten außerunterrichtliche Aktivitäten zusätzliche Beiträge für eine gute Schulkultur. Schülerinnen und Schüler können selbst Verantwortung für eine „Kultur des Friedens“ in der Klasse und an der Schule übernehmen, z. B. auch über couragiertes Verhalten in Fällen, in denen der Frieden verletzt wird.

Störende Einflüsse bei der Vermittlung von Werten

Die Bemühungen in der Familie können erheblich erschwert werden, wenn die Einflüsse der sogenannten Miterzieher, z. B. der Verwandten und Bekannten, der Medien oder Gleichaltriger im Kindergarten die Wertevermittlung stören oder unterlaufen. Auch starke Spannungen in der Familie oder schwierige äußere Umstände können diesen Prozess erschweren. Mit dem Übergang von der Kindheit zur Jugend können sich störende Einflüsse durch Freundeskreise und Cliquen, Idole, Medien und Werbung verstärken. Die Schule muss sich diesen Herausforderungen stellen und tolerante Einstellungen und Achtung vor anderen Menschen umso stärker fördern.

Überprüfe dein Können

Aus der Weihnachtsansprache des Bundespräsidenten Christian Wulff, die er im Dezember 2010 vor ehrenamtlich tätigen Zuhörerinnen und Zuhörern hielt:

„In diesen festlichen Tagen nehmen wir uns Zeit für Menschen, die uns wichtig sind. Wir freuen uns über Besuche, Briefe und Anrufe. Wir spüren: Wir gehören zusammen. Wir stützen einander. Wir sind einander verbunden. Zusammenhalt, Verständigung, Miteinanderauskommen: Das brauchen wir in unseren Familien, in unserem privaten Leben und in unserer ganzen Gesellschaft. Zusammenhalt, Verständigung, Miteinanderauskommen: All das geschieht nicht von allein. Dafür muss man etwas tun. (...)

Der Staat kann im Rahmen seiner Möglichkeiten Menschen in Not finanziell unterstützen. Aber jemandem Mut zusprechen, jemandem auf die Schulter klopfen, jemandem die Hand reichen: Dafür braucht es Menschen, für die Menschlichkeit wichtig ist. Dafür braucht es Menschen wie sie: Menschen, die sich in der Nachbarschaft um Kinder kümmern, für die Menschen mit Behinderungen von Anfang an selbstverständlich dazugehören. Menschen, die Kranke besuchen, einfach so, weil es für sie normal ist, eine Freude und ein persönlicher Gewinn. Menschen, die sich im Verein engagieren, im Chor oder in einer Bürgerinitiative – und alle anderen wissen: Auf die ist immer Verlass. Menschen, die sich mit anderen zusammentun, um neue Ideen zu verwirklichen. Die sich für Ämter zur Verfügung stellen, weil sie sich für ihre Stadt, für unser Land, für unsere Demokratie verantwortlich fühlen. Wer sich so engagiert, bekommt viel zurück. (...)

Unsere Gesellschaft ist frei und bunt: Wir leben in verschiedenen Lebenswelten, wir sind unterschiedlich, was unsere Herkunft angeht, unsere Religion, unsere Bildung und unsere Träume vom Glück. Damit eine Gesellschaft aus so vielfältigen Menschen Bestand hat, brauchen wir vor allen Dingen: Respekt. Respekt vor dem, der anders ist als man selbst. Und Anerkennung auch seiner Leistungen. Respekt schon vor den Kindern und ihren Bedürfnissen. Anerkennung dessen, was ihre Mütter und Väter leisten. Respekt und Anerkennung vor der Lebensleistung der Älteren. Jeder muss spüren: Ich gehöre dazu, ich werde gebraucht. Zusammenhalt, Verständigung und Miteinanderauskommen: Das gilt auch für die Beziehungen zu all unseren Partnern in der Welt. Unser Land wird hoch geachtet. Unsere freiheitliche und tolerante Gesellschaft, unsere Verlässlichkeit gegenüber großen und kleinen Ländern wird geschätzt. Das immer wieder zu erleben, ist eine beglückende Erfahrung meiner Begegnungen mit Gästen hier und bei unseren Reisen ins Ausland."

http://www.bundespräsident.de, 25.12.2010

Aufgaben

1. Erläutere jeweils mit einem Satz die vom Bundespräsidenten verwendeten Formulierungen *„Zusammenhalt"*, *„Respekt"*, *„tolerante Gesellschaft"*.
2. Analysiere die Rede nach Absicht und rhetorischen Gestaltungsmitteln.
3. In der Rede heißt es: *„Unsere Gesellschaft ist frei und bunt."* Welche Beiträge müssen Familien und Schulen leisten, damit unsere Gesellschaft „frei und bunt" bleibt?
4. Beschreibe die Gefahren, die einer freien und bunten Gesellschaft durch eine Toleranz ohne alle Grenzen drohen würden.
5. Der Bundespräsident weitet das Thema „Zusammenhalt, Verständigung und Miteinanderauskommen" auf die „Beziehungen zu all unseren Partnern in der Welt" aus. Formuliere fünf Grundsätze, an denen sich unsere Außenpolitik demnach orientieren muss.

2.4 Friedliches Zusammenleben im Staat

2.4.1 Wie regeln Gesetze das friedliche Zusammenleben?

M 1 Art. 3 GG

(1) Alle Menschen sind vor dem Gesetz gleich.
(2) Männer und Frauen sind gleichberechtigt. Der Staat fördert die tatsächliche Durchsetzung der Gleichberechtigung von Frauen und Männern und wirkt auf die Beseitigung bestehender Nachteile hin.
(3) Niemand darf wegen seines Geschlechtes, seiner Abstammung, seiner Rasse, seiner Sprache, seiner Heimat und Herkunft, seines Glaubens, seiner religiösen oder politischen Anschauungen benachteiligt oder bevorzugt werden. Niemand darf wegen seiner Behinderung benachteiligt werden.

Info

Rechtsstaat

Das ist die Bezeichnung für einen Staat, in dem alles, was der Staat tut, nach den Regeln der Verfassung und den geltenden Gesetzen erfolgen muss. In Deutschland gibt das Grundgesetz diese Regeln vor. Der Gegensatz zum Rechtsstaat ist zum Beispiel ein Polizeistaat oder eine Diktatur. Dort hält sich der Staat an keinerlei Verfassung oder Grundgesetz. In einem Rechtsstaat sollen sich die Bürgerinnen und Bürger darauf verlassen können, dass ihre Rechte vom Staat geschützt werden. In Deutschland überprüfen die unabhängigen Gerichte, ob der Staat die Gesetze einhält und die Rechte seiner Bürgerinnen und Bürger schützt.

Gerd Schneider/Christian Toyka-Seid: Das junge Politik-Lexikon, bpb, Bonn, 2006, S. 232–233

M 2 Beispiel: Antidiskriminierungsgesetz

§ 1 Ziel des Gesetzes
Ziel des Gesetzes ist, Benachteiligungen aus Gründen der Rasse oder wegen der ethnischen Herkunft, des Geschlechts, der Religion oder Weltanschauung, einer Behinderung, des Alters oder der sexuellen Identität zu verhindern oder zu beseitigen.
§ 2 Anwendungsbereich
(1) Benachteiligungen aus einem in § 1 genannten Grund sind nach Maßgabe dieses Gesetzes unzulässig in Bezug auf:
1. die Bedingungen, einschließlich Auswahlkriterien und Einstellungsbedingungen, für den Zugang zu unselbstständiger und selbstständiger Erwerbstätigkeit, unabhängig von Tätigkeitsfeld und beruflicher Position, sowie für den beruflichen Aufstieg. (...)
3. den Zugang zu allen Formen und allen Ebenen der Berufsberatung, der Berufsbildung einschließlich der Berufsausbildung, der beruflichen Weiterbildung und der Umschulung sowie der praktischen Berufserfahrung.

M 3 Zur Diskussion: Beispiele – Fälle – Urteile

Er kam, sah ... und siegte?

Anis, ein 17-jähriger Hauptschüler tunesischer Herkunft, erhält eine Einladung zum Vorstellungsgespräch bei einem großen Lebensmitteldiscounter. Er hat sich dort auf eine Ausbildungsstelle zum Einzelhandelskaufmann beworben. Am Tag des Vorstellungsgesprächs finden sich neben ihm noch sieben weitere BewerberInnen dort ein, die der Reihe nach zum Personalchef gerufen werden. Nach den Gesprächen warten alle BewerberInnen auf die Auswahlentscheidung der Personalverantwortlichen. Für Anis ergibt sich derweil die Möglichkeit, mit den anderen LehrstellenbewerberInnen ins Gespräch zu kommen. Während des Gesprächs kristallisiert sich heraus, dass er der Einzige unter den Anwesenden ist, der den Realschulabschluss besitzt, alle anderen verfügen über einen Hauptschulabschluss. Kurze Zeit später erscheint der Personalchef und verkündet den Jugendlichen seine Auswahlentscheidung. Anis verlässt den Ort ohne einen Ausbildungsvertrag.

http://www.bildung.koeln.de, 04.01.2011

„Ich möchte nicht von Ihnen gepflegt werden."

Eine junge Frau aus dem Kongo arbeitet in einem Krankenhaus als Schwesternschülerin. Sie hat einen guten Kontakt zu den Patienten und auch zu den KollegInnen. Ihr ist schon mehrfach passiert, dass Patienten nicht von ihr gepflegt werden wollen. Richtig begründet wird die ablehnende Haltung nicht.

http://www.bildung.koeln.de, 04.01.2011

Prozess vor dem Arbeitsgericht:

Die Klägerin, die in der Dominikanischen Republik geboren worden ist und über einen Magisterabschluss in Medienwissenschaften sowie einen Masterabschluss in Kunst verfügt, hatte sich um eine ausgeschriebene Stelle bei einem Kunstverein für einen Infopoint beworben. Im Laufe des Bewerbungsverfahrens war ihr per E-Mail mitgeteilt worden, dass sich die ausgeschriebene Position an eine deutsche Muttersprachlerin bzw. einen deutschen Muttersprachler richte und die Bewerbung deshalb nicht berücksichtigt werden könne.

Antidiskriminierungsstelle des Bundes, Wichtige Urteile, Gesetzesinitiativen und Entwicklungen zum Diskriminierungsschutz im Jahr 2009, Berlin, 2010, S. 9-11

Neues vom Arbeitsgericht:

In einem aus Nordrhein-Westfalen stammenden Fall hat eine Klägerin – die als Sozialpädagogin in einer Gesamtschule tätig ist – die Unwirksamkeit einer Abmahnung geltend gemacht, die ihr wegen ihrer religiösen Kopfbedeckung vom beklagten Land erteilt worden ist. Nachdem sie der Aufforderung des beklagten Landes, das von ihr zuvor getragene islamische Kopftuch abzulegen, nachgekommen ist, trägt sie eine Baskenmütze, die ihre Haare vollständig bedeckt.

Antidiskriminierungsstelle des Bundes, Wichtige Urteile, Gesetzesinitiativen und Entwicklungen zum Diskriminierungsschutz im Jahr 2009, Berlin, 2010, S. 9-11

Aufgaben

1. Überlege dir ausgehend von Art. 3 GG, welche Formen der Diskriminierung in der Praxis vorkommen könnten (M 1).
2. Minderheiten und Randgruppen bleiben in Diktaturen häufig rechtlos. Schildere Beispiele aus der Geschichte oder aus aktuellen Unrechtsstaaten.
3. In M 3 sind Fälle und Beispiele geschildert, die vor Gericht landeten. Kläre ab, in welchen Punkten das Grundgesetz (M 1) oder das Antidiskriminierungsgesetz (M 2) verletzt werden.

M 4 Parallelgesellschaften – bleibt der Staat untätig?

Die Soziologin Necla Kelek wurde 1957 in der Türkei geboren. Ihre Kindheit verbrachte sie in Istanbul, bis ihr Vater – einer der ersten türkischen Gastarbeiter – die Familie 1967 nach Deutschland nachholte. Kelek forscht zum Thema Parallelgesellschaften.

tagesschau.de: Ihr Vater ist 1966 als Gastarbeiter nach Deutschland gekommen, ein Jahr später hat er seine Familie nachgeholt. Sind Sie in einer Parallelgesellschaft groß geworden?

Kelek: Nein. Wir kamen aus Istanbul, sind also als Europäer nach Europa gekommen. Außerdem gab es damals noch keine türkische Gemeinde, an die wir uns hätten wenden können. Mein Vater hat schnell Kontakte zu Deutschen geknüpft und wir hatten deutsche Freunde.

tagesschau.de: Wann hat sich das gewandelt?

Kelek: Schon in den ersten fünf Jahren. Es kamen immer mehr türkische Gastarbeiter, man hatte die gleiche Sprache, das gleiche Schicksal – das hat verbunden. Von unserem deutschen Freundeskreis haben wir uns dann gelöst, als ich dreizehn wurde. Mein Vater bemerkte, dass die Deutschen in Bezug auf Sexualität viel freizügiger leben, besonders die Töchter. Meine ältere Schwester hatte in Istanbul viel mehr Freiheiten als ich später in Deutschland. Sie durfte ihre Freundinnen und Freunde treffen, ohne dass sie kontrolliert wurde. Aber hier war das anders: Mein Vater meinte, dass die Jugendlichen auch sexuelle Kontakte hätten und das war entsetzlich für ihn.

tagesschau.de: Dass Einwanderer versuchen, weiter in der Kultur ihrer Heimat zu leben, bedeutet ja nicht automatisch, dass sie dem Gastland gegenüber nicht loyal sind. Muss uns beunruhigen, was in türkischen Gemeinden geschieht?

Kelek: Es haben sich Parallelgesellschaften gebildet, ganz klar. Und die türkische zum Beispiel sieht Deutschland nicht als ihre eigene Gesellschaft an. Sie fühlen sich nicht zugehörig. Stattdessen schaffen sie sich eine eigene Welt mit einer islamischen Kultur. (...)

tagesschau.de: Das sichtbarste Zeichen der türkischen Parallelgesellschaft ist das Kopftuch. Warum verschleiern sich gerade so viele junge Frauen?

Kelek: Mit dem Kopftuch wird gezeigt: Wir leben anders, wir haben eine andere Vorstellung von der Frau. Für diese Muslime ist die Frau ein Wesen, das zu allererst sexuelle Reize für den Mann hat. Deshalb muss sie sich verschleiern. Männer und Frauen sind nicht gleich, sie haben unterschiedliche Aufgaben und damit eine unterschiedliche Stellung in der Gesellschaft. (...)

tagesschau.de: In ihrem Buch „Die fremde Braut" werfen sie den deutschen Behörden vor, zu lasch oder gar nicht gegen die Unterdrückung türkischstämmiger Frauen in Deutschland vorzugehen. Fördert der Staat den Fundamentalismus?

Kelek: Ich werfe gewissen politischen Verantwortlichen vor, dass sie wider besseres Wissen die Parallelgesellschaften fördern. Das Bemühen der Deutschen, andere Religionen, Sitten und Kulturen zu akzeptieren, wird von den Traditionalisten ausgenutzt. Familien erziehen Töchter auf eine Art, die wir in der Türkei schon abgelegt hatten. Frauen werden plötzlich wieder auf ihren Sex reduziert. In Deutschland wird mittlerweile akzeptiert, dass Sechsjährige Kopftuch tragen müssen und nicht mehr am Turn- oder Schwimmunterricht teilnehmen. Man sperrt sie vom gesellschaftlichen Leben aus und erklärt das mit der muslimischen Kultur. Das geht mir zu weit.

www.tagesschau.de, 27.08.2007

Parallelgesellschaft:
Ethnische Gruppe, die sich räumlich, sozial, kulturell von der Mehrheitsgesellschaft abschottet, oft Resultat mangelnder Integration und mangelnden Integrationswillens

M 5 Deutsche und Türken – doch ähnliche Grundwerte?

Die Meinungsforschungsinstitute INFO GmbH (Berlin) und Liljeberg Research International Ltd. Sti. (Antalya/Türkei) haben erstmals eine internationale Vergleichsstudie zum Thema deutsch-türkische Wertewelten durchgeführt und dazu insgesamt ca. 1.000 Personen (jeweils ein Drittel Deutsche, türkischstämmige Personen mit Migrationshintergrund in Deutschland und Türken in der Türkei) zu ihren Werten, ihren Lebenseinstellungen, ihrer Religiosität und einigen Aspekten ihres Konsumverhaltens befragt.

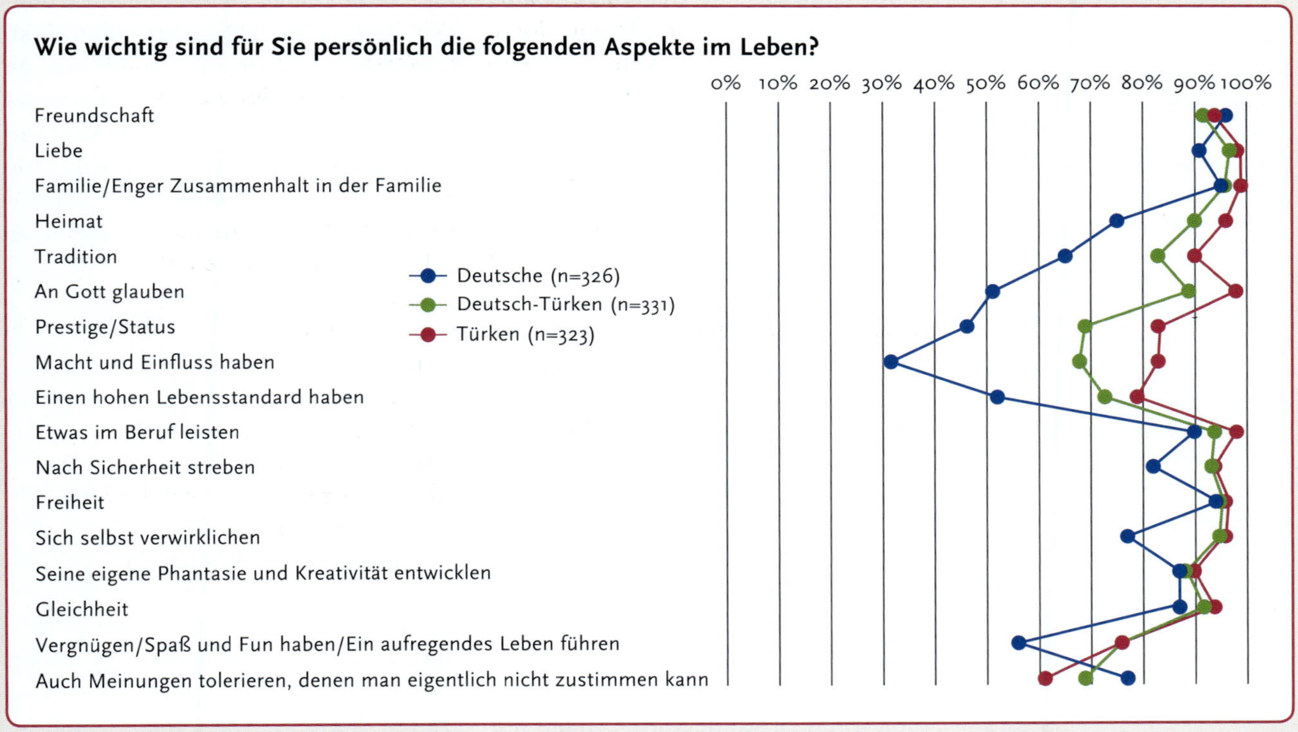

Nach: http://www.infogmbh.de, 19.11.2009

Aufgaben

1. Die Soziologin Necla Kelek stellt in M 4 eine Entwicklung hin zu Parallelgesellschaften fest. Ermittle aus dem Interview die von ihr vermuteten Ursachen für diese Entwicklung. Sollte der Staat ihnen eigene Rechte einräumen?
2. Werte die Grafik in M 5 aus. Suche Argumente für die immer noch großen Unterschiede bei Werten wie Religion, Prestige oder Macht und Einfluss. Ist deiner Meinung nach die Integration der türkischen Bevölkerungsgruppe auf einem guten Weg? Begründe deine Sichtweise.

2.4.2 Welche integrationsfördernden Regeln werden diskutiert?

Ungleiche Chancen bei Bewerbungen?
Eine beim Institut zur Zukunft der Arbeit (IZA) erschienene, aktuelle Studie der Universität Konstanz belegt, dass allein die Angabe eines ausländisch klingenden Nachnamens die Bewerbungschancen erkennbar verringert. Bei einem türkischen Namen sank die Chance auf ein Vorstellungsgespräch um 14 Prozent, in kleineren Unternehmen sogar um 24 Prozent.
In Deutschland starten acht Arbeitgeber des Bundesfinanzministeriums und der Arbeitsagentur NRW ein Pilotprojekt, in dem anonyme Bewerbungsmodelle getestet werden.

M 6 Gleiche Chancen durch anonymisierte Bewerbungen?

Ein Vorname wie Ali, der Hinweis «Verheiratet, zwei Kinder» oder ein Geburtsdatum, das länger als 50 Jahre zurückliegt: Schon mancher Jobsuchende ist wohl wegen solcher Angaben im Lebenslauf nicht zum Vorstellungsgespräch eingeladen worden. Das Problem wird nun auf Bundesebene angegangen – mit anonymisierten Bewerbungsverfahren. In Belgien wird das bereits praktiziert, andere Länder haben es getestet. (...) Insgesamt werden rund 225 Arbeits-, Ausbildungs- und Studienplätze in dem Verfahren vergeben. Dabei verzichten die Arbeitgeber in der ersten Phase der Bewerbung auf Fotos sowie Angaben wie den Namen, das Alter, das Geschlecht, die Herkunft oder den Familienstand. Einige setzen dabei auf Onlinebewerbungen, andere auf Formulare per E-Mail oder Post und wiederum andere lassen Bewerbungen erst nachträglich anonymisieren. Erst, wenn sich die Unternehmen und Behörden entschieden haben, einen Bewerber zum Vorstellungsgespräch einzuladen, erfahren sie die persönlichen Details.

Wiebke Baden, in: http://www. mz-web.de, 25.11.2010

M 7 „Besondere Förderung“ oder „Ausgrenzung“?

Mit knapp zwei Jahren wird durch Untersuchungen festgestellt: dein drittes Kind hat ein schwach ausgeprägtes Down-Syndrom. Von diesem Moment an musst du erleben, wie dieses Kind benachteiligt und ausgegrenzt wird. Es darf nicht wie seine Brüder in den wohnortnahen Kindergarten, nicht auf die Sprengelschule, nicht beim Sportverein mitturnen. Nur beim Skiverein hatte er das große Glück, auf „normale“ Menschen zu treffen - er fuhr sogar Skirennen. Unser Schulsystem sieht für so ein Kind die „besondere Förderung“ vor: Ein Leben nur unter Kindern mit Behinderungen, weg vom sozialen Bezug des Wohnortes. Sehr „förderlich“! Ausgesondert. In der allgemeinen Schule wird seine Ausgrenzung damit begründet, die „normalen“ Lehrer hätten nicht die richtige, „förderliche“ Ausbildung. (Ich frage mich: Wie machen das bloß die Familien ohne besondere Ausbildung?) Es wird behauptet, seine „Integration“ sei nicht möglich. Bei seinen Brüdern wurde dieser Terminus nie verwendet. Die gehören einfach überall dazu. Ich meine: Er auch! Er hat dieselben Rechte wie seine Brüder, auch wenn er in seinem Leben viele Entscheidungen nie selber wird treffen können. Dass die Zugehörigkeit meines dritten Kindes in Frage gestellt wird, mag daran liegen, dass uns allen im Lande eine „Normalität“ suggeriert wird, die ohne solche Kinder/Menschen „normal“ scheint. So lange, bis einem das (zufällige) Leben ein anderes lehrt. Menschliche Gesellschaften sind aber nur mit diesen Kindern „normal“. Ohne sie sind sie selektiv. Ich habe ihn ja nicht von einem anderen Stern eingeschleust. Er gehört zu den Kindern, die eher selten sind, aber er ist, so wie er ist, so „normal“ wie seine Brüder. Für mich als Mutter handelt es sich darum nicht um „nicht mögliche bzw. nicht erfolgte Integration“, sondern um aktive soziale Ausgrenzung. (...) Das Kind wird unter all den Kindern im Wohnort rausgepickt und weggeschickt. Es darf nicht mit seinen Nachbarskindern den Schulweg teilen, nicht an den gemeinsamen Schulfesten teilnehmen, nicht in der Pause Freunde und Nachbarskinder treffen. Es darf nicht das hören, was diesen Kindern gesagt wird, es darf daran nicht teilhaben. Und sehenden Auges sollst du deinem Kind eine positive Einstellung zu dieser Schule vermitteln, zu der es leider schon lange selber nicht mehr gehen möchte. So etwas nenne ich eine verwaltungsrechtlich legitimierte Menschenrechtsverletzung.

Magdalena Federlin, in: http://www.taz.de, 25.11.2008

Inklusion

Info

Die UN-Behindertenrechtskonvention (UN-BRK) wurde von der Generalversammlung der Vereinten Nationen am 13. Dezember 2006 beschlossen. Die Bundesregierung hat die Konvention im Jahr 2009 ratifiziert und sich damit zur Umsetzung verpflichtet. Im Art. 24 wird die Anerkennung des Rechts auf Bildung von Menschen mit Behinderungen festgeschrieben: „Um dieses Recht ohne Diskriminierung und auf der Grundlage der Chancengleichheit zu verwirklichen, gewährleisten die Vertragsstaaten ein integratives Bildungssystem auf allen Ebenen und lebenslanges Lernen.“ Der Originaltext der Konvention spricht von „inclusive education system“, die deutsche Übersetzung formuliert „integratives Bildungssystem“. Die unterschiedliche Begrifflichkeit ist ein Hinweis darauf, dass in Deutschland erst zu klären ist, was man unter einem „inklusiven Bildungssystem“ versteht. Das deutsche System der Gliederung in verschiedene Schularten (z. B. „Regelschulen“, Vielzahl von „Förderschulen“) gilt als selektiv, wenn auch mit integrativen Elementen. Es geht darum, inwieweit das deutsche Schulsystem gleichzeitig inklusiv sein kann oder sich zu einem inklusiven System weiter entwickeln kann. Dabei gilt das Prinzip, dass alle Schülerinnen und Schüler, ungeachtet ihrer individuellen Unterschiede, gemeinsam unterrichtet werden. Verschiedenheit und Vielfalt werden dabei als Bereicherung für alle eingeschätzt, jede Form von Diskriminierung soll damit vermieden werden.

Autorentext

Aufgaben

1. Sollte man anonymisierte Bewerbungsverfahren (M 6) gesetzlich vorschreiben? Nenne Pro- und Kontra-Argumente und beziehe dann Position.
2. Die Mutter des Jungen mit Downsyndrom (M 7) nennt die sonderpädagogische Förderung ihres Sohnes eine Form der Ausgrenzung. Erarbeite aus dem Text ihre Begründung.
3. Sie geht mit ihrem Vorwurf noch weiter und spricht von einer „verwaltungsrechtlich legitimierten Menschenrechtsverletzung“. Mit welchen Überlegungen ließe sich diese Einschätzung zurückweisen?
4. Entwickle ein Konzept für eine Grundschule, die „inklusiv“ werden will. Denke dabei an personelle, räumliche und organisatorische Bedingungen, die der Umsetzung des Konzepts förderlich wären oder entgegenstehen könnten.

Wissen kompakt

Grundlage für das Zusammenleben: Grundgesetz und rechtliche Ordnung

Eine Gesellschaft mit rd. 80 Millionen Menschen braucht ein von allen anerkanntes und respektiertes Fundament, auf dem das Zusammenleben aufbaut. Für Deutschland ist es seit 1949 das Grundgesetz, das

- im Artikel 1 als Grundwert die Unantastbarkeit der Menschenwürde festschreibt,
- alle Rechte für das Individuum und Regelungen formuliert, so auch den Gleichheitsgrundsatz, der allen Menschen dieselben Rechte sichert,
- die Richtlinie für alle Gesetze und Verordnungen ist, die dem Grundgesetz nicht widersprechen dürfen („Hierarchie des Rechts").

Das Grundgesetz und das darauf aufbauende Rechtssystem übernehmen damit die Aufgabe, für die Vielfalt der Individuen und gesellschaftlichen Kräfte einen Ordnungsrahmen sicher zu stellen. Er schützt jeden Einzelnen, aber auch Gruppen und Minderheiten vor Gewalt und Willkür des Staates und sichert die Rechte jedes Einzelnen gegenüber anderen Mitgliedern der Gesellschaft.

Probleme bei der Integration von Zuwanderern

Seit Jahren ist eine der zentralen Herausforderungen für Politik und Gesellschaft die Eingliederung von Zuwanderern aus anderen Ländern und Kulturkreisen. Während ein Großteil der nichtdeutschen Bevölkerung sich ohne große Schwierigkeiten in das gesellschaftliche und rechtliche System eingliedert und von der Mehrheitsgesellschaft darin unterstützt wird, entstehen mit Einzelnen oder mit einzelnen Gruppen immer wieder Integrationsprobleme. Die Ursachen dafür liegen z. B. an Sprachdefiziten, aber auch

- am Festhalten an kulturellen, religiösen und familiären Traditionen,
- an einer strikten Ablehnung der in Deutschland geltenden Normen,
- an einer vom Grundgesetz und unserer Rechtsordnung abweichenden Vorstellung vom Verhältnis zwischen den Geschlechtern,
- an Vorbehalten in der Mehrheitsgesellschaft bis hin zur Fremdenfeindlichkeit, vor allem gegenüber Angehörigen nichteuropäischer Kulturkreise.

Diese Hemmnisse führen unter ungünstigen Umständen zu einer räumlichen Trennung in bestimmten Stadtteilen von Großstädten (Segregation) und zur Bildung von Parallelgesellschaften mit eigenen Lebenswelten und Regeln.

Vielfalt in der Gesellschaft als Chance und Bereicherung

Eine gelingende Zuwanderung bringt für die deutsche Gesellschaft viele Vorteile. Sie erfährt dadurch u. a.

- eine kulturelle Bereicherung und Impulse für den sozialen Wandel,
- eine Verjüngung der Bevölkerungsstruktur,
- eine Verringerung des Fachkräftemangels in bestimmten Branchen.

Integrationsmaßnahmen in der Diskussion

Staat und Gesellschaft bemühen sich aktiv um die Integration der verschiedenen Bevölkerungsgruppen – nicht nur die der Zuwanderer. Um Minderheiten an die Mehrheitsgesellschaft heranzuführen, werden in Öffentlichkeit und Politik beispielsweise diskutiert

- Maßnahmen, um Diskriminierungen im Bildungssystem und in der Berufs- und Arbeitswelt zu verringern,
- Möglichkeiten der Entwicklung zu einem inklusiven Bildungssystems,
- Hilfs- und Unterstützungsmaßnahmen für sozial Benachteiligte.

Überprüfe dein Können

Erklärung des Ministeriums für Schule und Weiterbildung des Landes Nordrhein-Westfalen zu einem Urteil des Oberverwaltungsgerichts Münster vom 20. Mai 2009 (Az: 19 B 1362/08)

Teilnahme von muslimischen Schülerinnen am Schwimmunterricht

Immer wieder gab es in der Vergangenheit Unsicherheit, wenn muslimische Schülerinnen ihre Befreiung vom Schwimmunterricht beantragt haben. Klärung hat das OVG (Oberverwaltungsgericht) Münster nunmehr in zwei Entscheidungen von grundsätzlicher Bedeutung gebracht. Es hat bestätigt, dass auch strenggläubigen muslimischen Schülerinnen das Tragen einer den islamischen Bekleidungsvorschriften entsprechenden Schwimmkleidung in aller Regel zumutbar ist. Seit einigen Jahren gibt es als taugliche Bade- und Schwimmbekleidung für muslimische Mädchen und Frauen etwa einen Badeanzug mit hoch geschlossenem Kragen und fest sitzender Kopfbedeckung (sog. Burkini). Das OVG sieht im Tragen derartiger Schwimmbekleidung eine diskriminierungsfreie Ausweichmöglichkeit, die geeignet ist, einen im Einzelfall auftretenden Glaubenskonflikt ohne Trennung der Geschlechter und ohne Befreiung von der Unterrichtsteilnahme zu bewältigen. Zudem hält es das Gericht für zulässig, dass Eltern beim Aufnahmegespräch in der Schule eine Erklärung unterschreiben, wonach sie mit der Teilnahme ihrer Tochter am Schwimmunterricht - evtl. mit einer entsprechenden Schwimmbekleidung - einverstanden sind. Durch eine solche Erklärung dürfen sich die Schule und die Eltern auf gemeinsame Erziehungsziele und -grundsätze sowie wechselseitige Rechte und Pflichten in Erziehungsfragen festlegen. Wenn nach Abgabe der Erklärung keine relevanten Änderungen der Verhältnisse eingetreten sind, verstößt ein Widerruf gegen Treu und Glauben und ist deshalb unzulässig.

www.schulministerium.nrw.de, 04.01.2011

Mädchen im Schwimmunterricht im „Burkini" (auch „Bodykini"), einem Badeanzug mit Kopfbedeckung für muslimische Mädchen und Frauen. Er soll den strengen Vorstellungen von Muslimen entsprechen, die konsequent nach religiösen Vorschriften leben wollen. Demnach soll die Kleidung den Kopf und den Körper von Frauen bedecken, ohne ihre Körperkonturen zu betonen. Inzwischen gibt es ähnliche Sportanzüge auch für andere Sportarten (z. B. Judo, Joggen, Fußball).

Aufgaben

1. Gerichtsurteile müssen stets auf rechtlichen Grundlagen beruhen und sie in der Begründung nennen. Formuliere eine Urteilsbegründung, die sich auf das Grundgesetz und das Antidiskriminierungsgesetz bezieht.
2. Das Urteil hat neben der rechtlichen Seite auch pädagogische Aspekte. Gib den Beteiligten einen Rat, wie sie mit der Situation umgehen sollen, so
   – dem Mädchen, das in einem Burkini am Schwimmunterricht teilnimmt,
   – den Mitschülerinnen (bzw. in jüngeren Klassen auch den Mitschülern),
   – den Lehrkräften.
3. Das Beispiel zeigt die grundsätzliche Schwierigkeit, die mit verpflichtenden Maßnahmen zur Integration verbunden sind. Beschreibe das damit verbundene Problem und schlage Möglichkeiten vor, die es vermindern.
4. In einigen europäischen Ländern wird diskutiert, ob man in der Öffentlichkeit eine Burka tragen darf. Eine „Burka" ist ein Kleidungsstück, das den ganzen Körper verhüllt, als „Niqab" hat es nur einen engen Sehschlitz. Belgien und Frankreich haben inzwischen das Tragen einer Burka in der Öffentlichkeit gesetzlich verboten und mit Strafe belegt. Sollte unsere Politik ähnlich reagieren? Begründe deine Position.

Karikatur: Ed Stein

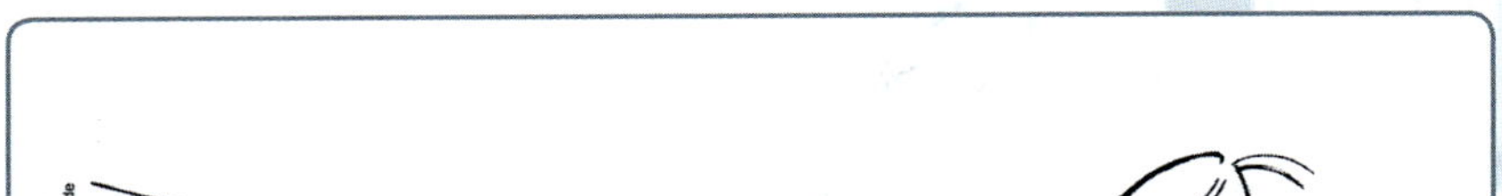

Karikatur: Götz Wiedenroth

Karikatur: Hogli

3 Jugend und Medien

Medien sind aus unserem Leben nicht mehr wegzudenken. Es gibt wohl kaum einen Tag, an dem wir auf die Tageszeitung, das Fernsehen, das Internet, das Handy oder andere Kommunikationsmittel verzichten, um uns zu informieren, miteinander auszutauschen oder unterhalten zu lassen. Medien beeinflussen uns aber auch und prägen als Mittler zwischen uns und der Außenwelt entscheidend unser Bild von der Wirklichkeit. Mit Medien sinnvoll umzugehen, aber auch die Grenzen und möglichen Gefahren ihrer Nutzung einschätzen zu können, setzt eine eingehende Beschäftigung mit den vielfältigen Erscheinungen unserer Mediengesellschaft voraus.

Am Ende dieses Kapitels kannst du unter anderem:

- erkennen, warum unabhängige Medien für eine Demokratie unverzichtbar sind
- erklären, wie Nachrichten entstehen
- erfahren, wie Medien uns beeinflussen und manipulieren können
- beschreiben, wie die Medienlandschaft Deutschlands beschaffen ist
- einzelne Mediensparten oder Medienbeiträge analysieren
- verstehen, warum Medienkonsum auch zu Problemen führen kann

Was weißt du schon?

- Mal humorvoll, mal ernsthaft – jede der drei Karikaturen setzt sich auf ihre Art mit dem Medium Zeitung auseinander. Fasst ihre Aussagen in eigene Worte.
- Schildert, welche Rolle Zeitungen in eurem Leben spielen. Erstellt eine (humorvolle) Aufstellung, was ihr schon alles mit Zeitungen angestellt habt.
- Überlegt, wodurch sich die „Zeitungssäulen" der ersten Karikatur ersetzen ließen, ohne dass sich die Aussage ändert.

3.1 Medien in unserer Demokratie – rechtliche Grundlagen

3.1.1 Welchen Einfluss haben Titelbilder?

M 1 Aishas Geschichte …

Cover des TIME-Magazin, 09.08.2010

In ihrem Gesicht ist ein Loch, an der Stelle, wo einst ihre Nase war, aber wenn man es für einen Moment vergisst oder verdeckt, liegt im Zentrum des Bildes ihr durchdringender Blick, die dunklen Augen, ein Stolz, der dem Schrecken nicht gewichen ist.

Sie ist dann nicht mehr die Angestarrte, sie selbst fixiert ihre Betrachter, und es ist dieses Moment aus Leid und Stärke, das ihr Bild zur Ikone macht. Bibi Aisha, die eigentlich anders heißt, ist 18 Jahre alt, sie stammt aus der südlichen Provinz Oruzgan [Afghanistan – Anm. d. R.], wo die Taliban herrschen, und es war ihr Ehemann, der ihr Nase und Ohren abschnitt. (…) Als Aisha zwölf Jahre alt war, schenkte ihre Familie sie einem Taliban-Kämpfer, um einen Stammeskonflikt beizulegen, so ist es Sitte. Ihr Onkel hatte jemanden aus dem anderen Clan getötet, sie war die Wiedergutmachung. Sie wurde mit dem Talib verheiratet, als sie die Pubertät erreichte. Aber sie wurde jahrelang als Sklavin gehalten und geschlagen, sie musste mit dem Vieh hausen, aus Rache für die Tat ihres Onkels. Und so floh sie.

Der Clan machte sie ausfindig, in Kandahár, brachte sie zurück, vor einen lokalen Taliban-Richter, und der urteilte, das Mädchen habe die Familie entehrt. Über einen Mann, dessen Frau Schande über ihn gebracht hat, heißt es bei den Paschtunen, er habe seine Nase verloren.

Und so rächte sich ihr Ehemann in den Bergen von Oruzgan, schnitt ihr Nase und Ohren ab und ließ sie zum Sterben zurück. Als sie zu sich kam, fühlte es sich an wie kaltes Wasser in der Nase. Als sie die Augen aufmachte, konnte sie vor lauter Blut nichts sehen. Irgendwie schleppte sie sich fort, sie überlebte. Ein US-Hilfsteam brachte sie nach Kabul, in das Frauenhaus der Organisation „Women for Afghan Women", wo sie Schutz und Hilfe fand.

Mathieu von Rohr in: Der Spiegel, Nr. 32, 09.08.2010, S. 128 f.

M 2 … und was ein Nachrichtenmagazin daraus gemacht hat …

Das US-Nachrichtenmagazin „Time" setzte ihr Bild vergangene Woche auf den Titel, darunter die Worte: „Was geschieht, wenn wir Afghanistan verlassen". Es folgte kein Fragezeichen. Die Veröffentlichung fällt in eine Zeit, in der die Menschen in den USA des Krieges in Afghanistan müde sind. Nur noch 36 Prozent stehen hinter der Strategie ihres Präsidenten, so wenige wie noch nie. Es ist der längste Krieg in der Geschichte der Vereinigten Staaten, mehr als 1200 ihrer Soldaten sind in ihm ums Leben gekommen, und die Zweifel, ob der Krieg zu gewinnen ist, mehren sich.

In seinem Editorial schrieb der „Time"-Chefredakteur Richard Stengel, Titelbild und Zeile seien nur als Denkanstoß, nicht als Plädoyer für die Fortsetzung des Krieges gedacht. Und doch wirken sie genauso.

Sie wiederholen ein fast vergessenes Argument, eines, das Politiker und Medien in den frühen Tagen des Krieges gern einbrachten: dass es um die Rechte der Frauen gehe – die Mädchenschulen, die Befreiung von der Burka.

Das Bild hat in Amerika eine Debatte ausgelöst, darüber, ob es erlaubt sei, Aishas Foto als Argument für den Krieg zu verwenden. Es ist nicht überraschend, dass die Meinungen geteilt sind, zwischen Befürwortern und Gegnern des Krieges. Die einen sprechen von einem aufrichtigen Appell an das Gewissen der Menschen, die anderen von Manipulation und Kriegspornografie.

ebd.

M 3 25 Jahre vorher ...

Es gab schon einmal ein Bild eines rätselhaft schönen afghanischen Mädchens, das um die Welt ging, 1985. Die leuchtend grünen Augen, mit denen es vom Cover des Magazins „National Geographic" blickte, machten es unvergesslich; das Bild zeigte die zwölfjährige Sharbat Gula, die durch sowjetische Bombenangriffe auf ihr Dorf zur Waise geworden war. Die Schönheit Sharbats war trotz ihres Schicksals ungebrochen. Wenn man die beiden Fotos heute nebeneinander legt, erscheint das Bild von Bibi Aisha wie ein Zitat des älteren – oder wie dessen Fortsetzung.

ebd.

Cover des NATIONAL GEOGRAPHIC-Magazin, Juni 1985

Aufgaben

1. Schildert die Wirkung, die das Titelfoto des *Time Magazine* auf euch als Betrachter ausübt und zeigt, worauf diese Wirkung beruht (M 1).
2. Arbeitet die Hintergründe von Aishas Schicksal heraus (M 1).
3. Erschließt die aus der Kombination von Bild und Text entstehende Aussageabsicht des Titels.
4. Diskutiert, ob es sich bei diesem Titel um einen Appell an das Gewissen handelt oder um den Versuch, die öffentliche Meinung zu beeinflussen (M 2).
5. Vergleicht die Titel des Time Magazine und des *National Geographic* (M 3). Was verbindet sie, was unterscheidet sie?

3.1.2 Welche Aufgaben erfüllen Massenmedien?

M 4 Pressetexte haben viele Funktionen

Das Wetter am Montag:

Die Sparpolitik der Regierung ist unsozial
Die Zeche zahlen die Schwachen

Am Wochenende ist Tag der offenen Tür

Schleimige Debatte
Die Boni mancher Banker sind unmoralisch

Spendenskandal bei UNICEF aufgedeckt
FR-Redakteure Thieme und Schindler mit dem Wächterpreis ausgezeichnet – Vorbilder für guten Journalismus

Kuschel-Nachwuchs im Nürnberger Tiergarten

Fronten sind verhärtet
Noch keine Annäherung beim Streit um „Stuttgart 21"

Bankraub in der Frankfurter Straße
Täter erbeuten 250.000 Euro

Aktuelles Lexikon
Gesundheitsfond

Betrug am Patienten
Kritische Journalisten decken Skandal um falsche Arztabrechnungen auf

Autorentext

M 5 Merkmale der Mediendemokratie

Der Begriff Mediendemokratie bezeichnet eine Form der Demokratie, in der sich die politische Meinungs- und Willensbildung im Wesentlichen über Massenmedien vollzieht. (...) Meinungsbildung über Medien beinhaltet, dass die Medien durch die Auswahl und Ausgestaltung von Inhalten darüber bestimmen, was auf welche Weise zum öffentlichen Thema wird. Indem z. B. Zeitschriften oder Fernsehsendungen bestimmte Themen in der Berichterstattung durch häufige Erwähnung und gute Platzierung betonen, haben sie Einfluss darauf, welche Probleme von der Bevölkerung als besonders wichtig angesehen werden. Schon mit der Auswahl der Themen wie auch mit ihrer Darstellung und Bewertung kann Berichterstattung zur Manipulation werden. Politikvermittlung durch Medien bedeutet darüber hinaus, dass sich die Politik bzw. die Politiker mediengerecht präsentieren, um Erfolg zu haben. Denn die Bevölkerung tendiert dazu, nur ihre Medienexistenz mit den dazugehörenden Images wahrzunehmen. Die Medien sind demnach nicht nur Beobachter, Kritiker und Kontrolleure politischer Ereignisse und staatlicher Macht („vierte Gewalt"). Sie stellen vielmehr einen Faktor dar, der politische Einstellungen und Stimmungen beeinflusst und ein bestimmtes Meinungsklima zugunsten oder zuungunsten einer Partei, einer Person oder einer politischen Forderung vermittelt. Medien bestimmen dadurch die Politik mit.

Schülerduden Politik und Gesellschaft, 5. Aufl., Mannheim, 2005, S. 260

M 6 Die Aufgaben der Medien in der Demokratie

Informationsfunktion

Die Massenmedien sollen so vollständig, sachlich und verständlich wie möglich informieren, damit ihre Nutzerinnen und Nutzer in der Lage sind, das öffentliche Geschehen zu verfolgen. Da unsere Gesellschaft viel zu großräumig geworden ist, kommen wir mit dem direkten Gespräch, der unmittelbaren Kommunikation, nicht mehr aus. Wir als Einzelne und die vielfältigen Gruppen, die in dieser Gesellschaft bestehen, sind darauf angewiesen, miteinander ins Gespräch gebracht zu werden – dafür sollen die Massenmedien sorgen. (...)

Meinungsbildungsfunktion

Bei der Meinungsbildung fällt den Massenmedien ebenfalls eine bedeutsame Rolle zu. Dies ergibt sich aus der Überzeugung, in der Demokratie sei allen am meisten damit gedient, wenn Fragen von öffentlichem Interesse in freier und offener Diskussion erörtert werden. Es besteht dann die Hoffnung, dass im Kampf der Meinungen das Vernünftige die Chance hat, sich durchzusetzen. (...)

Kritik- und Kontrollfunktion

Im parlamentarischen Regierungssystem obliegt in erster Linie der Opposition die Aufgabe der Kritik und Kontrolle. Diese wird unterstützt und ergänzt durch die Kritik- und Kontrollfunktion der Medien. Ohne Presse, Hörfunk und Fernsehen, die Missstände aufspüren und durch ihre Berichte unter anderem parlamentarische Anfragen und Untersuchungsausschüsse anregen, liefe die Demokratie Gefahr, der Korruption oder der bürokratischen Willkür zu erliegen. (...)

Thematisierungsfunktion

Diese „agenda setting function", wie sie in den USA heißt, bedeutet, dass diejenigen, die die unterschiedlichen Medien lesen, hören und sehen, genau die Themen für wichtig halten, die darin behandelt werden. Die Medien sind jedoch nicht nur verantwortlich, welche Themen auf der Tagesordnung stehen, sondern auch, in welcher Rangfolge der Dringlichkeit sie behandelt werden.

Nach: Informationen zur politischen Bildung Nr. 260, Massenmedien, hg. von der Bundeszentrale für politische Bildung, Bonn, 3/1998

Pluralismus:
Gleichberechtigte Geltung einer Vielzahl konkurrierender Standpunkte und Interessen in einer Gesellschaft. Ziel ist die Herstellung eines Interessenausgleichs durch Kompromiss, der möglichst alle Beteiligten zufrieden stellt.

Aufgaben

1. Erschließe aus den Schlagzeilen, welche Aufgaben die Tagespresse und andere Informationsmedien für ihre Nutzer erfüllen (M 4).
2. Fasse die Merkmale einer Mediendemokratie zusammen. Erläutere insbesondere die Rolle der Massenmedien als sogenannte „vierte Gewalt" (M 5).
3. Veranschauliche die politischen Funktionen der Massenmedien mit Beispielen aus dem aktuellen politischen Geschehen (M 6).
4. Untersucht in Gruppenarbeit den Aufbau verschiedener Tageszeitungen. Auf welchen Seiten steht die Information des Lesers im Vordergrund, wo die Meinungsbildung oder eine der anderen Funktionen? Welche Layout-Merkmale dienen den Lesern als Orientierungshilfe? Begründet auch, warum eine eindeutige Trennung nicht immer möglich ist.

Exkurs: Wie kann eine Tageszeitung Veränderungen initiieren?

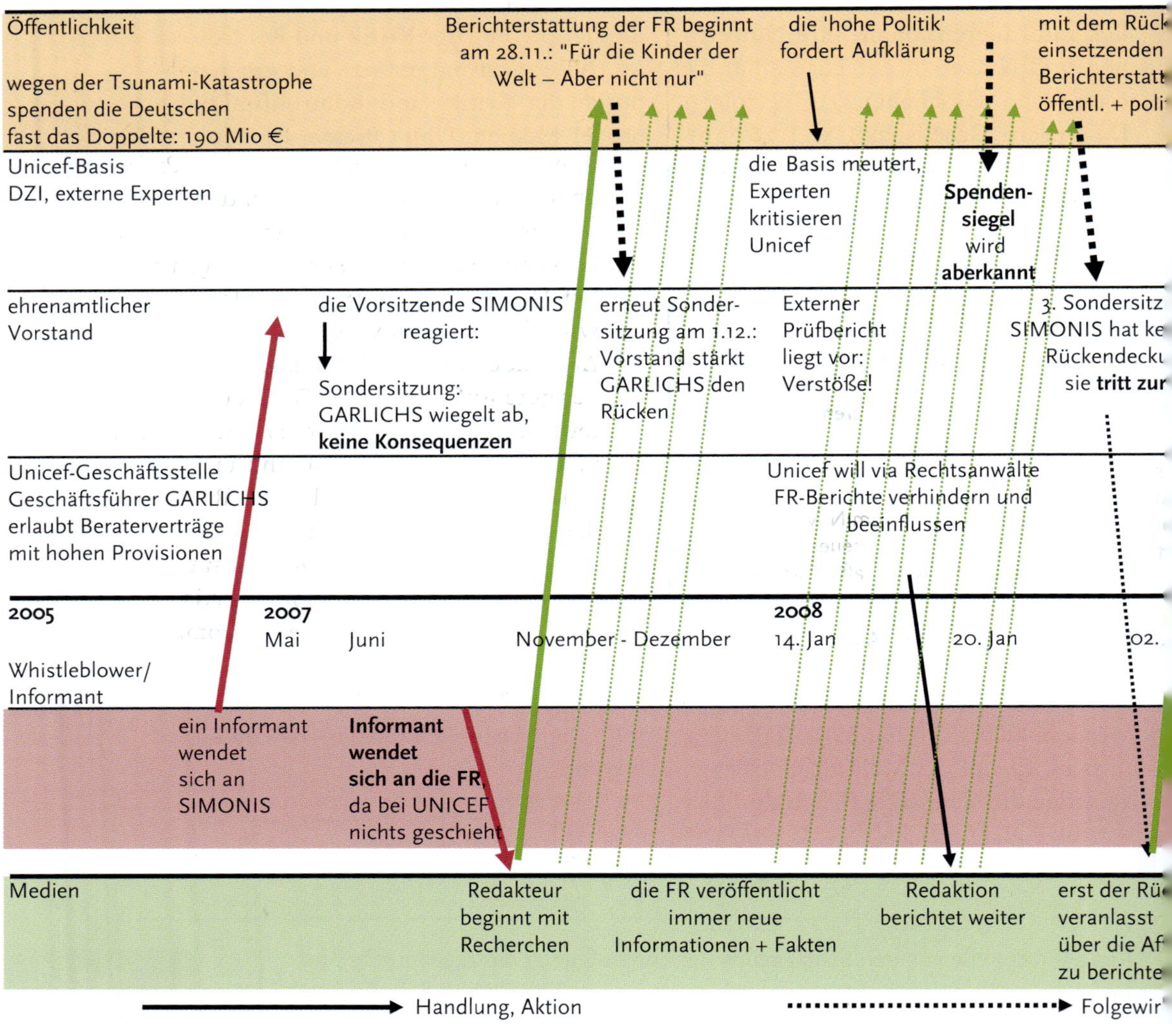

1. Recherchiert Anlass und Hintergründe des Skandals. Die preisgekrönte Reportage der *Frankfurter Rundschau (FR)* sowie weitere Informationen sind online verfügbar.
2. Zeichnet den Weg von der Aufdeckung des Spendenskandals bei *Unicef Deutschland* bis zu seiner Aufklärung nach.
   a) Welche Rolle spielte die Presse?
   b) Wie ging sie genau vor?
   c) Wie reagierten die Verantwortlichen auf die Veröffentlichungen?
3. *„Die Hauptaufgabe der Presse besteht darin, Öffentlichkeit zu schaffen."* Belegt diese These anhand des Fallbeispiels. Weist auch die anderen politischen Aufgaben der Medien (vgl. S. 67) nach.

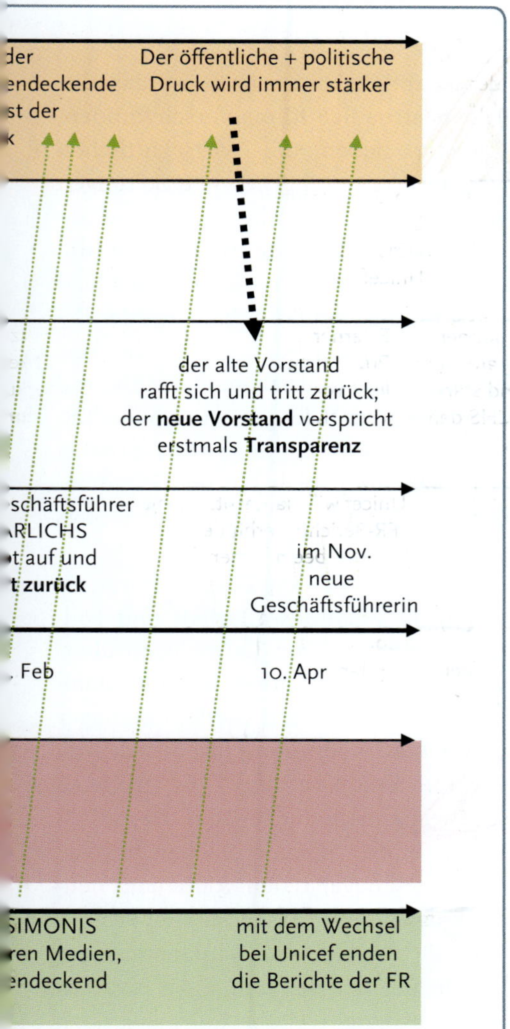

http://www.ansTageslicht.de/Unicef

Ein Skandal und seine Folgen

Am Anfang stand ein Spendenskandal. Beim deutschen Ableger von Unicef, der Kinderhilfsorganisation der Vereinten Nationen, waren Spendengelder für Provisionen an professionelle Spendensammler und großzügige Honorare an externe Berater verschwendet worden. Die Organisation lief Gefahr, das Vertrauen vieler spendenwilliger Bürger zu verspielen.

Am Ende war der Skandal aufgeklärt und der gute Ruf von Unicef Deutschland gerettet. Zu verdanken war dies hauptsächlich zwei Redakteuren der Frankfurter Rundschau (FR), deren akribische Recherchen die Missstände bei Unicef Deutschland ans Licht gebracht hatten. Als Auszeichnung für ihre herausragende journalistische Arbeit erhielten sie 2009 den renommierten Wächterpreis der deutschen Tagespresse.

Autorentext

DZI:
Deutsches Zentralinstitut für soziale Fragen

Simonis:
Heide Simonis war Vorsitzende von Unicef Deutschland (2006 – 2008) und Ministerpräsidentin von Schleswig-Holstein (1993 – 2005).

Aufgaben

4. Schildert, was geschehen wäre, wenn die *Frankfurter Rundschau* den Fall nicht ans Licht der Öffentlichkeit gebracht hätte.
5. Stellt Bezüge her zu den Karikaturen der Auftaktseiten dieses Kapitels.
6. Überlegt, wie ein autoritärer Staat ohne demokratische Öffentlichkeit mit einem derartigen Skandal umgehen würde.
7. Informiert euch über den „Wächterpreis der Tagespresse“ und setzt euch mit seiner Zielsetzung auseinander.
8. „Manchmal sind Worte stärker als Waffen.“ Erklärt, was mit diesem Zitat gemeint ist.

3.1.3 Wie selbstverständlich ist die Pressefreiheit?

M 7 Rangliste der Pressefreiheit 2010

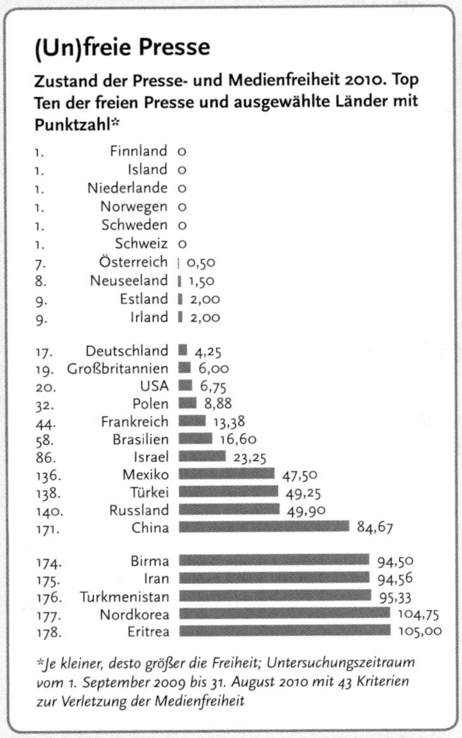

Quelle: Reporter ohne Grenzen, Globus-Grafik 3862

M 8 Pressefreiheit in Deutschland

In Deutschland ist die Pressefreiheit weniger vom Staat bedroht; bei Verletzung des Redaktionsgeheimnisses durch Sicherheitsbehörden greift das Bundesverfassungsgericht ein und lehrt die Staatsbehörden den Wert der Pressefreiheit für die Demokratie. Die Bedrohung der Pressefreiheit besorgen die Medien heute in erster Linie selber. Die Qualität des Journalismus sinkt, weil Medienunternehmen mit den Medien mehr Geld verdienen wollen als früher. (...)

In Redaktionskonferenzen ist das diskussionsfreudige Klima verschwunden, offenbar haben die wirtschaftlichen Schwierigkeiten, in die viele Zeitungen geraten sind, und die Existenzängste nicht weniger Redakteure damit zu tun. Der alte Satz „wes Brot ich ess, des Lied ich sing" bekommt durchaus wieder Bedeutung. (...) Zu beklagen ist die Verquickung von Journalismus, Politik und Wirtschaft, zu beklagen ist also die Tatsache, dass sich immer mehr Journalisten zu Büchsenspannern und Handlangern vor allem von Wirtschaftslobbys machen lassen. (...)

Gelegentlich werden Fälle bekannt, in denen die Staatsanwaltschaft und Polizei die Telefone von Journalisten überwacht haben. Schlimmer als diese staatlichen Lauscher sind Medien-Manager und Finanzinvestoren, für die Zeitungen nur Produkte zum Geldverdienen sind wie andere auch – und die Redaktionen immer billiger machen wollen. Verlags-Manager reden von einem neuen Konzept des „rasenden Reporters", der mit „Laptop und Kamera nah am Geschehen ist, der online, on air und für Print berichtet". Ein Journalist nach diesem Muster ist also künftig für alles zuständig – für Fernsehen, Radio, für online, für Zeitung. (...) Modernen, bürgernahen Journalismus nennt man das dann; in Wahrheit handelt es sich um Stellenabbau und Verschlechterung der Arbeitsbedingungen.

Heribert Prantl, Pressefreiheit in Deutschland, in: http://www.goethe.de, Abruf am 10.11.2010

Meinungs- und Pressefreiheit als Grundrecht

Info

Artikel 5 des Grundgesetzes der Bundesrepublik Deutschland

(1) Jeder hat das Recht, seine Meinung in Wort, Schrift und Bild frei zu äußern und zu verbreiten und sich aus allgemein zugänglichen Quellen ungehindert zu unterrichten. Die Pressefreiheit und die Freiheit der Berichterstattung durch Rundfunk und Film werden gewährleistet. Eine Zensur findet nicht statt.

(2) Diese Rechte finden ihre Schranken in den Vorschriften der allgemeinen Gesetze, den gesetzlichen Bestimmungen zum Schutze der Jugend und in dem Recht der persönlichen Ehre.

(3) Kunst und Wissenschaft, Forschung und Lehre sind frei. Die Freiheit der Lehre entbindet nicht von der Treue zur Verfassung.

M 9 Internetzensur als weltweites Problem

Nach Angaben der Menschenrechtsorganisation Freedom House wird der Internet-Zugang derzeit in 45 Ländern eingeschränkt. Auf welche Weise dies geschieht, zeigen folgende Beispiele:

Zum besonderen Spießrutenlauf wird die Internetnutzung in Birma (...), das offiziell nur noch Myanmar genannt werden möchte. (...) Die dortige Behörde für Post und Telekommunikation hat Mitte April neue Zugangs- und Verhaltensregeln fürs Netz bekannt gegeben. Demnach sind jegliche politischen Meinungsbekundungen im Internet genauso zu unterlassen wie alle Äußerungen, die „den Interessen der Union von Myanmar abträglich sind". Wer seinen Computer nicht bei den Behörden anmeldet, dem droht eine Haftstrafe von bis zu 15 Jahren. Das „Cyberspace Warfare Center" der Regierung überwacht die Internetverbindungen und hackt sich dabei auch in die Rechner von Verdächtigen, die verbotene Nachrichten zu empfangen oder zu senden scheinen.

In China dürfen die Surfer nicht sagen oder lesen, was sie wollen. Die offiziellen Internetprovider filtern vor allem Inhalte aus dem Ausland aus. Mehrere „Cyber-Dissidenten", die sich den Spielregeln widersetzten, landeten bereits hinter Gittern. Sicherheitsbeamte gehen gegen Websites vor, die gegen „Staatsgeheimnisse" verstoßen. (...) Im Februar wurden in Shanghai zudem erst 127 Internet-Cafés geschlossen, da sie angeblich keine Lizenz hatten.

In der Heiligen Stadt Mekka dürfen seit Mitte April nur noch die Männer „öffentlich" surfen. Die arabischen Nationen haben insgesamt Angst vor einem moralischen Verfall durch das Internet. „Es hat eine negative Seite, die mit unserem Glauben und unseren arabisch-moslemischen Traditionen im Konflikt steht", zitiert der Bericht vom Freedom House den Chef der Syrischen Computer Society. Nicht nur die Vereinten Emirate, die mit über 143.000 Internetnutzern der am stärksten vernetzte arabische Staat sind, befürworten daher strikte Filtermaßnahmen.

Stefan Krempl, in: http://www.heise.de, 24.04.2000

M 10 Aus den Richtlinien des Deutschen Presserats (Pressekodex)

Deutscher Presserat:
Der Deutsche Presserat wurde 1956 als Organ der freiwilligen Selbstkontrolle nach dem Vorbild des britischen Press Council gegründet. Seine Hauptaufgabe besteht darin, publizistische (= für die Öffentlichkeit bestimmte) Grundsätze und Richtlinien der redaktionellen Arbeit aufzustellen, das Fehlverhalten einzelner Presseorgane zu ahnden. Als Leitziel gilt ihm u. a., das Ansehen der deutschen Presse zu wahren.

Präambel
Die im Grundgesetz der Bundesrepublik verbürgte Pressefreiheit schließt die Unabhängigkeit und Freiheit der Information, der Meinungsäußerung und der Kritik ein. Verleger, Herausgeber und Journalisten müssen sich bei ihrer Arbeit der Verantwortung gegenüber der Öffentlichkeit und ihrer Verpflichtung für das Ansehen der Presse bewusst sein. Sie nehmen ihre publizistische Aufgabe fair, nach bestem Wissen und Gewissen, unbeeinflusst von persönlichen Interessen und sachfremden Beweggründen wahr. (…)

Ziffer 1 – Wahrhaftigkeit und Achtung der Menschenwürde
Die Achtung vor der Wahrheit, die Wahrung der Menschenwürde und die wahrhaftige Unterrichtung der Öffentlichkeit sind oberste Gebote der Presse. Jede in der Presse tätige Person wahrt auf dieser Grundlage das Ansehen und die Glaubwürdigkeit der Medien.

Ziffer 2 – Sorgfalt
Recherche ist unverzichtbares Instrument journalistischer Sorgfalt. Zur Veröffentlichung bestimmte Informationen in Wort, Bild und Grafik sind mit der nach den Umständen gebotenen Sorgfalt auf ihren Wahrheitsgehalt zu prüfen und wahrheitsgetreu wiederzugeben. Ihr Sinn darf durch Bearbeitung, Überschrift oder Bildbeschriftung weder entstellt noch verfälscht werden. Unbestätigte Meldungen, Gerüchte und Vermutungen sind als solche erkennbar zu machen. (…)

Ziffer 4 – Grenzen der Recherche
Bei der Beschaffung von personenbezogenen Daten, Nachrichten, Informationsmaterial und Bildern dürfen keine unlauteren Methoden angewandt werden.

Ziffer 8 – Persönlichkeitsrechte
Die Presse achtet das Privatleben und die Intimsphäre des Menschen. Berührt jedoch das private Verhalten öffentliche Interessen, so kann es im Einzelfall in der Presse erörtert werden. Dabei ist zu prüfen, ob durch eine Veröffentlichung Persönlichkeitsrechte Unbeteiligter verletzt werden. Die Presse achtet das Recht auf informationelle Selbstbestimmung und gewährleistet den redaktionellen Datenschutz.

Ziffer 11 – Sensationsberichterstattung, Jugendschutz
Die Presse verzichtet auf eine unangemessen sensationelle Darstellung von Gewalt, Brutalität und Leid. Die Presse beachtet den Jugendschutz.

Ziffer 12 – Diskriminierungen
Niemand darf wegen seines Geschlechts, einer Behinderung oder seiner Zugehörigkeit zu einer ethnischen, religiösen, sozialen oder nationalen Gruppe diskriminiert werden.

Ziffer 13 – Unschuldsvermutung
Die Berichterstattung über Ermittlungsverfahren, Strafverfahren und sonstige förmliche Verfahren muss frei von Vorurteilen erfolgen. Der Grundsatz der Unschuldsvermutung gilt auch für die Presse.

Ziffer 16 – Rügenveröffentlichung
Es entspricht fairer Berichterstattung, vom Deutschen Presserat öffentlich ausgesprochene Rügen zu veröffentlichen, insbesondere in den betroffenen Publikationsorganen bzw. Telemedien.

Nach: http://www.presserat.info, Abruf am 30.09.2010

M 11 Fälle für den Presserat?

Fall 1: Eine Lokalzeitung veröffentlicht einen Bericht über die Verurteilung auf Bewährung in einem Fall sexuellen Missbrauchs. Der Verurteilte wird in diesem Artikel umfänglich geschildert und auch die Vorwürfe der Staatsanwaltschaft werden sehr ausführlich dargestellt. Sowohl die Art und Weise, wie der Täter vorging, als auch Tatumstände werden genannt. Eine Beschwerde wird eingereicht, da die Verhandlung nicht öffentlich gewesen sei, um die Opfer und deren Familien zu schützen.

Fall 2: Drei Regionalzeitungen berichten über den Unfall an einem Kraftwerk in Nordrhein-Westfalen. Beim Einsturz eines mehr als 100 Meter hohen Gerüstes kommen fünf Menschen ums Leben, mehrere werden schwer verletzt. Allen Beiträgen beigestellt ist das Foto eines toten Arbeiters, der in einem Sicherheitsgurt hängt. Die Fotos sind jedoch nicht identisch, es wurden jeweils unterschiedliche Bildausschnitte gewählt. Bei Zeitung A (Fulda) ist neben dem Toten ein Retter zu sehen, der versucht, den Arbeiter zu bergen. Bei Zeitung B (Wiesbaden) ist der Tote herangezoomt. Zeitung C (Köln) zeigt den Arbeiter ebenfalls seitlich von hinten. Einige Zeitungsleser reichen eine Beschwerde ein.

Fall 3: Eine Tageszeitung veröffentlicht einen Artikel über die Gerichtsverhandlung gegen einen 37-jährigen Mann. Er wurde wegen Manipulation von Guthabenkarten für Getränkeautomaten zu einer Haftstrafe verurteilt. In der Veröffentlichung wird sieben Mal erwähnt, dass der Mann Italiener ist. Ein Leser kritisiert die häufige Nennung der Staatsangehörigkeit.

http://www.presserat.info, Abruf am 30.09.2010

Instrumente des Deutschen Presserats:

1. Hinweis
2. Missbilligung
3. nicht-öffentliche Rüge
4. öffentliche Rüge (mit Abdruckverpflichtung)

Aufgaben

1. Deutschland rangiert im Ranking der Staaten mit der freiesten Presse nur auf Platz 17 (M 7). Erkläre mithilfe von M 8, woran dies liegen könnte.
2. Informiert euch aus allgemein zugänglichen Quellen (Länderreporten, Menschenrechtsorganisationen) über die Situation der Pressefreiheit in Deutschland und anderen ausgewählten Staaten (M 7) und referiert eure Ergebnisse in der Klasse.
3. Begründe, warum die Meinungs- und Pressefreiheit auch in einer demokratischen Gesellschaft nicht schrankenlos gültig sind (INFO).
4. Untersucht staatliche Motive, den freien Zugang zum Internet einzuschränken (M 9).
5. Recherchiert, auf welche Weise sich Reporter ohne Grenzen und andere Organisationen für die Pressefreiheit und verfolgte Journalisten einsetzen.
6. Informiere dich über Zielsetzung und Aufgaben des Deutschen Presserats.
7. Erläutere anhand von Beispielen die Bedeutung der ausgewählten Richtlinien des Deutschen Presserats (M 10).
8. Überprüft in Kleingruppen, ob die Fälle, mit denen sich der Deutsche Presserat zu beschäftigen hatte (M 11), gegen den Pressekodex verstoßen. Fasst eure Entscheidungen in kurzen Plädoyers zusammen.

Wissen kompakt

Merkmale der Mediendemokratie

In einer Demokratie besteht die Hauptaufgabe der Medien darin, Öffentlichkeit zu schaffen, d. h. über Sachverhalte, Ereignisse und Probleme so unverzerrt und wahrhaftig zu berichten, dass offen darüber diskutiert, gestritten und nötigenfalls nach Lösungen gesucht werden kann. Dazu gehört es, aus dem unüberschaubaren Angebot an Ereignissen diejenigen auszuwählen, die von öffentlichem Interesse sind. Die Massenmedien bestimmen folglich darüber mit, welche Ereignisse zu Nachrichten werden und für wie bedeutsam wir sie halten sollen (Thematisierungsfunktion). Nicht zuletzt diese Rolle macht sie zu einer „vierten Gewalt" neben Legislative, Exekutive und Judikative.

Aufgaben der Massenmedien

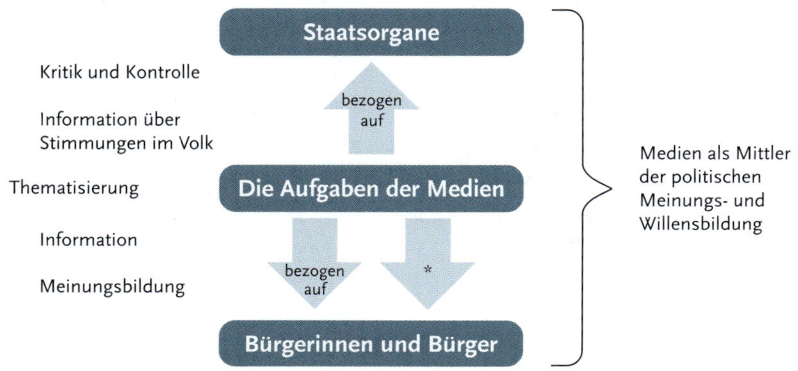

*Weitere Funktionen: Unterhaltung, Erholung, Selbstverwirklichung, Bildung, Sozialisation, soziale Orientierung, Konsumlenkung etc.

Meinungs- und Pressefreiheit als Grundrecht

Artikel 5 des Grundgesetzes garantiert die Meinungs-, Informations- und Pressefreiheit und bildet die rechtliche Grundlage für unabhängige Medien. Der Staat ist verpflichtet, das Grundrecht der Meinungs- und Pressefreiheit zu gewährleisten und ihren Gefährdungen entgegen zu treten. Staatliche Eingriffe in die Arbeit der Presse und anderer Massenmedien sind verboten.

Schranken der Pressefreiheit

Ihre Schranken findet die Pressefreiheit dort, wo Persönlichkeitsrechte verletzt, gegen Bestimmungen zum Schutz der Jugend verstoßen oder die freiheitliche demokratische Grundordnung angetastet werden. Die sich daraus ergebenden Rechte und Pflichten für Journalisten und Medienschaffende sind u. a. in den Pressegesetzen der Bundesländer und den „Richtlinien des Deutschen Presserats" („Pressekodex") verankert.

Situation der Pressefreiheit weltweit und in Deutschland

In zahlreichen Staaten ist die Pressefreiheit nicht ausreichend gewährleistet. So wurden nach Angaben der Organisation „Reporter ohne Grenzen" im Jahr 2010 57 Journalisten in 25 Ländern bei der Ausübung ihres Berufs getötet. Neben obrigkeitlichen Eingriffen in die Presse- und Rundfunkberichterstattung wird auch die Zensur des Internets aus unterschiedlichen Gründen zu einem stetig wachsenden Problem. Auch Deutschland hält in der internationalen Rangliste der Pressefreiheit keinen Spitzenplatz. Verantwortlich hierfür sind Beeinträchtigungen der Arbeitsbedingungen von Journalisten durch die Verschärfung von Gesetzen (z. B. Terrorismusbekämpfungsgesetze) sowie die wirtschaftlichen Probleme in Teilen der Medienbranche.

Überprüfe dein Können

Kampagnen-Plakate zur Pressefreiheit

Internationale Gesellschaft für Menschenrechte (IGFM, www.menschenrechte.de)

Aufgaben

1. Untersucht die Text- und Bildaussagen der Kampagnen-Plakate. Auf welche Probleme wollen sie hinweisen? Worauf beruht die Eindringlichkeit ihrer Wirkung?
2. Entwerft in Kleingruppen Kampagnen-Plakate zum Thema Pressefreiheit. Achtet dabei vor allem auf eine ansprechende und eindeutige Bildidee. Die Beispiele geben euch Anregungen.
3. Organisiert eine Schulausstellung, um eure Mitschüler auf das Thema aufmerksam zu machen. Erweitert zu einem Klassenprojekt, könnt ihr eure Ausstellung mit Länderberichten, Situationsbeschreibungen, statistischen Schaubildern und weiterem Anschauungsmaterial ausgestalten.

3.2 Die ökonomischen Strukturen der deutschen Medienlandschaft

3.2.1 Was bedeutet die duale Rundfunkordnung?

Einige öffentlich-rechtliche Rundfunkanstalten:
ARD: Arbeitsgemeinschaft der Rundfunkanstalten Deutschlands
ZDF: Zweites Deutsches Fernsehen
KI.KA: Fernsehkanal für Kinder und Jugendliche von ARD und ZDF
ARTE: Association Relative à la Télévision Européenne, Fernsehkanal in deutsch-französischer Kooperation
3sat: Gemeinschaftseinrichtung von ARD, ZDF, ORF (Österreich) und SRG (Schweiz)

M 1 Programmangebote im Fernsehen

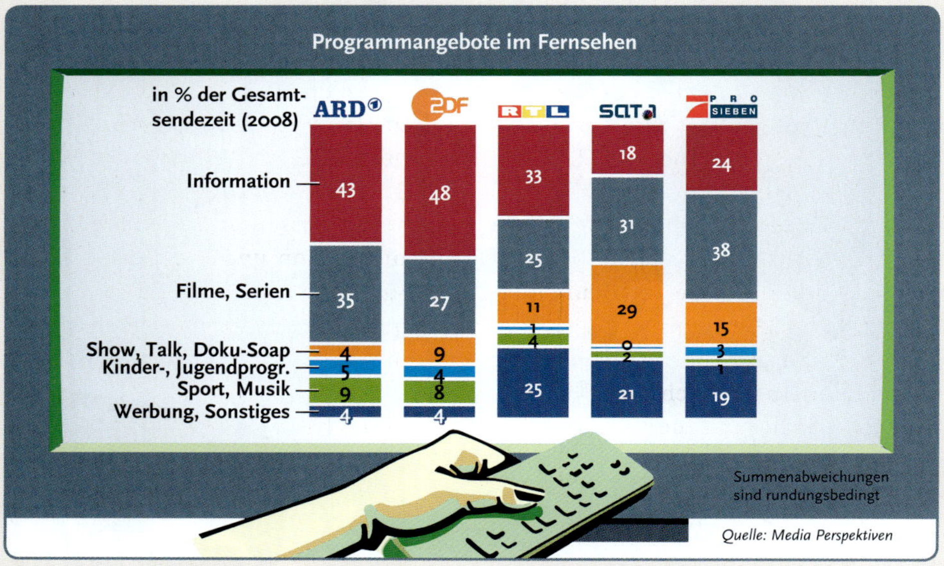

Bergmoser + Höller Verlag 538 102

M 2 Der deutsche Fernsehmarkt – Marktanteile im Tagesdurchschnitt 2007

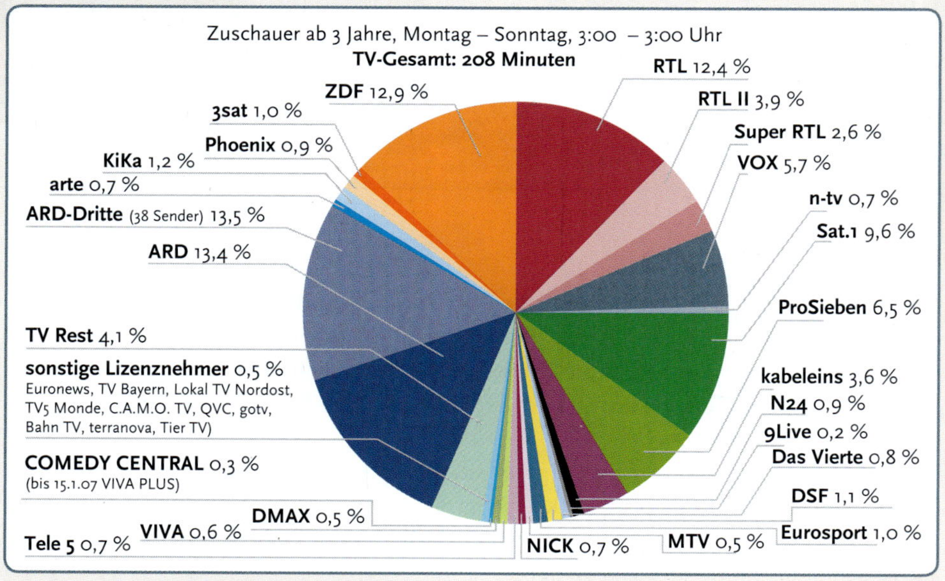

Nach: http://www.vprt.de, Abruf am 11.11.2010

M 3 Die duale Rundfunkordnung in Deutschland

1. Der öffentlich-rechtliche Rundfunk, zu dem die elf zur ARD zusammengeschlossenen Landesrundfunkanstalten, das Zweite Deutsche Fernsehen (ZDF), das Deutschland Radio, die Kulturprogramme 3sat und Arte sowie der Auslandssender Deutsche Welle gehören, ist der Kontrolle der Rundfunkräte der einzelnen Länder unterworfen. Ein Rundfunkrat setzt sich aus Mitgliedern des Landtages und gewählten Vertretern verschiedener gesellschaftlicher Gruppen zusammen. Kirchen, Gewerkschaften, Arbeitgeberverbände sind genauso vertreten wie der Jugendring oder der Deutsche Sportbund. Öffentlich-rechtliche Anstalten haben den Auftrag für Information, Kultur und Bildung, aber auch für Unterhaltung. Die Sicherung dieser Grundversorgung geschieht durch die Gebühren – etwa 2,5 Mrd. Euro pro Jahr –, die der Zuhörer bzw. Zuschauer zahlt. Die Werbung als weitere Geldquelle verliert für diese Sender aufgrund zeitlicher Beschränkungen immer mehr an Bedeutung.

2. Private Sender befinden sich im Gegensatz zu den öffentlich-rechtlichen Anstalten im privaten Besitz, d. h. sie gehören verschiedenen Personen, Personengruppen oder Gesellschaften. Der Privatsender Radio Luxemburg (RTL) begann am 1.1.1984 täglich vier Stunden Fernsehprogramm für die Deutschen zwischen Saarland und Mainz auszustrahlen. Ein neu errichteter Sendeturm mit einer größeren Reichweite hatte das ermöglicht. Heute sind die privaten Sender ein nicht mehr wegzudenkender Bestandteil der deutschen Medienlandschaft mit einem gewaltigen wirtschaftlichen Potenzial. In Anbetracht der großen Bedeutung des Massenmediums Fernsehen für Information und Meinungsbildung der Bürgerinnen und Bürger, muss darauf geachtet werden, dass nicht wenige kommerziell arbeitende Medienkonzerne zu viel Markt- und damit auch Meinungsmacht auf sich vereinigen, was die demokratische Meinungsvielfalt beeinträchtigen würde. (...)
Zwei Gruppierungen beherrschen gegenwärtig den privaten Fernsehmarkt in Deutschland: die RTL-Senderfamilie mit den Sendern RTL, VOX, RTL II, Super RTL und n-tv und die ProSieben/Sat.1-Gruppe mit den Sendern ProSieben, Sat. 1, kabel eins und N24.

Nach: Sparkassen SchulService, Schülerheft Medien, Stuttgart, 1997/2002, S. 39

Dualer Rundfunk in Deutschland:
Der duale Rundfunk wurde in der Bundesrepublik Deutschland bis Mitte der 80er-Jahre ausschließlich von den öffentlich-rechtlichen Veranstaltern ARD und ZDF angeboten. Neue Entwicklungen in der Kabel- und Satellitentechnologie eröffneten privaten Anbietern Möglichkeiten eigener Übertragungen. Das Gesetz lässt seit 1986 ein Nebeneinander von öffentlich-rechtlichen und privaten Anbietern zu.

Aufgaben

1. Erschließe aus dem Schaubild (M 1), wie die Fernsehsender ihr Programmangebot gestalten. Auf welche Zuschauerkreise zielt das jeweilige Programm ab?
2. Arbeite aus dem Tortendiagramm (M 2) heraus, welche Stellung öffentlich-rechtliche und private Rundfunkanbieter im Kampf um Marktanteile einnehmen. Wie könnte sich dies auf die künftige Programmgestaltung der öffentlich-rechtlichen Sender auswirken?
3. Erläutere den Aufbau der dualen Rundfunkordnung Deutschlands (M 3).

3.2.2 Wohin führt die Medienkonzentration?

M 4 Konzentration im Bereich der Tagespresse

Früher gab es nahezu ausschließlich *Vollredaktionen*, die alle Beiträge für ihre Publikation selbst geschrieben und erstellt haben. Viele Regional- und Lokalzeitungen haben heute nur noch eine eigene Lokalredaktion, jedoch keine Vollredaktion mehr. Das heißt, sie bedienen für die weiteren Ressorts außerhalb des Lokalressorts aus Kosten- und Rationalisierungsgründen so genannte *Mantelredaktionen*.

Der Mantel ist der überregionale Teil einer Tageszeitung. Er besteht in der Regel aus der Titelseite, Politik, Wirtschaftsnachrichten, überregionalem Feuilleton und Sport sowie gelegentlich Meinungsseiten.

Regional- oder Lokalzeitungen lassen sich die Mantelseiten häufig zuliefern. Gerade kleine Lokalblätter sind häufig finanziell und personell nicht in der Lage, eine so genannte Vollzeitung zu produzieren. Ebenso ist es üblich, dass verschiedene kleinere Blätter aus demselben Verlagshaus mit den gleichen Mantelseiten erscheinen. Durch die Praxis, solche Mantelseiten einzukaufen, kommt es vor, dass selbst konkurrierende Lokalzeitungen zu einem Großteil inhaltlich identisch sind. Ein Gutteil des Mantels besteht meist aus Meldungen der großen Nachrichtenagenturen oder Korrespondentenberichten. Der Einkauf eines Mantels geht nicht selten mit einer Anzeigenkooperation zwischen einer Lokalzeitung und einer überregionalen Zeitung einher und ist damit auch ein Mittel, die Reichweite und Marktmacht zu steigern. Das ist oft mit einem Verlust an Meinungsvielfalt verbunden.

Überregionale Zeitungen betreiben noch ihre eigenen Vollredaktionen, diese Zeitungen mit eigenem Mantel bezeichnet man als publizistische Einheiten. Alle Titel, die den gleichen Zeitungsmantel haben, gelten zusammen als eine einzige *publizistische Einheit*, diese haben sich in dem Zeitraum von 1954 bis 2004 von 225 auf 138 verringert.

Nach: http://de.wikipedia.org/wiki/Mantelredaktion, und http://de.wikipedia.org/wiki/Mantel-Journalismus, Abruf am 14.11.2010

Medienkonzentration: Zusammenschluss von Zeitungen, Zeitschriften oder Rundfunkanbietern zu wenigen großen Unternehmen mit dem Ziel, sich im ökonomischen Wettbewerb Marktvorteile zu verschaffen.

M 5 Medienkonzentration am Beispiel des Bertelsmann-Konzerns

Bertelsmann AG

Hörfunk
RTL Group
- HITRADIO RTL Sachsen (88,7%)
- 89,0 RTL (53,5%)
- Radio Hamburg (29,17%)
- Antenne Mecklenburg-Vorpommern (26,44%)
- Antenne Bayern (16%)
- Rock Antenne (Antenne Bayern (hält 100%)
- Antenne Thüringen (15%)
- ...

Produktion
RTL Group
- UFA Fernseh-produktion
- UFA Filmproduktion
- UFA Entertainment
- UFA Cinema
- Phoenix Film (51%)

Rechtehandel
RTL Group
- Fremantle International Distribution
- CLT-UFA International
- UFA Sports

Musik
- BMG Management Rights

Fernsehen
RTL Group
- RTL
- RTL Crime
- RTL Living
- n-tv
- Passion
- VOX
- Super RTL (50%)
- RTL II (35,9%)
- K1010 (19,87%)

Online
- RTL.de, RTL2.de, n-tv, VOX.de, GZSZ.de, RTLgames.de, wetter.de, sport.de, kochbar.de, VIP.de, frauenzimmer.de, teleboerse.de, wer-kennt-wen.de, spiegel online und andere Online Auftritte von Gruner Jahr-Print- Publikationen
- ...

Zeitungen
Gruner + Jahr (74,9%)
- Financial Times Deutschland
- Sächsische Zeitung (50%)
- Morgenpost Sachsen (50%)
- Döbelner Anzeiger (über Sächsiche Zeitung, die 100% hält)

Buchverlage
- Random House Bertelsmann
- Blessing
- C. Bertelsmann
- Goldmann
- Luchterhand
- Siedler
- HEYNE
- Knaus
- DVA
- ...

Zeitschriften
Gruner + Jahr (74,9%)
- Brigitte
- Capital
- Cicero
- Eltern
- Essen & Trinken
- Gala
- GEO (+ Spezialausgaben)
- Geolino
- Manager Magazin (24,9%) + weitere indirekte Anteile)
- National Geographic Deutschland (50%)
- National Geographic World (50%)
- NEON
- PM Magazin(+Sezialausgaben)
- Schöner wohnen
- Der Spiegel (26,25%)
- stern
- auto motor sport (und weitere Titel des Motor-Presse-verlags (54,9%)
- ...

Nach: http://www.kek-online.de, Abruf am 12.11.2010

M 6 Verbot einer Elefantenhochzeit

Anfang 2006 untersagte das Bundeskartellamt der Axel Springer AG, die Stammaktien an ProSieben/Sat1 zu erwerben. Die beherrschende Stellung des größten deutschen Zeitungsverlages und eines der beiden größten privaten deutschen Rundfunkveranstalter wäre – so das Kartellamt – durch den Zusammenschluss auf drei Märkten verstärkt worden, nämlich auf dem bundesweiten Fernsehmarkt, auf dem Lesermarkt für Straßenverkaufszeitungen und auf dem bundesweiten Zeitungsanzeigenmarkt. (...)

Der Konzern hätte u.a. über fast ein Viertel der TV-Zuschauer-Marktanteile verfügt, ca. 90 Prozent der Boulevardzeitungs-Auflagen besessen, mit seinen Zeitschriften fast die Hälfte aller Leser erreicht, etwa ein Viertel aller verkauften deutschen Zeitungen herausgegeben. (...)

Medien sind ein entscheidender Faktor bei der Meinungsbildung. Die Meinungsvielfalt ist ein wesentlicher Pfeiler des demokratischen Systems. Meinungen müssen frei und ungestört nebeneinander entstehen, bestehen und verbreitet werden können.

Nach: Rolf Schwartman, in: http://www.lto.de, Abruf am 15.11.2010

BGH-Urteil vom 08.06.2010

Der Bundesgerichtshof (BGH) hat am 08.06.2010 in letzter Instanz entschieden, dass die Entscheidung des Bundeskartellamts, die geplante Übernahme zu untersagen, rechtens war.

Aufgaben

1. Erläutere die Probleme der Medienkonzentration am Beispiel der Tagespresse (M 4) sowie an der Struktur des Bertelsmann-Konzerns (M 5).
2. Erschließt die Begründung, mit der der Zusammenschluss von Springer und Sat1 verboten wurde (M 6) und diskutiert, inwieweit dieses Verbot mit den Prinzipien der freien Marktwirtschaft vereinbar ist.

Wissen kompakt

Tageszeitungen in Deutschland

Neben rund 330 lokalen und regionalen Zeitungen und einigen Boulevard-Blättern werden in der Bundesrepublik zehn überregionale Tageszeitungen publiziert. Die auflagenstärksten sind „Die Welt", die „Frankfurter Allgemeine Zeitung" (FAZ), die „Süddeutsche Zeitung" (SZ) und die „Frankfurter Rundschau" (FR). Die Berliner „Tageszeitung" (taz) gehört zwar nicht zu den auflagenstärksten, gilt aber vielen als bedeutsame überregionale Tageszeitung. Als „Qualitätszeitungen" tragen sie in besonderem Maße zur öffentlichen Meinungsbildung bei.

Tagespresse in der Krise

Auflagenzahlen vieler Tageszeitungen gehen seit Jahren kontinuierlich zurück, ebenso die Zahl ihrer Abonnenten sowie die Einnahmen aus der Anzeigenwerbung. Verantwortlich sind u. a. der gesellschaftliche Wandel und die Entwicklungen auf dem Sektor der digitalen Medien.

Duale Rundfunkordnung

Mit der Einführung des privaten Rundfunks Mitte der 1980er Jahre wurde die rechtliche Grundlage für eine duale Rundfunkordnung und eine bis dahin ungeahnte Vielfalt an Rundfunk- und Fernsehkanälen geschaffen. Seither konkurrieren ARD, ZDF und andere öffentlich-rechtliche Sender mit den privaten Anbietern (vor allem die RTL-Senderfamilie und Sat.1/Pro7).

Unterschiede von öffentlich-rechtlichem und privatem Rundfunk

	Öffentlich-rechtlicher Rundfunk	Privater/kommerzieller Rundfunk
Eigentumsverhältnisse	Öffentlich-rechtlich – Eigentümerin ist die Gesellschaft (nicht der Staat!)	Privatrechtlich – Eigentümer sind einzelne Medienunternehmen
Kontrolle	Durch einen gewählten Rundfunkrat aus Vertretern gesellschaftlicher Gruppen	Außenkontrolle durch die jeweilige Landesmedienanstalt
Finanzierung	Finanzierung hauptsächlich über Rundfunkgebühren	Finanzierung über Werbung und Pay-TV
Auftrag und Programmangebot	Öffentlicher Auftrag, ein breites Angebot an Information, Bildung, Kultur und Unterhaltung zu gewährleisten	Schwergewicht liegt auf Unterhaltung (Comedy, Soap, Spielfilm, Show, Reality-TV) und bestimmten Sparten (Musik, Sport)
Programmvielfalt und Ausgewogenheit	Binnenpluralismus: Jeder Sender ist für sich verpflichtet, ein vielfältiges und ausgewogenes Programm zu gestalten	Außenpluralismus: Die Vielzahl an Sendern sorgt insgesamt für ein vielfältiges und ausgewogenes Angebot

Medienkonzentration – Problem oder Chance?

Zusammenschlüsse von Medienunternehmen zu großen Konzernen können die Demokratie auf Dauer gefährden. Je weniger unabhängige Medienanbieter es gibt, desto größer ist die Wahrscheinlichkeit, dass die wenigen verbleibenden ihre marktbeherrschende Stellung missbrauchen. Mit dem Verlust an Informations- und Meinungsvielfalt wächst somit das Risiko einseitiger Meinungslenkung bis hin zur Manipulation der Öffentlichkeit. Die Befürworter derartiger Zusammenschlüsse argumentieren hingegen, dass nur große Konzerne in einer globalisierten Welt langfristig wettbewerbsfähig bleiben und finanziell in der Lage sind, ein zeitgemäßes Programm zu gestalten.

Überprüfe dein Können

Kanal 1

15:00	**✶✶✶✶✶ Nachrichten** 70-691
15:10	**Sturm der Liebe** *Telenovela 5-071-287*
16:00	**✶✶✶✶✶ Nachrichten** 50-813
16:10	**Eisbär, Affe & Co.** *Doku-Soap 7-624-097*
17:00	**✶✶✶✶✶ Nachrichten** 59-392
17:15	**Brisant** *(Boulevard-Magazin) 5-672-418*
18:00	**Verbotene Liebe** *Daily Soap 79-829*
18:25	**Marienhof** *Daily Soap 8-861-788*
18:50	**Das Duell im ✶✶✶✶✶** *(Das Ratespiel um 10.000 €) Quiz 26-349*
19:45	**Wissen vor 8** *Wissenschaftsmagazin 1-751-875*
19:50	**Das Wetter** *Wetter 3-296-542*

Kanal 2

15:00	**Law & Order** *(Spendengelder) Krimiserie 768-854*
16:00	**Law & Order** *(Im Namen Gottes) Krimiserie 9-727-287*
16:55	**Menschen, Tiere & Doktoren** *Doku-Soap 1-738-829*
18:05	**mieten, kaufen, wohnen** *Doku-Soap 9-668-542*
19:00	**Das perfekte Dinner** *(Tag 3: Thomas/Wuppertal) Doku-Soap 578-829*
19:50	**Prominent!** *(Boulevard-Magazin) 5-672-418*

Kanal 3

15:15	**Gernstls Deutschlandreise** *(Im Saarland) Reisereportage 3-959-691*
16:00	**Gernstls Deutschlandreise** *(Im Schwarzwald) Reisereportage 4-617-962*
16:45	**✶✶✶✶✶** *(Nachrichten – Berichte – Wettervorhersage) Nachrichten 676-146*
17:00	**Der Letzte seines Standes?** *Der Notenstecher von Würzburg) Dokumentation 499-788*
17:30	**Regionales ✶✶✶✶✶** *(Schwaben & Altbayern aktuell / Frankenschau aktuell) Klammersendung 492-875*
18:00	**Abendschau** *Nachrichtenmagazin 523-610*
18:45	**✶✶✶✶✶** *(Nachrichten – Berichte – Wettervorhersage) Nachrichten 106-243*
19:00	**Bergheimat** *(Markus Wasmeier und der Schliersee) Porträt 578-542*

Kanal 4

15:00	**Richterin Barbara Salesch** *Gerichtsshow 69-417*
16:00	**Richter Alexander Hold** *Gerichtsshow 63-233*
17:00	**Niedrig und Kuhnt – Kommissare ermitteln** *(Vernascht) Real-Life-Krimiserie 3-184*
17:30	**Das ✶✶✶✶✶-Magazin** *(17:30 live für Bayern) Magazin 6-271*
18:00	**Hand aufs Herz** *Daily Soap 7-900*
18:30	**Anna und die Liebe** *(Spezial (4)) Telenovela 2-691*
19:00	**K 11 – Kommissare im Einsatz** *(Gefährliche Märchenstunde) Real-Life-Krimiserie 1-320*
19:30	**K 11 – Kommissare im Einsatz** *(Vorübergehend vermögend) Real-Life-Krimiserie 8-261*

Kanal 5

16:40	**Ein Tanz wie ein Chanson** *(Liebende für einen Tag) Kurzfilm 3-396-368*
16:50	**Paul Merton in Europa** *(Irland) Reisedokumentation 1-903-287*
17:35	**X:enius** *Wissenschaftsmagazin 917-233*
18:05	**Mit Schirm, Charme und Melone** *(Unter Verbrechern) Agentenserie 9-648-788*
19:00	**✶✶✶✶✶ Journal** *Nachrichtenmagazin 349-523*
19:30	**Sambesi** *(Von den Victoriafällen bis zur Quelle) Naturdokumentation 487-523*

Kanal 6

15:00	**Verdachtsfälle** *Doku-Soap 12-097*
16:00	**Familien im Brennpunkt** *Doku-Soap 16-813*
17:00	**Betrugsfälle** *Doku-Soap 3-436*
17:30	**Unter Uns** *Daily-Soap 6-523*
18:00	**Explosiv – Das Magazin** *Magazin 7-252*
18:30	**EXCLUSIV – Das Star-Magazin** *Boulevardmagazin 78-146*
18:45	**✶✶✶✶✶ Aktuell** *(Nachrichten und Sport) Nachrichten 753-726*
19:03	**✶✶✶✶✶ Aktuell – Das Wetter** *Wetter 300-073-542*
19:05	**Alles was zählt** *Daily-Soap 882-731*
19:040	**Gute Zeiten, schlechte Zeiten** *Daily-Soap 1-227-287*

Nach: http://www.tvmovie.de, Abruf am 29.12.2010

Aufgaben

1. Erschließt, welche Programme von öffentlich-rechtlichen und welche von privaten Fernsehanbietern ausgestrahlt werden. Begründet eure Entscheidung.
2. Ergänzt die bei einzelnen Sendungen fehlenden Titel (✶✶✶✶✶). Schlagt, falls nötig, in einer Programmzeitschrift nach.
3. Gestaltet nach dem Fernsehprogramm dieser Seite euren ganz persönlichen Fernsehnachmittag. Aber Vorsicht: Ihr dürft höchstens dreimal „zappen“. Vergleicht euren „theoretischen“ Fernsehkonsum in der Klasse.

3.3 Analyse von Medienbeiträgen

3.3.1 Wie entstehen Nachrichten?

M 1 Wie man einer Nachricht auf die Sprünge helfen kann

Karikatur: Gerhard Mester / Baaske Cartoons

M 2 Was macht ein Ereignis zur Nachricht?

Jeden Tag passieren auf der Welt unendlich viele Dinge. In keiner Zeitung oder Nachrichtensendung kann über alles berichtet werden. Selbst wenn das technisch möglich wäre, so wäre doch niemand in der Lage, so viel zur Kenntnis zu nehmen. Also ist es die Aufgabe der Medien, schon vorher auszuwählen, was überhaupt berichtet werden soll. Welche Ereignisse verdienen es, zur Nachricht zu werden? Journalisten sortieren Informationen nach so genannten Nachrichtenfaktoren. Entscheidend ist das Besondere an einem Ereignis, das es von den vielen anderen Ereignissen, die sonst noch an einem Tag passieren, als etwas Außergewöhnliches hervorhebt. Je nach Medium können die Nachrichtenfaktoren unterschiedlich sein. Das Grundprinzip der Auswahl ist die Frage: Was interessiert die Leser, Hörer oder Zuschauer? Interessant ist immer das, was die Leser, Hörer oder Zuschauer unmittelbar betrifft. Ein gängiges Auswahlschema ist das so genannte **GUN-Prinzip**.

G = Gesprächswert
Gesprächswert hat ein Ereignis, über das man spricht, diskutiert, sich ärgert oder sich freut. Beispiele für einen hohen Nachrichtenwert sind

- Außergewöhnlichkeiten: „Hund beißt Mann" ist keine Nachricht, „Mann beißt Hund" ist eine Nachricht!
- Personenbezug: Über bekannte Personen wird häufiger berichtet. Wenn Joschka Fischer mit dem Jogging anfängt oder aufhört, ist das eine

Joschka Fischer:
Joseph Martin „Joschka" Fischer (* 12. April 1948 in Gerabronn) ist ein ehemaliger deutscher Politiker (Bündnis 90 / Die Grünen) und war Bundesaußenminister von 1998 bis 2005 in der rot-grünen Koalition von Gerhard Schröder.

Nachricht; wenn der nur wenigen bekannte Nachbar das Gleiche tut, interessiert das kaum jemand, ist also keine Nachricht.

- Negativität: „Bad news is good news" – schlechte Nachrichten sind gute Nachrichten. Je schlimmer ein Ereignis ist, desto eher wird darüber berichtet. Unfälle sind alltäglich und nur dann eine Nachricht, wenn es besonders viele, besonders junge Opfer oder im Ausland deutsche Opfer gegeben hat.
- Nähe, vor allem geographische Nähe: Was in der eigenen Stadt passiert, interessiert die meisten mehr als ein Ereignis in Usbekistan.

U = Unterhaltung
Ein Ereignis, das in Verbindung mit der eigenen Lebenswelt steht, das verblüfft oder amüsiert, hat ebenfalls einen hohen Nachrichtenwert. Ausschlaggebend ist die Nähe zur eigenen Lebenssituation, den eigenen Wünschen und Sehnsüchten. So genannte Boulevardthemen, wie „sex and crime", verkaufen sich besonders gut und sind deshalb für Zeitungen wichtig, die in erster Linie am Kiosk verkauft werden.

N = Neuigkeit (oder Überraschung)
Je unerwarteter ein Ereignis eintritt, desto eher wird es zur Nachricht. Der Rücktritt der Gesundheitsministerin hat einen höheren Nachrichtenwert als die wöchentliche Pressekonferenz des Verteidigungsministeriums.

Politik und Unterricht, Medien, Hrsg.: Landeszentrale für politische Bildung Baden-Württemberg, 1/2002, S. 15

M 3 Interesse sucht Öffentlichkeit – inszenierte Wirklichkeit

Im September 2010 projizierten Greenpeace-Aktivisten Slogans auf zwölf deutsche Atommeiler, um medienwirksam gegen die von der Bundesregierung beschlossene Laufzeitverlängerung von Kernkraftwerken zu protestieren. Die Medien waren vor Ort.
Autorentext

M 4 Politik als Show – Infotainment

Das enge Verhältnis zwischen politischen Journalisten und Politikern in Deutschland ist auch von Journalisten selbst schon als Symbiose bezeichnet worden. Symbiose bezeichnet das Zusammenleben ungleicher Lebewesen zu deren gegenseitigem Nutzen. Die einen suchen Öffentlichkeit, die anderen haben eine öffentliche Aufgabe zu erfüllen. Ungleich sind Politiker und Journalisten insofern, als sie unterschiedliche Ziele verfolgen – die einen wollen Macht, die anderen brauchen Informationen. Bei der Verwirklichung ihrer Ziele treffen sich indessen ihre Interessen, und daraus entsteht der gegenseitige Nutzen.
Die allseitige Beliebtheit der Talkshows – bei den Sendern, dem Publikum und den Politikern – hat ihren Teil dazu beigetragen, dass Privates öffentlich gemacht wird. Politiker nut-

Der ehemalige Verteidigungsminister Karl-Theodor zu Guttenberg in der Talkshow „Kerner Spezial"– anlässlich eines Truppenbesuchs in Masar-i-Sharif am 16.12.2010. Sat.1-Talkmaster Johannes B. Kerner ließ zu diesem Zweck 14 Mitarbeiter und 5,7 Tonnen Material nach Afghanistan einfliegen.

zen mittlerweile auch die eher unpolitischen Talkshows für ihre Selbstdarstellung. Eine Analyse von Talkshows über den Zeitraum von einem Jahr hat gezeigt, dass rund die Hälfte aller Themen, die von Politikern dort angesprochen werden, privater Natur sind. Bei ihren Talkshow-Auftritten nähern sich Politiker mit der Bezugnahme auf Persönliches und Privates den Stars aus dem Showbusiness an und heben sich damit gegenüber anderen Experten, die stärker auf Fakten und Analysen Bezug nehmen, ab.

Dass Politiker Privates in die Öffentlichkeit tragen und den Medien damit willkommenen Stoff liefern und umgekehrt die Medien die imaginäre Grenze zwischen Öffentlichem und Privatem heute bereitwillig überschreiten, hat verschiedene Gründe. Die Strategie der Vermenschlichung ist eine klassische Imagestrategie der Politik. Sie lässt den Politiker als „Mensch wie du und ich" erscheinen, macht ihn der Wählerschaft vertraut. Sie wird bevorzugt eingesetzt für die Arbeit am Image hölzern, arrogant oder kalt wirkender Politikertypen.

Diese Strategie dient der Politik auch ganz allgemein zur Demonstration von Nähe zur Bevölkerung, um der Politikverdrossenheit in der Wählerschaft zu begegnen, die die Politiker als abgehoben und nur an der eigenen Machtsicherung interessiert empfindet.

Die Strategie der Vereinfachung und der Ablenkung durch Privatisierung ist die Antwort auf die Komplexität der Politik, die sich nur schwer vermitteln lässt. Politische Programme, Lösungen für politische Probleme werden daher bevorzugt an Personen geknüpft, durch Personen symbolisiert: Der Politiker steht für die Sache. Mit Personalisierung vereinfacht das politische System die Politikdarstellung für sich, antwortet damit aber zugleich auch auf die Bedürfnisse der Medien, zumal des Fernsehens, das auch abstrakte Politik konkret – mit Bildern – präsentieren muss, und auf die Bedürfnisse des Publikums, dem die Orientierung an Personen allemal leichter fällt als die Auseinandersetzung mit Sachfragen.

Christina Holtz-Bacha, Aus Politik und Zeitgeschichte, B 41-42/2001

Aufgaben

1. Beschreibe die Karikatur und erschließe das journalistische Problem, auf das der Zeichner in satirischer Überspitzung anspielt (M 1).
2. Erläutere die Bestandteile des so genannten GUN-Prinzips (M 2).
3. Stelle den Zusammenhang dar zwischen dem GUN-Prinzip und den in M3 und M 4 genannten journalistischen Erscheinungsformen.
4. Beurteilt, inwieweit das Inszenieren von Wirklichkeit sowie die Vermischung von Information und Unterhaltung mit den politischen Funktionen der Massenmedien (vgl. Kapitel 3.1.2) zu vereinbaren sind.
5. Erörtert das Spannungsverhältnis, das zwischen den „Regeln" des GUN-Prinzips und den Anforderungen an einen ethischen Grundsätzen verpflichteten Journalismus (siehe Kapitel 3.1.3, S. 72) besteht.

3.3.2 Wie werden Nachrichten präsentiert?

M 5 Madame Boulevard ...

Sprecherin Sandra Thier von der Sendung „RTL2-NEWS"

Es sind zwei verschiedene Welten. In der einen zählt die Erkenntnis, dass „Musik wie Sex und Drogen" wirken kann, in der anderen ist der Koalitionsgipfel in Berlin das beherrschende Thema. In der einen ist wichtig, dass die aktuelle Single der Mädchen-Band „Monrose" auf Platz drei der Charts gefallen ist, in der anderen geht es um den Tarifabschluss in der Baubranche. Der Fernsehzuschauer hat in der Hand, aus welcher dieser beiden Nachrichten-Welten er lieber seine Informationen beziehen möchte: Mit der Fernbedienung kann er sich jeden Abend um acht Uhr zwischen der ARD-Tagesschau und den RTL 2-News entscheiden.

Wählt er den Privatsender, ist er jung, dynamisch und cool – diesen Eindruck versuchen die RTL 2-News zumindest zu vermitteln. Dass zwei der weltbesten Surfer in arktischen Gewässern auf einer „Tsunami-Welle" reiten und dabei „um ihr Leben rasen", ist der Redaktion einen zweiminütigen Beitrag wert. Dass die US-Sänger R. Kelly und Usher – „zwei der größten R'n'B-Stars unserer Zeit" – eine gemeinsame Platte aufgenommen haben, obwohl Kelly normalerweise keinen anderen Sänger an seiner Seite akzeptiert, würdigt der Privatsender ebenfalls zwei Minuten lang. (...)

Bei all diesen brandheißen Neuigkeiten verpasst der RTL 2-Zuschauer mit schöner Regelmäßigkeit die wirklich relevanten Informationen des Tages. Denn um Politik und Wirtschaft macht die Redaktion einen großen Bogen. Den wichtigen politischen Ereignissen der vergangenen Tage – dem Koalitionsgipfel im Kanzleramt, den Debatten über Kinderarmut, die Zukunft der Wehrpflicht und den Mangel an Fachkräften in Deutschland – widmet sie insgesamt kaum mehr als eine Minute Sendezeit. Kein Wort auch darüber, dass die sogenannte Hypothekenkrise auf dem Immobilien-Markt der USA zurzeit Notenbanken und Börsianer in aller Welt beunruhigt.

Stattdessen gibt man sich dem Sensationsjournalismus hin: Wenn es nicht um Musikstars oder Extremsportler geht, berichten die RTL 2-Journalisten vor allem über Naturkatastrophen und Unglücksfälle aus aller Welt. Einen Preis für besonders behutsame Wortwahl verdienen sie sich dabei nicht: Hurrikan „Dean", der bisher elf Menschen das Leben kostete, nennen sie einen „echten Fluch der Karibik", der „es in sich hat". Das Erdbeben in Peru hat „Straßen, gesäumt von Toten" hinterlassen, ein Flugzeugunglück im japanischen Okinawa bezeichnen sie als „Inferno". Reißerisch auch ein Bericht über die Morde an sechs Italienern in Duisburg, in dem hauptsächlich die Worte „Krieg" und „Rache" fallen, worauf der Reporter resümiert: „Die Vergeltung wird nicht lange auf sich warten lassen."

Wenn sie will, kann die RTL 2-Redaktion auch anders: Erstaunlich sachlich und unaufgeregt fällt zum Beispiel eine Reportage über die brutalen Übergriffe auf acht Inder im sächsischen Mügeln aus. Doch solch gute Nachrichtenstücke bleiben die Ausnahme. Dem Programmschema des Senders entsprechend unterwerfen sich die Macher der News normalerweise völlig den Zwängen des Boulevards.

Dennis Kremer, in: http://www.welt.de, 22.08.2007

M 6 ... und Tante Tagesschau

Sprecherin Judith Rakers von der Sendung „tagesschau"

Von der ARD-Konkurrenz könnten die RTL 2-News noch einiges lernen. Die Berichte in der Tagesschau erfüllen in der Regel höchste journalistische Ansprüche: Sie sind objektiv, sie informieren bis ins Detail, sie erklären Hintergründe. Will die Große Koalition den Mindestlohn auf die Postbranche ausweiten, achten die ARD-Journalisten penibel darauf, von CDU-Generalsekretär Pofalla über SPD-Arbeitsminister Müntefering und DGB-Chef Sommer bis zur Linksfraktion jede politische Richtung zu Wort kommen zu lassen. Wackelt in Peru die Erde, listet der Korrespondent auf, wieviele Menschen betroffen und wieviele Einsatzkräfte vor Ort sind, was deutsche Hilfsorganisationen tun wollen und welche Mittel die Bundesregierung zur Verfügung stellen wird. Senkt die US-Zentralbank die Leitzinsen, erläutert der Börsen-Korrespondent die Gründe und Auswirkungen dieser Maßnahme.

Die Tagesschau ist die beste Nachrichten-Sendung im deutschen Fernsehen, sie hat begnadete Sprecher und die wohl bekannteste Anfangsmelodie – fehlerlos aber ist sie nicht. Oft überfordern die ARD-Journalisten den Zuschauer, indem sie ihm zu viele Informationen in zu kurzer Zeit mitteilen. Manchmal neigen sie zu Schachtelsätzen und übernehmen die Behördensprache der Ministerien, über die sie berichten. Und gelegentlich übertreibt die Redaktion ihr Bemühen um Ausgewogenheit: Auf so manche Worthülsen des ein oder anderen Politikers ließe sich durchaus verzichten.

Doch bei aller Kritik: In punkto politische Information und journalistische Sorgfalt schlägt die Tagesschau die RTL 2-News um Längen. Der Qualitätsunterschied wird offensichtlich, wenn beide Nachrichten-Sendungen über dasselbe Thema berichten: So erfuhr der Tagesschau-Zuschauer gestern abend, dass Hurrikan „Dean" am Tage geringere Schäden angerichtet habe als erwartet. Zur gleichen Zeit gab man dem Hurrikan auf RTL 2 weiterhin nur einen Namen: „Monster-Sturm".

ebd.

Aufgaben

1. Stelle die Merkmale von Nachrichtensendungen des privaten und des öffentlich-rechtlichen Rundfunks in einer Tabelle gegenüber (M 5/M 6).
2. Begründe, warum es bei Nachrichtenmedien besonders wichtig ist, ihre jeweilige Machart zu durchschauen.
3. Diskutiert die Vor- und Nachteile der beiden Nachrichtenformate.
4. Überprüft an weiteren Nachrichtensendungen des deutschen Fernsehens, ob die ermittelten Merkmale verallgemeinerbar sind oder abgeändert bzw. ergänzt werden müssen.

Methode: Nachrichtenformate vergleichen

Leitfragen zur Analyse von Nachrichtensendungen

1. **Auswahl und Platzierung:**
   - Mit welchem Thema beginnt die Sendung (,,Aufmacher")?
   - In welcher Reihenfolge werden die übrigen Themen platziert und wie umfangreich wird über sie berichtet?
   - In welchem Verhältnis stehen Sachthemen zu unterhaltenden Themen?
   - Fehlen wichtige Themen des Tages?
2. **Textinformation:**
   - Wird das gesprochene Wort durch Schrifteinblendungen etc. unterstützt?
   - Ist der Redestil des Moderators bzw. des Sprechers aus dem „Off" sachlich-neutral oder eher locker und umgangssprachlich gefärbt?
3. **Bildinformation:**
   - Illustrieren grafische Mittel (Hintergrundbilder, Schaubilder, Animationseffekte etc.) die Textaussage oder sind sie verwirrend und stören die Konzentration auf die Inhalte?
   - Welchen Eindruck macht die Studioausstattung? Zielt sie auf Seriosität ab oder betont sie den Entertainment- oder Show-Charakter des Nachrichtenformats?
4. **„Text-Bild-Schere":**
   - Passen Text und Bild der einzelnen Beiträge überhaupt immer zusammen?
   - Unterstützt die Bildaussage die Textinformation oder lenkt sie eher davon ab?
5. **Information und Meinungsäußerung:**
   - Werden Sachverhaltsdarstellung und Meinungsäußerung klar getrennt?
   - Kommen mehrere Meinungen zu Wort?
   - Verhält sich der Moderator neutral oder lässt er durch Verhalten und Sprache eine persönliche Wertung in seine Aussagen einfließen?
6. **Zusammenfassende Beurteilung:**
   - Wie kommt die Präsentation der Nachrichten beim Zuschauer an? Trägt sie zu seiner umfassenden Information bei? Hilft sie ihm, sich eine eigene Meinung zu bilden oder spricht sie eher die Gefühlsebene an?
   - Inwieweit hält sich die Sendung an die Regeln der journalistischen Ethik?

Diese Auflistung gibt nur eine Auswahl der möglichen von Analysefragen wieder. Wichtig ist aber in jedem Fall, dass ihr jede eurer Einzelbeobachtungen auf ihre denkbare Wirkungsabsicht hin untersucht und möglichst viele davon in einen Gesamtzusammenhang bringt.

Aufgaben

1. Zeichnet mehrere Nachrichtensendungen des gleichen Tages auf und vergleicht Auswahl und Präsentation der zur Sprache kommenden Themen (zur „Thematisierungsfunktion" vgl. Kapitel 3.1.2). Worüber wird berichtet? Wie viel Raum wird den angesprochenen Themen gewährt? Wo werden sie im Ablauf der Sendung platziert?
2. Untersucht die Machart einzelner Sendungen oder Nachrichtenbeiträge anhand der Leitfragen.
3. Setzt die gefundenen Merkmale in Beziehung zum Auftrag und Programmangebot von öffentlich-rechtlichen und privaten Sendern (vgl. Kapitel 3.2.1 und 3.3.2). Berücksichtigt hierbei auch die unterschiedlichen Nutzungsgewohnheiten jüngerer bzw. älterer Fernsehzuschauer.

3.3.3 Können Bilder lügen?

M 7 Die Macht der Bilder

Susan Sontag: Amerikanische Schriftstellerin (1933-2004); bekannt u.a. durch ihre Schriften zu Fotografie und Film

Die Erfindung und Fortentwicklung der Fotografie hat im 20. Jahrhundert zu einer Inflation der Bilder geführt. Die Fortentwicklung der Medien und Übertragungstechniken sorgte dafür, dass immer schneller, immer bessere Bilder jeden beliebigen Adressaten in allen Teilen der Welt von allen Schauplätzen erreichen.
Diese Entwicklung hat Susan Sontag zu Recht folgendermaßen umrissen: Bilder seien heutzutage keine Sammelobjekte mehr, sondern Botschaften, die in Umlauf gebracht würden, und zwar nicht mehr nur von Bildjournalisten, sondern in unserer digitalen Welt von jeder und jedem. Der so genannte „Pictorial Turn" ist in aller Munde: Der kulturelle Wandel hin zu einer Mediengesellschaft, in der zunehmend Bilder und ihre Botschaften an die Stelle von Worten und ihren Nachrichten treten. Durch die Aufnahme und geistige Verarbeitung dieser Bilderflut nehmen wir an unserer Zeit teil. Denn die Ereignisse, die uns und unsere Zeitgenossen aufgerüttelt haben, sind uns lediglich durch Bilder bekannt. Sie wirken allerdings vielfach auf uns so unmittelbar und suggestiv, dass wir uns für Augenzeugen des Geschehens halten oder zumindest denen nahezukommen glauben. (...)
Der technische Fortschritt hat uns aber nicht nur eine Fülle von Bildern beschert, sondern auch die Möglichkeit zur Manipulation der scheinbar so objektiven Fotografien und zum Einsatz dieser Bilder und Bilderfahrungen in anderen Zusammenhängen. Daher ist es umso wichtiger, nach den Bildern, ihren Ursprüngen, ihren Veränderungen und der politischen Absicht ihrer Verbreitung zu fragen: Wer bearbeitet welche Bilder oder welche Bildelemente in welcher Absicht?

Thomas Krüger, Die Macht der Bilder, in: http://www.bpb.de, 11.05.2009

M 8 Digitale Schlankheitskur

Kate Winslet ist eigentlich gar nicht dünn. Dennoch präsentierte eine britische Zeitschrift den „Titanic"-Star vor einigen Jahren schlank und makellos. Mit der Wirklichkeit hatte dieses Foto (rechtes Bild) allerdings nichts zu tun.

Nach: Politik & Unterricht, 01/2005, S. 19

M 9 Alles eine Frage der Perspektive

Die Wahl des Bildausschnitts verändert die Aussage. Deutlich wird dies an einem Beispiel aus dem Irak-Krieg 2003, das einen irakischen Soldaten umgeben von US-Soldaten zeigt. In der Mitte das Original, rechts und links zwei von Publikationsorganen veröffentlichte Varianten.

Nach: http://einestages.spiegel.de, 01.11.2010

Aufgaben

1. Erläutere, welche Rolle Bilder für unser Verständnis der Wirklichkeit spielen. Was meint Susan Sontag, wenn sie von einem „Pictorial Turn", also einem Wandel der Bedeutung von Bildern spricht (M 7)?
2. Sammle Beispiele aus dem Alltag, wo Sprache in Wort oder Schrift durch Bildsymbole (Icons) ersetzt wird. Erläutere mögliche Gründe für diese „Verbildlichung" unserer Kommunikation.
3. Analysiere Technik und Wirkung der Bildmanipulationen (M 8/M 9). Recherchiere im Internet und anderen Quellen nach weiteren Beispielen für Bildeingriffe.
4. Erprobt mithilfe geeigneter Bildbearbeitungssoftware, wie sich Bilder manipulieren lassen. Stellt eure Produkte zusammen mit kurzen Produktionsprotokollen in eurer Schule aus, um eure Mitschüler für die Problematik „falscher Bilder" zu sensibilisieren.
5. Erörtert, ob die Möglichkeiten digitaler Manipulationen von Fotos und Film auf lange Sicht zu einer Veränderung unserer Vorstellung von der Wirklichkeit führen und damit zu einem ernsthaften kulturellen Problem werden könnten.

Wissen kompakt

Nachrichtenwert und Nachrichtenauswahl

Die Wahrscheinlichkeit, dass ein Ereignis von den Medien aufgegriffen wird und den Status einer „Nachricht“ erhält, hängt von verschiedenen Faktoren ab, die zusammengenommen ihren Nachrichtenwert ausmachen. Hierzu zählen vor allem

- die (geografische) Nähe des Geschehens,
- die unmittelbare Betroffenheit der Leser, Zuhörer oder Zuschauer,
- der Grad an Überraschung, die das Ereignis auslöst
- sowie seine Konflikthaltigkeit.

Auch Prominenz, Dramatik, Kuriosität, Sex und starke Emotionen wie Mitleid, Schadenfreude, Furcht oder Abscheu entscheiden mit darüber, ob eine Neuigkeit in die Medien gelangt. Das sogenannte „GUN-Prinzip“ fasst die wichtigsten Faktoren formelhaft und einprägsam zusammen: Das Kürzel steht für Gesprächswert, Unterhaltungswert und Neuigkeitswert.

Inszenierte Wirklichkeit

Wer in die Medien kommen will, muss auffallen. Nicht nur Bürgerinitiativen und Verbände, sondern auch Politiker machen sich dieses Prinzip zunutze, um auf ihre Anliegen und Ziele aufmerksam zu machen. Sie inszenieren Wirklichkeit, schaffen durch medienwirksame Aktionen oder Auftritte Neuigkeiten, wo vorher keine waren. Das kann die spektakuläre Reise der Bundeskanzlerin in die Antarktis sein, mit der sie ihre Haltung zum Klimaschutz demonstrieren möchte, oder der Besuch eines Spitzenpolitikers in einer beliebten Samstagabend-Show während der heißen Phase eines Wahlkampfs.

Klassische und neue Nachrichtenformate

Nach wie vor sind die Nachrichtensendungen des Fernsehens für breite Bevölkerungsschichten die wichtigste Informationsquelle für das aktuelle Weltgeschehen. Vor allem bei den privaten Fernsehanbietern, die mehr als die öffentlich-rechtlichen Sendeanstalten auf Werbeeinnahmen angewiesen sind und deshalb hohe Einschaltquoten erzielen müssen, zeigt sich der Trend, Information und publikumswirksame Unterhaltung zu vermischen („Infotainment“). Die Nachrichtenauswahl und -präsentation dieser „News-Shows“ unterscheiden sich deutlich von der Machart klassischer Nachrichtensendungen. Haben diese die sachliche und ausgewogene Berichterstattung im Blick, „würzen“ jene ihre Sendungen mit Sensationen, Klatsch und anderen an sich unerheblichen Neuigkeiten.

Kritik am Infotainment

In den Augen seiner Kritiker leistet Infotainment einer überzogenen Vereinfachung politischer Inhalte Vorschub, da diese Art der Nachrichtenvermittlung stärker an die Gefühle als an den Verstand appelliert und wenig Wert auf die Vermittlung komplizierter Hintergründe legt. Die Befürworter sehen darin hingegen eine Chance, auch politisch gleichgültige Zuschauerkreise für die Auseinandersetzung mit gesellschaftlichen und politischen Fragen zu interessieren.

Gefahren der Bildmanipulation

Als „Augenwesen“ sind wir der Eindrücklichkeit von Bildern relativ schutzlos ausgeliefert. Vor allem Fotografien betrachten wir allzu unkritisch als authentische Abbilder der Realität, ohne darüber nachzudenken, dass sie manipuliert sein könnten, um uns unterschwellig zu beeinflussen.
Bildmanipulationen sind fast so alt wie das Medium Fotografie, wurden aber erst mit der Entwicklung moderner digitaler Bildbearbeitungstechniken zu einem ernst zu nehmenden Problem, da es schwer bzw. unmöglich geworden ist, Original und digitale Fälschung zweifelsfrei zu unterscheiden.

Überprüfe dein Können

Redaktionskonferenz

Vorbereiten einer Redaktionskonferenz

- Vereinbart mit eurem Lehrer einen geeigneten Wochentag, an welchem ihr Zeit habt, euch in Kleingruppen zu einer gespielten Redaktionskonferenz eurer Tageszeitung zusammenzufinden.
- Am Tag eurer Zusammenkunft (in der Schule, bei euch zu Hause, im Jugendtreff, etc.) verschafft ihr euch zuerst einen groben Überblick über mögliche Nachrichtenthemen des folgenden Tages. Denkt aber daran: Spätestens mit Redaktionsschluss um 20.00 Uhr müsst ihr fertig sein. Neuigkeiten nach 20:00 Uhr dürfen also nicht mehr verarbeitet werden.

Aufgaben

1. Setzt euch zur *„Schlussredaktion“* zusammen und diskutiert, welche Themen ihr auf die Titelseite eurer Zeitung nehmen wollt.
2. Entscheidet hierbei auch, welchen Stellenwert die einzelnen Themen in der Berichterstattung einnehmen sollen. Top-Themen gehören mit einem ausführlicheren Bericht auf die Titelseite; der „Aufmacher“ braucht ein geeignetes Foto als Blickfang. Für Anderes genügt eine Kurzmeldung in der Randspalte oder ein knapper Hinweis auf einen Beitrag im Blattinneren usw. Bei der Gestaltung eurer Titelseite braucht ihr keine vollständigen Artikel zu schreiben; die Formulierung der Schlagzeilen genügt.
3. Diskutiert die Gemeinsamkeiten und Unterschiede eurer fertig gestalteten Titelseiten bei nächster Gelegenheit im Unterricht und vergleicht eure Lösungen mit den Original-Titelseiten verschiedener Tageszeitungen.

3.4 Jugendliche und Medien

3.4.1 Wie nutzen wir Medien?

M 1 Wie junge Leute mit Medien umgehen

Maria (18): Zeitungen lese ich eher weniger, da ich sie mir erst besorgen müsste. Wenn ich Informationen aus der Presse benötige, rufe ich lieber die Online-Ausgaben auf, wo ich schnell filtern kann, welche Infos mich überhaupt interessieren und welche nicht. Das Internet nutze ich dagegen sehr oft, eigentlich für alles, was mich gerade so interessiert – einfach die passenden Stichworte in die Suchmaschine eingeben und auf bestimmte News- oder Wissensseiten gehen, die ich bereits kenne und auf die ich mich verlassen kann – das ist schon eine super Sache. Fernsehen ist mir nicht so wichtig. Ich schaue höchstens dreimal pro Woche, weil ich nicht gern auf dem Sofa herumsitze und mich berieseln lasse. Wenn ich mir TV-Nachrichten ansehe, dann Tagesschau oder Tagesthemen – rein aus Sympathie.

Finn (17): Ich nutze viele Medien, manche mehr, manche weniger. Radionachrichten höre ich eigentlich recht oft, Fernsehnachrichten sehe ich mir nie an oder höchstens ganz selten, weil ich überhaupt sehr wenig fernsehe. Mit der Tageszeitung beschäftige ich mich schon, aber leider nicht regelmäßig genug, was mich selbst ärgert. Das Internet ist mein „Hit-Medium". Im Schnitt bin ich am Tag drei Stunden online, manchmal auch mehr. Davon geht circa eine halbe Stunde für Nachrichtenbeschaffung drauf. Den Computer nutze ich vor allem als Fernsehersatz, sehe mir im Internet Wiederholungen von Fernsehsendungen an, was praktisch ist, weil ich nicht an feste Sendezeiten gebunden bin. Oder ich schiebe eine DVD rein, um zu entspannen. Eigentlich würde ich das gerne einschränken, aber das fällt mir schwer.

Melek (15): Unter der Woche schalte ich den Fernseher an, wenn ich nach Hause komme, und esse dabei. Ich weiß schon, dass das nicht gesund ist, weil man sich dann nicht aufs Essen konzentriert, zu schnell und zu viel isst und so weiter. Aber so ist es halt bei uns daheim, der Fernsehapparat ist eigentlich fast immer an. Nach den Hausaufgaben gehe ich ins Internet, checke meine E-Mails und google nach irgendwelchen Videos im Web. Nach dem Abendessen sitzt die ganze Familie im Wohnzimmer und sieht sich eine Sendung an. Geredet wird dabei nicht viel, aber irgendwie spürt man ein wenig Nestwärme. Vor dem Schlafengehen lese ich dann meistens noch ein Buch – historische Romane, Biografien oder Gedichte. Am Wochenende spielen Medien eigentlich keine große Rolle. Da beschäftige ich mich mit meiner Familie oder wir besuchen Freunde und Verwandte.

Schülerbeiträge

M 2 Vom Nutzen des Zeitungslesens

Tageszeitungen und Jugendliche: „Beide hätten einander einiges zu geben, aber sie finden nur schwer einen Weg zueinander", stellt der Journalistikprofessor Günther Rager von der Universität Dortmund fest. (...)
Um den ersten Kontakt zwischen jungen Menschen und den Zeitungen zu erleichtern, gibt es seit nunmehr zwanzig Jahren das Projekt „Schüler lesen Zeitung". Forscher der Universität Koblenz-Landau variierten diesen Ansatz nun: Seit 2006 verfolgen sie mit „Zeitung Lesen macht Azubis fit!" ein ähnliches Projekt mit Auszubildenden. (...)
Im Rahmen des Projektes erhielten 1023 Auszubildende für die Dauer eines Ausbildungsjahrs eine der regionalen Tageszeitungen kostenlos zugestellt. Vorher und nachher führten die Forscher mit ihnen einen unangekündigten Allgemeinwissenstest durch, um den Zuwachs an Kenntnissen nach Ablauf des Projekts dokumentieren zu können. Die Fragebögen umfassten die Bereiche Politik, Geschichte, Geographie, Wirtschaft, Wissenschaft, Kultur und Sport. „Die Allgemeinwissenstests enthielten in jedem Bereich Fragen, die durchaus im Laufe eines Jahres in der Zeitung vorkommen können", erklärt Jürgen Maier von der Universität Koblenz-Landau im Gespräch mit dieser Zeitung. Zusätzlich führten die Wissenschaftler alle zwei Wochen kleinere Wissenstests durch, um die Motivation der Auszubildenden zum regelmäßigen Lesen zu bestärken.
Nach dem Projektjahr zeigte sich ein signifikanter Wissenszuwachs, der auf das regelmäßige Zeitungslesen zurückgeführt werden kann. Denn: Eine ebenfalls parallel getestete Kontrollgruppe, die keine Zeitung erhielt, zeigte nur einen geringfügigen Anstieg des Allgemeinwissens. Die jungen Zeitungsleser konnten in nahezu allen Wissensbereichen nach dem Projekt im Schnitt elf Prozent mehr Fragen beantworten. (...)
Entscheidend für die Motivation von Jugendlichen, sagt Jürgen Maier, sei die Frage nach dem Warum. Man solle also nicht erwarten, dass junge Menschen allein schon deshalb Zeitung läsen, weil ihre Eltern oder Lehrer es erwarteten. Sie lesen aber höchstwahrscheinlich dann, wenn sie sich davon einen persönlichen Nutzen versprechen. Daher werden die Ausbilder der teilnehmenden Betriebe nicht müde, immer wieder zur motivierenden Formel zu greifen: Wer Zeitung liest, verbessert seine beruflichen Chancen.

Lena Wilde, Zeitung muss man täglich lesen, in: http://www.faz.net, 05.09.2010

Aufgaben

1. Nenne Gemeinsamkeiten und Unterschiede im Medienverhalten der Befragten in M 1. In welchen Aussagen findest du dich selbst wieder?
2. Nenne andere Medien, die für Jugendliche und junge Erwachsene von Bedeutung sind. Welche davon dienen vorrangig der Information, welche der Kommunikation oder der Unterhaltung?
3. Erarbeite anhand von M 2, welche Vorteile es hat, regelmäßig eine Zeitung zu lesen. Welche Möglichkeiten siehst du für dich, dich häufiger und regelmäßiger mit der Tageszeitung zu beschäftigen?
4. Verfasst eigene Kurzberichte über euer Medienverhalten und vergleicht sie untereinander.

3.4.2 Was sagt die Statistik über unser Nutzungsverhalten?

JIM steht für „Jugend, Information, (Multi-) Media“ und bezeichnet die bedeutendste regelmäßig durchgeführte Studie zum Medienverhalten Jugendlicher in Deutschland

M 3 Medienbeschäftigung Jugendlicher in der Freizeit

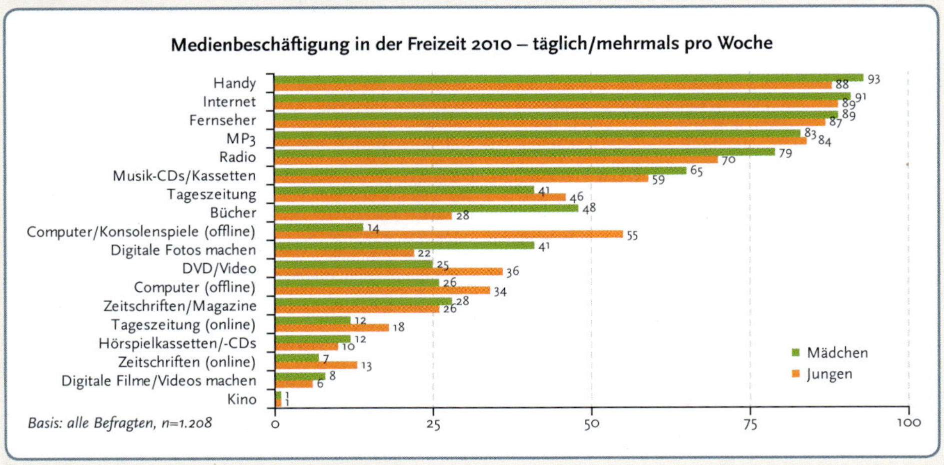

Medienpädagogischer Forschungsverbund Südwest, JIM 2010. Jugend, Information, (Multi-)Media, Stuttgart, 2010, S. 12, www.mpfs.de

M 4 Mediennutzung im Wandel – Fernsehen, Hörfunk und Internet

Wichtigste Informationsquellen für aktuelles Geschehen (Angaben in Prozent) (2004 / 2009)

Altersgruppen	Zeitungen 2004	Zeitungen 2009	Fernsehen 2004	Fernsehen 2009	Internet 2004	Internet 2009
14 bis 64 Jahre	58,6	49,8	80,8	75,2	14,7	31,4
20 bis 39 Jahre	51,2	39,2	79,5	71,6	20,9	40,6
Schulbildung						
Volks-/Hauptschule	56,2	47,1	84,1	79,8	8,1	19,0
Höhere Schule ohne Abitur	57,5	49,9	81,3	77,3	16,1	31,9
Abitur ohne Studium	57,2	45,3	77,1	65,4	24,7	51,0
Abgeschlossenes Studium	71,7	61,6	71,7	66,3	23,1	43,7

Nach: Allensbacher Computer- und Technikanalyse (Acta 2009)

Aufgaben

1. Erschließe aus der Balkengrafik (M 3) die Ergebnisse der JIM-Studie 2010.
2. Zeige, wie sich das Medienverhalten der Bürger zwischen 2004 und 2009 verändert hat. Berücksichtige die Faktoren Alter und Schulbildung (M 4).
3. Beschreibe die Trends, die sich aus den Daten ablesen lassen. Wie könnte eine Fortschreibung der Grafik für das Jahr 2020 aussehen?
4. Erarbeitet eine Kurzumfrage zum Medienkonsum eurer Mitschüler. Ihr könnt euch bei der Erstellung der Fragen an den Schaubildern orientieren.

Methode: ein Medienprotokoll erstellen

Meine Medienstatistik (vom 09. – 15. Mai)

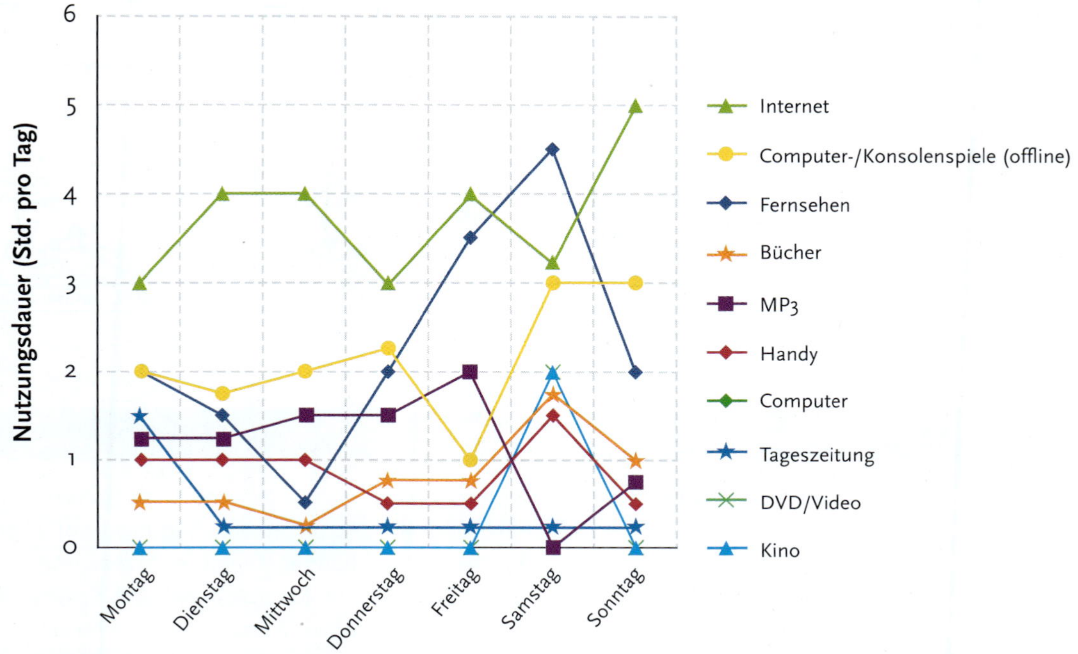

[1]Die Verbindung einzelner Datenpunkte mit Linien ist statistisch ungenau, weil sie den Anschein erweckt, dass es zwischen zwei gültigen Werten (Datenpunkten) noch Zwischenwerte gebe. Sie dienen deshalb hier nur der besseren Lesbarkeit.

Autorengrafik und -text

Aufgaben

1. Beobachte über eine Woche hinweg dein Medienverhalten. Notiere hierzu, welche Medien du täglich wie lange konsumierst. Trage die ermittelten Werte wie im Beispiel oben in ein zweiachsiges Koordinatensystem ein. Überlege dir, welche Medien du erfassen möchtest. Achte darauf, dass sich die einzelnen Datenpunkte durch die Wahl geeigneter Farben oder Symbole klar voneinander unterscheiden. Am Ende deiner Beobachtung kannst du die einzelnen Punkte mit Hilfslinien[1] verbinden.
   Die fertige Grafik gibt dir einen guten Überblick über deine Nutzungsgewohnheiten. Vielleicht bist du erstaunt, wie viel Zeit du pro Tag mit den verschiedensten Medien verbringst. Bedenke aber: Es kann sein, dass du zu bestimmten Zeiten des Tages mehrere Medien gleichzeitig konsumiert hast. Die Summenangaben sind also Brutto-Werte.
2. Tauscht eure Ergebnisse untereinander aus und diskutiert sie in der Klasse. Welche Gemeinsamkeiten oder Unterschiede fallen euch auf? Welche Gründe könnt ihr hierfür nennen?
3. Vergleicht schließlich eure eigenen mit den Ergebnissen der aktuellen JIM-Studie. Beschreibt auch hier Gemeinsamkeiten und Unterschiede und versucht, sie zu erklären.

3.4.3 Wie prägen Medien unseren Alltag?

M 5 Unbegrenzte Möglichkeiten …

Nach: Andreas Dietz

Info

Was sind Massenmedien?

Sammelbezeichnung für alle Kommunikationsprozesse, die sich öffentlich und allgemein zugänglich über technische Übertragungsmittel meist einseitig an ein weit verstreutes anonymes Publikum richten.

Zu den Massenmedien zählen neben *Printmedien* (z. B. Zeitung, Zeitschrift, Buch), *auditiven Medien* (z. B. Radio, CD) und *audiovisuellen Medien* (z. B. Fernsehen, Videokassette, DVD) auch die *multimedialen und interaktiven Medien* (vor allem Internet). In modernen Gesellschaften gehören Massenmedien zum Alltagsleben, sie sind Hauptquelle für politische und gesellschaftliche Informationen und haben neben Bildungs- vor allem Unterhaltungsfunktion. Massenmedien können zur Manipulation und Propaganda missbraucht werden. Der technische Fortschritt im Bereich der Massenmedien veränderte ab Mitte des 20. Jahrhunderts das Freizeitverhalten der Menschen, das bis heute besonders durch das Fernsehen bestimmt wird. Daneben haben aber Hörfunk, Zeitung und Buch immer noch einen hohen Stellenwert.

http://www.spiegel.de/lexikon, Abruf am 30.09.2010

M 6 Unser sechster Sinn

Früher reichte es aus, die Unterweisungen von Lehrern und Eltern zu beachten und mit offenen Augen durch die Welt zu gehen. Es war eine kleine Welt, in der sich die Dinge kaum änderten. Zwar gab es Nachrichten aus der großen Welt jenseits von Berg und Tal; die waren interessant, aber letztlich nicht wichtig. Manchmal brach auch die große Welt ins alltägliche Leben ein, meist in Form von Seuchen und Krieg. Das waren Schicksalsschläge, gegen die kein Kraut gewachsen war. Das Leben ging weiter.

In der modernen Welt scheint nichts mehr von Dauer zu sein. Was gestern gesichert schien, ist heute hinfällig. Was heute als unumstößliche Wahrheit erscheint, kann morgen überholt sein. Politik, Alltagsleben, Technik, Kultur, Mode, wissenschaftliche Erkenntnisse – die Zeitläufte ändern sich so rasch, dass die Menschen Mühe haben, den Wandel zu verkraften. Die Lebenswelt der 70er Jahre scheint schon unendlich weit entfernt zu sein; die der 50er oder 60er Jahre mit den heutigen Verhältnissen kaum noch zu vergleichen.

Unser Bild der Wirklichkeit entstammt zu vielleicht zehn Prozent der eigenen Anschauung und Erfahrung. Den Rest wissen wir, oder glauben wir zu wissen, aus Büchern, Zeitungen, Illustrierten, Radio, Fernsehen. Mediennutzung ist zu einer Schlüsselkompetenz geworden, ohne die wir nicht mehr leben können. Das in Schule und Berufsausbildung erworbene Wissen ist nach einigen Jahren veraltet. Wir müssen ständig dazulernen, sonst finden wir uns nicht mehr in der Welt zurecht, sonst begreifen wir die nachwachsende Generation nicht mehr, verpassen beruflich den Anschluss, verstehen nicht mehr, was um uns und mit uns geschieht.

Beständig lernen können wir mit Hilfe der Medien. Deren weltumspannendes Netz verlängert unsere Sinne in die Welt hinaus, im Grunde ist es zu einem zusätzlichen Sinnesorgan geworden. Live oder fast live kann man bei wichtigen Ereignissen rund um den Globus dabei sein. Informationen aus allen Ecken und Enden der Welt, aus allen Wissensbereichen werden praktisch augenblicklich weltweit verfügbar gemacht. Eine früher unvorstellbare Menge an Informationen steht zu jeder Tages- und Nachtzeit in gedruckter, akustischer und visualisierter Form zur Verfügung. (...)

Ein entscheidendes Qualifikationsmerkmal ist heute der Umgang mit Informationen. Das beginnt schon in der Schule. Wie viel ein Schüler aus dem im Elternhaus gelernten eigenständigen Umgang mit Medien in den Unterricht einbringt, das hat Einfluss auf den Schulerfolg.

Vereinfacht könnte man sagen: Je besser jemand Medien im weitesten Sinne für sich nutzbar macht, desto höher wird voraussichtlich der gesellschaftliche Status sein, desto größer der berufliche Erfolg.

Fatalerweise führt die hohe Verfügbarkeit von Informationen über eine immer größere Medienvielfalt nicht dazu, dass mehr Menschen Zugang dazu bekommen. Was Wissenschaftler seit Jahrzehnten vorhergesagt haben, zeichnet sich heute als gesellschaftliche Realität ab. Die Kluft zwischen trainierten Mediennutzern und der Masse der Bevölkerung wird immer größer. Es setzt nämlich Wissen und langjähriges Training voraus, aus der Informationsfülle das herauszufiltern, was wichtig ist. Wer das nicht gelernt hat, fühlt sich schnell überfordert, schaltet ab und zieht sich auf Medien zurück, die vorwiegend der populären Unterhaltung dienen.

Gegen diese Informationskluft gäbe es nur ein Mittel: Der Umgang mit den Medien der verschiedenen Art, bewusste und kritische Mediennutzung überhaupt müsste als die entscheidende Kulturtechnik unserer Zeit im Zentrum jeder Bildung und Ausbildung stehen.

Michael Bechtel, in: PZ, Nr. 75, Medien, hrsg. von der Bundeszentrale für politische Bildung, Bonn, 8/1993, S. 6 f. (Rechtschreibung angepasst)

Mediatisierung:
Die Tatsache, dass wir unsere Erfahrungen der Wirklichkeit immer mehr über die Medien beziehen, wird auch als „Mediatisierung" bezeichnet.

Aufgaben

1. Ergänze den Text in der leeren Sprechblase des Cartoons (M 5).
2. Diskutiert über eure Vorschläge sowie den Originaltext des Cartoonisten.
   Der Originaltext lautet: „Man braucht es nur nicht"
3. Erschließe aus M 6 die Bedeutung der (Massen-)Medien für den modernen Menschen. Welche Aufgabe hat in diesem Zusammenhang die Medienerziehung?
4. Der Text erscheint, obwohl er bereits 1993 veröffentlicht wurde, erstaunlich aktuell. Was müsste man ändern, um ihn auf den allerneuesten Stand zu bringen?

M 7 Deutschland online

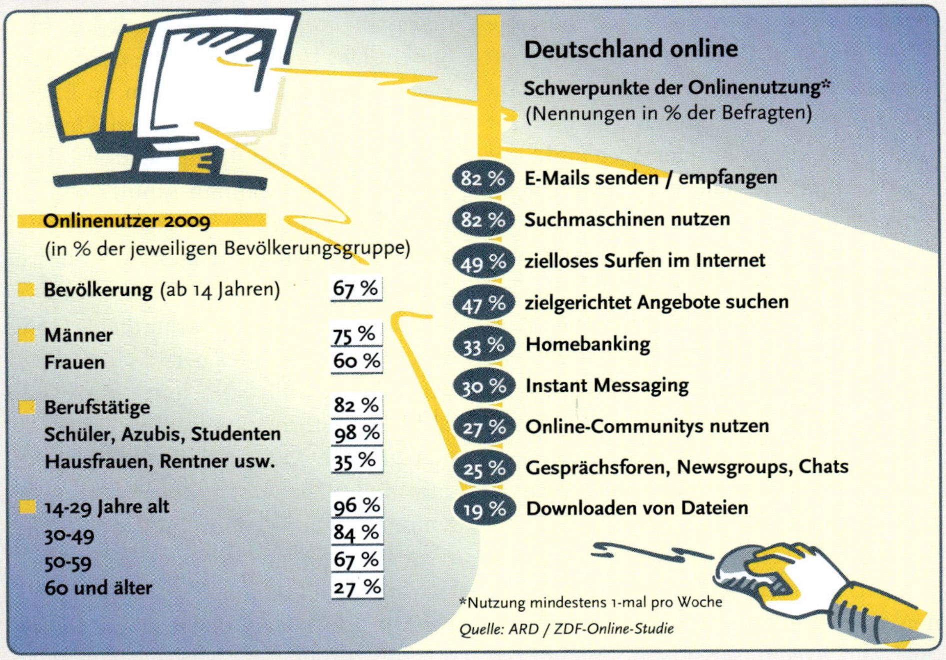

Bergmoser + Höller Verlag 538161

M 8 Womit wir unsere Zeit im Netz verbringen

Web 2.0
(auch Social Media): Bezeichnung für eine neue Generation interaktiver Netzdienste, die es ihren Nutzern ermöglichen, sich miteinander zu vernetzen und – prinzipiell gleichberechtigt – Web-Inhalte gemeinsam zu erstellen und in vielen Bereichen online zusammenzuarbeiten. Der typische Nutzer konsumiert und produziert gleichzeitig, er ist Prosumer.

Was machen die Menschen, wenn sie sich im Netz rumtreiben? Das Marktforschungsinstitut Nielsen hat das in den USA untersucht und kommt zu dem Schluss: Vor allem schauen sie sich Facebookseiten an.
Der durchschnittliche Amerikaner verbringt laut Nielsen mehr als 60 Stunden im Monat online. Den größten Teil davon bei sozialen Netzwerken, insgesamt 22,7 Prozent. Erst mit großem Abstand folgen andere Angebote wie Onlinespiele (10,2 Prozent) und E-Mails (8,3 Prozent). (...)
Das heißt noch nicht, dass soziale Netzwerke inzwischen zu der wichtigsten Anwendung im Netz geworden sind. Aber es heißt, wer sie nutzt, verbringt damit viel Zeit. Und das mit steigender Tendenz. Im Jahr zuvor lag die Zahl noch bei knapp über zehn Prozent. Im Gegensatz dazu steht das Schreiben von E-Mails nicht mehr an Platz zwei, sondern an Platz drei der Lieblingsbeschäftigungen im Netz.
In der Mitteilung zur Studie sagt Dave Martin, Analyst bei Nielsen: „Obwohl das Internet unendlich viele Möglichkeiten bietet, verbringen die Surfer doch gut 40 Prozent ihrer Online-Zeit mit nur drei Aktivitäten: sozialem Netzwerken, Spiele spielen und mailen."
Es gibt noch mehr Ergebnisse, die nahelegen, dass Vernetzung das eigentliche Interesse der Menschen ist oder sie das zumindest annehmen. Das Pew Research Center fragte vor Kurzem, ob das Internet wohl eher positive oder eher negative Auswirkungen auf unser Sozialleben haben wird. 85 Prozent der Befragten sagten, wenn sie an die Zukunft denken, werde das Netz vor allem positiven Einfluss auf soziale Beziehungen haben. Nur 14 Prozent waren der Meinung, es zerstöre sie

eher, statt sie zu fördern. (...) Und die neuen Möglichkeiten der weltweiten Vernetzung werden unsere Gesellschaften ganz sicher verändern. Noch viel stärker, wenn die, die jetzt damit aufwachsen, erst groß sind.

Kai Biermann, Womit wir im Netz unsere Zeit verbringen, in: http://www.zeit.de, 04.08.2010

M 9 Nazis raus 2.0 – soziale Netzwerke gegen rechts

Bundesverbraucherschutzministerin Ilse Aigner hat gemeinsam mit den Initiatoren von der Amadeu Antonio Stiftung und der Wochenzeitung „Die Zeit" die Aktion „Soziale Netzwerke gegen Nazis" vorgestellt. Ziel der Kampagne soll es sein, in den 20 teilnehmenden sozialen Netzwerken gegen Nazis zu mobilisieren.

„KWICK!" ist eine dieser Seiten, die mit Bannern und Buttons auf ihr Engagement hinweisen wollen. Die Teilnahme ist für die Verantwortlichen der Plattform selbstverständlich: „Sozial bedeutet im ursprünglichen Wortsinn ‚gemeinsam', ‚verbündet'. Ein soziales Netzwerk, das extremistisches Gedankengut duldet oder unterstützt und damit Ausgrenzung und Anfeindung fördert, darf sich eigentlich nicht sozial nennen."

Die User der 20 teilnehmenden Plattformen sollen durch die Aktion ermutigt werden, rechte Inhalte zu melden. Fast jede Seite verfügt über Buttons, mit denen entsprechende Profile, Botschaften oder Bilder beanstandet werden können.

Die Seitenbetreiber selbst überprüfen in der Regel bereits bei der Anmeldung, ob ein rechtsextrem geprägter Benutzername verwendet wird und löschen das neue Mitglied, nach eigener Auskunft, schnellstmöglich. Bei der Fußball-Seite kicker.de werden bei einer Anmeldung für die Community die Zugangsdaten sogar per Post geschickt. Auffällige User können damit im Nachhinein eindeutig identifiziert werden.

http://www.tagesschau.de, 11.10.2010

SOZIALE NETZWERKE GEGEN NAZIS

Soziale Netzwerke
(Nutzerzahl / Verbreitung; Stand 2009)

Facebook:
ca. 400 Mio. / weltweit

MySpace:
ca. 180 Mio. / weltweit

VZ-Seiten:
ca. 14,6 Mio. / Deutschland

Stayfriends:
ca. 9,9 Mio. / Deutschland

Wer-kennt-wen:
ca. 7,9 Mio. / Deutschland

Lokalisten:
ca. 3,5 Mio. / Deutschland

Jappy:
ca. 1,7 Mio. / Deutschland

Aufgaben

1. Erschließe aus M 7 und M 8 das Nutzungsverhalten von Onlinenutzern. Welche Aktivitäten stehen im Trend? Welche Bevölkerungsgruppen nutzen sie vorrangig? Welche Entwicklungen zeichnen sich ab?
2. Erstelle dein eigenes User-Profil. Welche Aktivitäten stehen für dich im Vordergrund, wenn du online gehst?
3. Der 28-jährige Angolaner Amadeu Antonio wurde im November 1990 in Eberswalde (Brandenburg) von etwa 50 Rechtsradikalen angegriffen und tödlich verletzt. Er war eines der ersten Opfer rassistischer Gewalt nach der deutschen Wiedervereinigung. Beschreibe vor diesem Hintergrund die Zielsetzung der Initiative *„Soziale Netzwerke gegen Nazis"* (M 9). Erkläre, worin die Vorteile einer Online-Kampagne gegenüber anderen Aktionsformen bestehen.
4. Diskutiert, ausgehend von diesem Beispiel, inwieweit das Web 2.0 geeignet ist, die Bereitschaft zu gesellschaftlichem Engagement und politischer Beteiligung zu fördern.
5. Recherchiert im Internet nach weiteren gesellschaftspolitischen Initiativen und Plattformen der aktiven Bürgerbeteiligung und stellt sie euch gegenseitig vor.

Wissen kompakt

Definition von Massenmedien

Massenmedien sind Kommunikationsmittel, mit deren Hilfe sich Bild- und Textbotschaften von Sendeanstalten, Verlagen oder den Anbietern von Websites öffentlich über weite Strecken meist unidirektional (in einer Richtung) an ein anonymes Publikum übermitteln lassen. Je nach Übertragungsform unterscheidet man:

- Printmedien (z. B. Zeitung, Zeitschrift, Buch),
- auditive Medien (z. B. Hörfunk, CD, mp3),
- audiovisuelle Medien (z. B. Fernsehen, Video, DVD, Blue-ray) und
- interaktive Medien/Multimedia (z. B. CD-ROM, Internet).

Web 2.0

Soziale Netzwerke (z. B. „Facebook" oder „Twitter") und andere Plattformen des Web 2.0 beruhen dagegen auf dem Prinzip der Wechselseitigkeit. Sie liefern kein vorgefertigtes Angebot, wie etwa das Fernsehen, auf das die Zuschauer keinen Einfluss haben, sondern regen ihre Nutzer zu Gedankenaustausch und aktiver Teilnahme innerhalb der User-Gemeinde an. Die Kommunikation verläuft nicht mehr uni-, sondern bidirektional (in beide Richtungen). In Web-Projekten wie der Online-Enzyklopädie Wikipedia bearbeiten nicht nur ausgewählte Experten, sondern eine kaum zu überschaubare Masse anonymer User die veröffentlichten Inhalte.

Medienkonsum junger Leute

Erhebungen wie die „JIM-Studie" oder die „Shell Jugendstudie" liefern ein differenzierteres Bild des Medienverhaltens junger Leute. Wichtige Einflussfaktoren sind Alter, Geschlecht, Bildungsgrad und soziale Stellung:

- Neben dem Fernsehen zählen Handy und Internet zu den drei wichtigsten Freizeitmedien Jugendlicher (vgl. JIM-Studie 2009).
- Das Zeitbudget für die Mediennutzung hat sich seit 1970 nahezu verdreifacht.
- Junge Leute („Digital Natives") nutzen digitale Medien weitaus häufiger und intensiver als ihre Eltern- oder Großelterngeneration.
- In allen Altersgruppen, vorrangig jedoch unter jungen Leuten, wächst der Einfluss des Internets als Informationsquelle.
- Abiturienten sind öfter online als Jugendliche mit Hauptschulabschluss.
- Das Bedürfnis nach sozialer Vernetzung wächst, weshalb mit einem weiteren Boom von Angeboten des Web 2.0 zu rechnen ist.

Chancen für die politische Mitwirkung

In welchem Ausmaß das Internet neue Chancen der politischen Mitwirkung (Partizipation) eröffnet, ist gegenwärtig noch schwer zu sagen. In Ansätzen ist aber bereits Folgendes erkennbar:

- „Blogs" und „Tweets" regen zum Mitdiskutieren über gesellschaftliche Fragen an und tragen zur Meinungsbildung bei.
- Ministerien und Behörden verschaffen sich über Online-Umfragen ein Bild über die Stimmungslage in der Bevölkerung.
- Kampagnen lassen sich über das Internet schnell verbreiten; deren Organisatoren versuchen, „eine Welle zu machen", um die Öffentlichkeit wach zu rütteln und zum Protest (z. B. Boykott) zu bewegen.
- Die Möglichkeit, Petitionen und Protestaufrufe digital zu unterzeichnen, kann Druck auf die politisch Verantwortlichen ausüben.

Überprüfe dein Können

Technikfeinde oder Trendsetter?

Es gibt Menschen, die kein Internet haben, keines wollen oder keines brauchen. Die auch ohne Handy auskommen. Sind sie technikfeindlich oder Trendsetter?
Der Popmusiker Prince hat vor kurzem erklärt: „Das Internet ist total out. Es stopft deinen Kopf nur mit Daten voll." Seinen neuen Roman „Freiheit" hat Jonathan Franzen auf einem Laptop geschrieben, mit dem er sich nicht ins Internet einloggen konnte. Und Bill Kaulitz von Tokio Hotel war sich vor kurzem im Gespräch mit Wolfgang Joop einig: „Ich bin ja eigentlich mit dem Internet aufgewachsen, aber ich finde das Internet auch so schlimm. Wenn ich auf einen Knopf drücken könnte, und ich könnte damit das Internet abschaffen, für alle, ich würde ihn sofort drücken."
An der Frankfurter Waldorfschule sollten die Schüler vor einiger Zeit ein Referat über Slowenien schreiben, unter einer Bedingung: ohne zu googeln. Der 14 Jahre alte Sami war ratlos. Ein Referat schreiben ohne Internet. Wie soll das gehen? Also rief er seine 66 Jahre alte Großmutter an, Beate Mainusch. Und die hat ihm folgenden Tipp gegeben: „Für Referate stöbert man in Büchern." Und man kann auch Menschen fragen statt Suchmaschinen. Eine Bekannte aus dem Fitnessstudio gab noch den Tipp, beim slowenischen Fremdenverkehrsamt in Köln anzurufen. Und so schnippelte der Schüler Sami ein paar Tage später Bilder aus den Prospekten und Katalogen und klebte sie mit ins Referat. Die Lehrerein war begeistert von seinem Vortrag. (...)
Wenn man bei Google nach Menschen ohne Internet sucht, stößt man irgendwann auf Miguel Riveros' Blog. Dort philosophiert er über seine Welt, die es nicht (mehr) gibt: „Ich habe überlegt, was passieren würde, wenn man das Internet abschaltet. Eine Welt ohne Internet ... Ich habe gemerkt, es würde den Menschen guttun. Die Menschen müssten wieder normale Briefe schreiben und zur Post gehen. Die Menschen müssten ihre Kleidung und Bücher wieder in Geschäften kaufen, denn es würde kein Amazon mehr geben. Nicht nur die Buchhändler, auch die Verlage würden sich freuen. Zeitungen würden nicht untergehen, illegale Downloads würde es nicht mehr geben, man müsste wieder in die Bank gehen, um Überweisungen zu machen. Wie viele Arbeitsplätze sind wegen des Internets abgeschafft worden? Kinder und Jugendliche würden mehr echten Kontakt zu Mitmenschen haben, statt sich hinter ihren PCs zu verstecken ..."

Süddeutsche Zeitung, 28.12.2010, S. 3

Aufgaben

1. Sind Internet-Verweigerer bloß altmodische Technikfeinde oder die Vorreiter eines neuen Trends? Verfasst einen Leserbrief, worin ihr zu den im Text genannten Argumenten gegen das Internet kritisch Stellung bezieht.
2. Erklärt, was Miguel Rivero an seiner Vision einer Welt ohne Internet erstrebenswert finden könnte.
3. Spinnt Riveros Vision weiter. Was alles würde sich noch ändern?

3.5 Folgen von Medienmissbrauch

3.5.1 Macht Fernsehen wirklich dumm?

M 1 Geist oder Glotze

Geist oder Glotze

In den Jahren 2004 und 2005 untersuchten Forscher die geistige Entwicklung von knapp 1900 Vorschulkindern. Grundlage war ein Test, bei dem die Kinder aufgefordert wurden, einen Menschen zu zeichnen. Je differenzierter und realistischer die Abbildung war, desto höher wurde die Leistung des Kindes eingestuft.

Die Abbildungen zeigen typische Zeichnungen von Kindern, die ...

... täglich bis zu einer Stunde fernsehen.

... täglich mindestens drei Stunden fernsehen.

Quelle: „Kinder- und Jugendarzt", 04/2006, in: Spiegel Spezial, was Kinder klug und glücklich macht, 2008, Nr. 7, S. 105

M 2 Medienkonsum von der Wiege an? – Über die Auswirkungen von Kinder-TV

Kinder-TV wird immer beliebter. Mittlerweile gibt es sogar ein spezielles Baby-TV und Baby-DVDs. Sie sollen schon die Allerjüngsten vor den Bildschirm locken. Die Hersteller werben damit, dass Kinder auf diese Weise spielend an das Lernen herangeführt werden. Aber stimmt das überhaupt?

Die Antwort lautet klar: Nein. Die Kleinen werden durch spezielle Babyprogramme im Fernsehen oder auf DVD nicht gefördert. Sie werden sogar im Lernen behindert, wenn sie Zeit vor dem Bildschirm verbringen, anstatt reale Erfahrungen machen zu können. [...]

Was richtig ist: Babys brauchen Stimulation. Nur dann kann das Gehirn etwas lernen und sich entwickeln. Neuere Forschungsergebnisse aus den USA zeigen aber, dass der Bildschirm diese positive Stimulation nicht leistet. Babys, die häufig und schon früh DVDs und Fernsehprogramme zu sehen bekamen, zeigten eine deutlich langsamere Entwicklung als Babys, die ohne diese Medien aufwuchsen.

Menschen kommen noch relativ unfertig auf die Welt. Innerhalb der ersten zehn Jahre verdreifacht sich das Gewicht ihres Gehirns. Dieser Zuwachs kommt unter anderem dadurch zustande, dass sich am Lebensanfang fast explosionsartig neue Verbindungen zwischen Nervenzellen bilden, wenn sie richtig stimuliert werden. Dazu aber braucht es einen Input über alle Sinne. Zum Beispiel so: Ein Baby bekommt einen flauschigen Ball in die Hand und beißt hinein. So lernt es, dass der Ball nachgibt. Es ertastet mit den Fingern die Oberfläche und spürt, wie weich er ist. Nun lässt es den Ball los und entdeckt, dass der Ball zu Boden fällt. Und dort bleibt er nicht liegen, wie die Rassel, sondern rollt weiter. Das Baby entdeckt also spielerisch physikalische Eigenschaften. Dann sieht es den Ball in verschiedenen Beleuchtungen und lernt, dass der Schatten nicht zum Ball gehört. Mit einem zweidimensionalen Bild auf dem Bildschirm sind diese Eigenschaften des Balles nicht zu entdecken. Dort ist der Ball eine bunte Scheibe, und wenn er mit Schatten gezeichnet wurde, ist es eben eine bunte Scheibe mit einem schwarzen Anhängsel. Das Kind lernt nicht, all seine Sinne zu gebrauchen. Viele Zusammenhänge bleiben ihm damit verschlossen. So etwa der Zusammenhang zwischen Bewegung und Geräusch. Wenn die Mama spricht und ihre Lippen bewegt, lernt das Baby, wie die unterschiedlichen Töne entstehen. Wenn die Töne aus dem Lautsprecher kommen, kann es sie keinen Bewegungen zuordnen – und lernt nichts.

Teletubbies aus der gleichnamigen Fernsehserie für Kleinkinder

Beatrice Wagner, Medienkonsum von der Wiege an, in: http://www.lzg-rlp.de, Abruf am 15.12.2010

M 3 Macht Horror vergesslich?

Wer pro Tag in seiner Freizeit mehr als drei oder vier Stunden mit Fernsehen und Computerspielen verbringt, der versäumt das Leben. Ihm verbleibt weder genug Zeit dafür, regelmäßig in einer Fußballmannschaft zu trainieren und dann am Sonntag vielleicht zu lernen, wie man anständig verliert. Noch hat er genug Zeit, um wochenlang in einer Band oder einem Orchester zu üben und dann die Freude des gelungenen Auftritts zu erleben. Und er versäumt den erbitterten Streit mit seinen Spielkameraden und die tolle Erfahrung, dass man danach Wege findet, sich wieder zu versöhnen. Zwischenbilanz: Seine soziale Kompetenz wird nicht voll entwickelt. Und das gilt selbst dann, wenn er nur Astrid Lindgren-Filme schauen würde. Übung macht nur dann den Meister, wenn sie im realen Leben stattfindet und nicht nur in der Phantasie.

Wer täglich stundenlang fernsieht hat zudem kaum noch Zeit, die schulischen Hausarbeiten konsequent zu erledigen oder für die Schule zu lernen. Dies könnte für die herabgesetzten schulischen Leistungen intensiver Fernsehnutzer verantwortlich sein. Außerdem leidet die körperliche Bewegung unter einseitigem, überwiegend medialem Freizeitverhalten, womit anregende Wirkungen sportlicher Betätigung auf die kognitive Leistungsfähigkeit ausbleiben. Dennoch könnten noch weitere, durch Medien hervorgerufene, jedoch bislang kaum näher un-

tersuchte hirnphysiologische Prozesse bedeutsam sein. (...)
Wer nun am Nachmittag aufwühlende, schockierende Filmszenen betrachtet, die ihn völlig in den Bann ziehen, bei dem könnte viel von dem gewissermaßen verdrängt werden, was zuvor in der Schule gelernt wurde. Besonders fatal sollten sich dieser Annahme zufolge Horror- oder Actionfilme insbesondere kurz vor dem Einschlafen auswirken, da sich hier ein besonders wichtiger Teil der Konsolidierung der Lerninhalte vollzieht. Die Hirnforscher betonen hier die Wichtigkeit der Tiefschlafphasen und des damit einhergehenden REM-Schlafs. Wir lernen also erwiesenermaßen im Schlaf – aber möglicherweise das Falsche, wenn wir die aufwühlenden Bilder vor dem Einschlafen nicht vermeiden.

Christian Pfeiffer u.a.: Medienverwahrlosung als Ursache von Schulversagen und Jugenddelinquenz?, in http://www.kfn.de, Abruf am 18.05.2011

M 4 Trash-TV als positive Gehirnwäsche

Bislang hieß es immer: Fernsehen mache dumm und durch Computerspiele würde man verblöden. Das Gegenteil könnte der Fall sein, folgt man den Thesen des amerikanischen Medientheoretikers und Bestsellerautors Steven Johnson. Für ihn ist jede Art von Medienkonsum eine „positive Gehirnwäsche", wie er schreibt. Johnson liefert keine ästhetische Verteidigung des Trash, sondern argumentiert strukturell: Da die Machart der Medien immer anspruchsvoller werde, erfordere sie vom Publikum einen höheren geistigen Einsatz.
Stellen wir uns vor, wir lebten in einer Zeit ohne Bücher. Seit über 200 Jahren wäre nicht das gedruckte Wort, das Buch, das primäre Medium der Wissensvermittlung, sondern das Fernsehen, Computerspiele und das Internet. Und dann, plötzlich, taucht etwas Neues auf, etwas bislang Unbekanntes: Das Buch. Wie würde die Welt reagieren? Welche Kritik würden die ewigen Mahner und Warner üben?
„Das Lesen von Büchern führt zu einer chronischen Unterforderung der Sinne", schreibt Johnson. „Anders als Computerspiele, die Kinder in eine komplexe Welt voller bewegter Bilder und musikalischer Landschaften führen, sind Bücher einfach nur eine öde Aneinanderreihung von Worten, sie folgen einem festgelegten linearen Pfad. Sie isolieren auf tragische Weise. Während Computerspiele die Jugend in komplexe soziale Bindungen führt, in denen sie virtuelle Welten erforschen, zwingen Bücher das Kind, sich in einen stillen Raum zurückzuziehen, isoliert und passiv konsumierend." Steven Johnson, Autor dieser Zeilen, ist der Schrecken aller Eltern. Oder die lang ersehnte Beruhigungspille für diejenigen, die sich täglich Trash-TV und Computerspiele anschauen. Denn der Bestseller-Autor behauptet schlicht: „Alles Schlechte ist gut für Dich!", und meint damit, dass uns die populäre Kultur der Computerspiele, der Talkshows, der TV-Serien nicht verdumme, sondern uns im Gegenteil klüger und intelligenter mache. (...)
Fernsehen fördert die emotionale Intelligenz, den „AQ", den Autismus-Quotienten, der beschreibt, wie gut, wie schnell wir im Lesen und Verstehen sozialer und emotionaler Signale sind. Gerade moderne Fernsehserien wie „24" haben nichts mehr von den handgestrickten Dramaturgien früherer Soaps oder Serien wie „Dallas". „24" erzählt in jeder Episode eine Stunde eines Tages auf mehreren Handlungsebenen. Wer dem komplexen sozialen

Netzwerk der vielen Charaktere folgen will, trainiert seine kognitiven Fähigkeiten. Wer hat was mit wem zu tun? Welche Strukturen ergeben sich? „All diese Beziehungen muss man im Kopf erfassen, den Spuren folgen. Wenn man ‚24' einem Publikum der späten 70er Jahre gezeigt hätte, wären sie einfach überfordert gewesen. Sie hätten den vielen Figuren nicht folgen können. Seit damals trainieren wir unsere Gehirne, kompliziertere soziale Netzwerke zu durchschauen." (...)

Doch den prägendsten Einfluss auf kognitive Fähigkeiten – auf Lernen, auf Wahrnehmen von Wirklichkeit – haben Computerspiele. Man lernt ohne zu realisieren, dass man lernt. Spiele bieten ein System der permanenten Belohnung. Jede Entscheidung kann ein Erfolgserlebnis mit sich bringen. Und das geschieht, während man die Spielwelt erforscht, unterschiedlichste Informationen auf mehreren Ebenen kombiniert. So wird eine neue, nicht-lineare Form des Denkens geschult. „Die Arbeitswelten der meisten Menschen, die jetzt heranwachsen, die Milieus, für die sie trainiert werden müssen, sehen eher wie Videospiele des 21. Jahrhunderts aus, und nicht wie Klassenzimmer aus dem 19. Jahrhundert", meint Johnson. „Wir erweisen den Kids einen schlechten Dienst, wenn wir ihnen beibringen, in einer Umgebung wie im 19. Jahrhundert zu überleben. Die Kultur wäre gut beraten, sie für eine Umwelt des 21. Jahrhunderts zu trainieren."

http://www.3sat.de, Abruf am 15.12.2010

„24" heißt die US-amerikanische Fernsehserie, deren Hauptdarsteller Kiefer Sutherland ist. „24" wurde von 2001 bis 2010 ausgestrahlt.

Aufgaben

1. Beschreibe die Unterschiede in den Kinderzeichnungen (M 1).
2. Erläutere, warum entgegen der Behauptung vieler Programmmacher Kleinkind-Fernsehen keinen positiven Effekt auf die Entwicklung von Babys und Kleinkindern ausübt (siehe auch M 2).
3. Informiere dich mit Hilfe von Broschüren und Ratgeberseiten im Internet, worauf Eltern beim Fernseh- und Videokonsum ihrer Kinder achten sollten.
4. Führt eine Pro-Kontra-Diskussion durch zu der Frage „*Macht zu viel Fernsehen dumm?*" Erarbeitet eure Argumente anhand von M 3 und M 4 sowie weiterer selbst recherchierter Materialien.

3.5.2 Können Medien süchtig machen?

M 5 Im Bann der virtuellen Welt

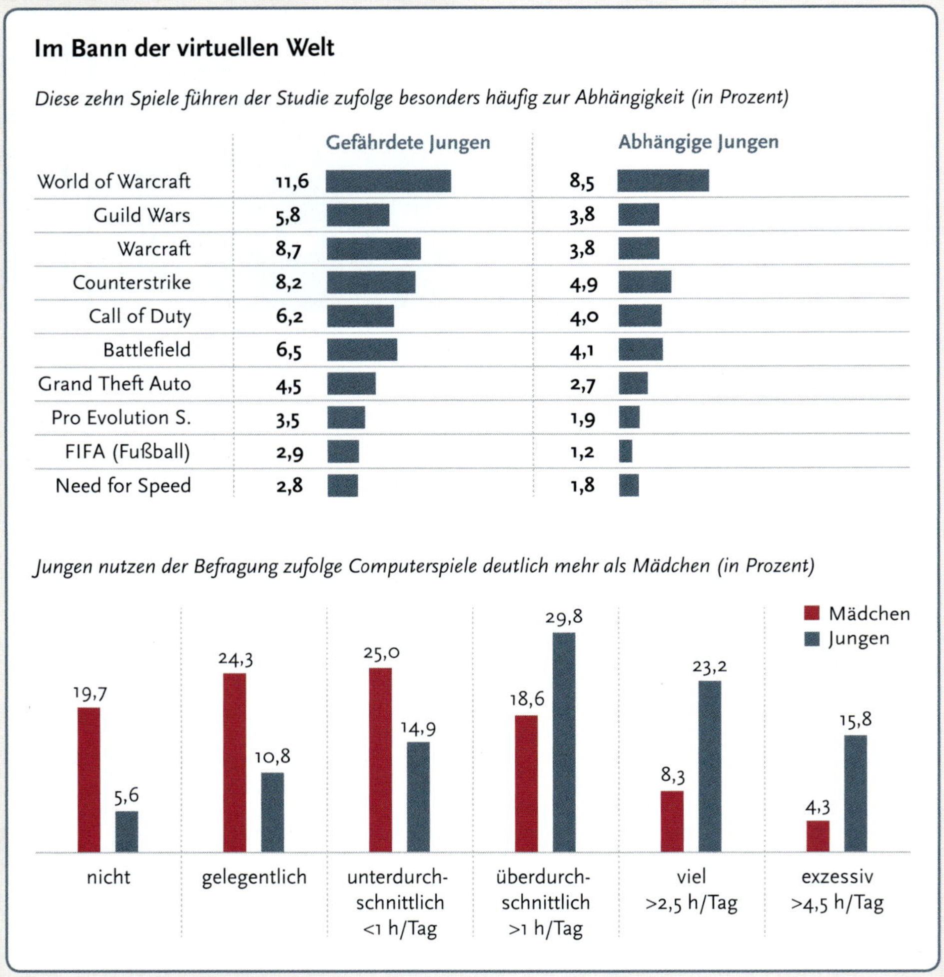

SZ-Graphik: Michael Mainka; Quelle: Kriminologisches Forschungsinstitut Niedersachsen; Foto: Photoplexus, oh

M 6 Suchtpotential von Computerspielen

Die Jugendlichen in Deutschland verbringen immer mehr Zeit mit Computerspielen und werden teilweise von diesen abhängig. (...) Fast ein Drittel der 15-Jährigen bringt es pro Tag im Durchschnitt auf eine Spielzeit von mehr als drei Stunden, jeder dreizehnte Junge wird vom (Kriminologischen Forschungsinstitut Niedersachsen) KfN entweder als abhängig (drei Prozent) oder als gefährdet (4,7 Prozent) eingestuft. Viele Jugendliche verbrächten übers Jahr gesehen mehr Zeit mit Online-Computerspielen als im Schulunterricht. Dies sei „völlig unakzeptabel", schreiben die Autoren der Studie und fordern, die Altersfreigabe für besonders suchtgefährdende Spiele auf 18 Jahre anzuheben. (...)

Eine hohe Suchtgefahr geht laut KfN vor allem von sogenannten Online-Rollenspielen aus, bei denen Tausende Spieler, die durch das Internet verbunden sind, in einer virtuellen Welt gegeneinander antreten. Unter den zehn Spielen mit der größten Suchtgefahr rangieren aber auch drei sogenannte Shooter-Spiele, bei denen der Nutzer möglichst viele Spielfiguren erschießen muss und die nach dem Amoklauf in Winnenden erneut in die Kritik geraten sind. Auf Platz vier befindet sich das Shooter-Spiel Counterstrike, das auch im Zimmer des Täters gefunden worden ist.

Als besonders problematisch heben die Forscher das Online-Rollenspiel „World of Warcraft" (Welt der Kriegskunst) hervor, das weltweit meistverkaufte Spiel seiner Art. In dem Spiel schließen sich mehrere Akteure zusammen, um in einer Fantasy-Welt Aufgaben zu übernehmen und gegen computergesteuerte Monster zu kämpfen. Der Spieler kann mit seinen Mitspielern online sprechen, seine Spielfigur im Laufe der Zeit aufsteigen. Weil „World of Warcraft" (WoW) im Vergleich zu Shooter-Spielen als weniger brutal gilt, wurde es mit einer Altersfreigabe von zwölf Jahren versehen. Jeder dritte männliche WoW-Nutzer gab in der Umfrage an, das Spiel täglich im Schnitt mehr als viereinhalb Stunden zu spielen. Männliche Schüler, die WoW spielen, fallen im Vergleich zu anderen Jugendlichen häufiger durch deutlich schlechtere Schulnoten und mehrfaches Schwänzen auf. Dieser Effekt sei in allen Schulformen und unabhängig vom Bildungsniveau im Elternhaus festzustellen, Gymnasiasten zeigten sich ähnlich anfällig für das Dauerdaddeln wie Hauptschüler. Ob ein Jugendlicher süchtig werde, hänge durchaus von der Art des Spieles ab, nicht nur von Charakter oder Lebensumständen des Spielers.

Süddeutsche Zeitung, 16.03.2009, S. 6

KfN-Schülerbefragung: Für die Untersuchung hatten die Wissenschaftler des Hannoveraner Instituts zwischen April 2007 und Oktober 2008 gut 15 000 Schülerinnen und Schüler in ganz Deutschland befragt. Die Neuntklässler, die im Schnitt 15,6 Jahre alt waren, füllten hierzu einen sechs Seiten langen Fragebogen aus. Finanziert wurde die groß angelegte Studie vom Bundesinnenministerium.

M 7 Vom Spiel zur Sucht – ein Erfahrungsbericht betroffener Eltern

Es fing schleichend an, fast unmerklich. 600 Kilometer lagen zwischen uns und wir hätten gerne öfters mit ihm telefoniert, da wir bis dahin ein entspanntes und gutes Verhältnis zueinander hatten. Es wurde zunehmend schwieriger, ihn zu erreichen, es kam meist keine Rückmeldung, keine Antwort auf Emails oder auf eine SMS. Seine Besuche bei uns wurden ohne ersichtlichen Grund immer seltener und schließlich brach der Kontakt von seiner Seite aus ganz ab.

Auf Umwegen kam uns zu Ohren, dass er sein Studium bis auf Weiteres auf Eis gelegt hatte und vorübergehend bei einer Online-Bekanntschaft untergeschlüpft war. Bedingt durch einen Wasserrohrbruch musste die Hausverwaltung in seine verlassene Wohnung und fand diese in einem völlig verwahrlosten Zustand vor.

Alarmiert durch diese für uns unfassbare Tatsache, beschlossen wir, seinen – wie wir gedacht hatten – Wunsch nach Distanz nicht weiter zu respektieren und standen schließlich unangemeldet vor der Tür seiner Bekannten. Erst jetzt kamen wir hinter das Geheimnis seiner tief greifenden Veränderung und emotionalen Verarmung: Onlinerollenspielsucht!

Dieser sehr begabte junge Mensch, der seine Schulzeit problemlos und locker hinter sich gebracht hatte, ein gutes Abitur absolviert und ein vielversprechendes Studium in Angriff genommen hatte, war innerhalb von nicht einmal zwei Jahren zu einem vom realen Leben weitestgehend abgekoppelten Menschen mutiert. Sein einziger Kontakt zur Außenwelt bestand darin,

Die Verfasser dieses Berichts sind Gründer einer Selbsthilfegruppe für Online-Spielsüchtige. Ihr Sohn hat es geschafft, seine Spielsucht unter Kontrolle zu bringen.

kurz das Allernötigste einzukaufen, um danach zusammen mit seiner ebenfalls internetsüchtigen Bekannten den Rest der Zeit vor dem PC zu verbringen. Sein Tages- und Nachtrhythmus hatte sich vollkommen verschoben – erst am Mittag wurde aufgestanden, um dann am Nachmittag, am Abend und die Nacht hindurch bis in die frühen Morgenstunden das virtuelle Leben in World of Warcraft zu bestehen. Die Internetsucht wurde jedoch vollkommen verleugnet – es handele sich nur um „ein paar Stündchen" am PC („ein paar Bierchen" heißt es beim Alkoholiker), nur um „ein Hobby".
Mit hartnäckiger Überzeugungsarbeit war es uns tatsächlich gelungen, unseren Sohn für zwei Tage nach Hause zu holen, und wir legten ihm in ausführlichen Gesprächen eine sofortige Therapie in einer Suchtklinik ans Herz. Doch er sah sich außerstande, auf sein Internet zu verzichten. „Da verliere ich ja alle meine Freunde. Die kann ich nicht im Stich lassen." Dass es sich dabei nicht um reale Bekanntschaften handelte (er hatte keine mehr!!), war ihm nicht bewusst. Wir haben ihm klar zum Ausdruck gebracht, dass ihm jegliche finanzielle Zuwendung gestrichen werden muss, wenn er sein Leben weiterhin ausschließlich vor dem PC zu verbringen gedenkt, und dass wir diesen Weg nicht mit ihm gehen können. Sollte er zu einer Therapie bereit sein, würden wir ihm alle nur erdenkliche Hilfe zukommen lassen. Fast sah es so aus, als wäre er bereit, doch sein Mut hielt nur kurze Zeit an. Wie ferngesteuert stand er plötzlich auf, packte seine Sachen und ging. Die Sucht war stärker.
2007 hatte er sein Studium endgültig abgebrochen, sich exmatrikulieren lassen, um Sozialhilfe beantragen zu können. Ein junger, gesunder, begabter Mensch steht ganz ohne Ausbildung und damit ohne Beruf da, unfähig, am Erwerbsleben teilzunehmen und sich selbst zu versorgen, weil die virtuelle Welt stärker und wichtiger geworden war als das wirkliche Leben.

Christoph Hirte, Warum diese Internetseite?, in: http://www.rollenspielsucht.de, Abruf am 01.11.2010

Info

Symptome von Medienmissbrauch und Mediensucht

Medienmissbrauch liegt vor, wenn

- der Medienkonsum täglich mehr als vier Stunden beträgt (chronisch übermäßiger Konsum)
- der Konsum regelmäßig länger als vorgesehen erfolgt und Versuche der Reduktion erfolglos bleiben (Kontrollverlust)
- wichtige Aktivitäten zugunsten des Mediums reduziert oder aufgegeben werden (Einengung des Verhaltensraumes)
- und der Medienkonsum trotz offensichtlicher negativer Folgen aufrechterhalten wird (körperliche oder psychische Schäden, Schulversagen)

Von Mediensucht spricht man, wenn

- immer mehr Zeit für das Medium aufgewendet werden muss, um die gleiche Wirkung auf die Stimmungslage zu erzielen (Toleranzentwicklung)
- und bei Unterbrechung der Nutzung ein psychisches Verlangen nach dem Medium mit Befindlichkeitsstörung auftritt (Unruhe, Nervosität, Unzufriedenheit, Aggressivität)

Jutta Kahlen, Gesundheitsschäden durch übermäßigen Medienkonsum bei Kindern und Jugendlichen, in: http://www.erziehungstrends.de, 09.09.2007

M 8 Besteht ein Zusammenhang von medialer und realer Gewalt?

Imitations-These

Reale oder fiktive Gewaltdarstellungen fördern das Gewaltverhalten der Medienkonsumenten (Lernen am Modell)

Katharsis-These

Gewaltdarstellungen helfen, Aggressionen abzubauen und vermindern damit die Bereitschaft, selbst Gewalt auszuüben (Katharsis = Reinigung)

Inhibitions-These

Gewaltdarstellungen in den Medien lösen beim Medienkonsumenten aggressive Impulse aus, die von der sozialen Umwelt aber unterdrückt bzw. kanalisiert werden (Inhibition = Hemmung)

Habitualisierungs-These

Die Gewöhnung an reale oder fiktive Gewaltakte führt – abhängig vom Sozialisationshintergrund des Medienkonsumenten – zu emotionaler Abstumpfung (Habitualisierung = Aneignung von Gewohnheiten)

Aktuelle Ergebnisse der Gehirnforschung liefern außerdem Belege dafür, dass der regelmäßige und überzogene Konsum von Gewaltdarstellungen in den Medien langfristig die Struktur des Gehirns verändern kann. Durch diese neuropsychologische Prägung entstehen eingefahrene, immer wieder durchgespielte Handlungsmuster für aggressives Verhalten („Schnellstraßen im Gehirn"). Der Sinn dafür, dass Konflikte nicht automatisch mit Gewalt gelöst werden müssen, geht nach und nach verloren.

Autorentext

Aufgaben

1. In den Medien wird immer wieder die Forderung die „Altersfreigabe für besonders suchtgefährdende Spiele auf 18 Jahre anzuheben" laut. Nimm mithilfe von M 5 und M 6 Stellung zu dieser Forderung.
2. Erschließe aus dem Erfahrungsbericht (M 7), welche Auswirkungen Online-Spielsucht auf die Betroffenen und deren Umfeld hat.
3. Versetze dich in die Gefühlswelt eines Betroffenen und verfasse einen fiktiven Tagebucheintrag.
4. Prüfe, inwieweit du selbst zur Gruppe der Gefährdeten zählen könntest (M 7/INFO).
5. Nach Amokläufen und anderen schweren Gewalttaten Heranwachsender wird regelmäßig behauptet, dass ein unmittelbarer Zusammenhang bestehe zwischen gewalttätigem Verhalten und Gewaltdarstellungen in den Medien. Erörtert mithilfe von M 8, wie stichhaltig diese Behauptung ist.
6. Nicht jeder Nutzer brutaler Shooter-Spiele wird automatisch selbst gewalttätig. Diskutiert, welche weiteren Umstände (Sozialisationsfaktoren, Persönlichkeitsmerkmale etc.) hinzu kommen müssen, damit jemand zum Gewalttäter wird.

3.5.3 Wie können Persönlichkeitsrechte geschützt werden?

M 9 Die Sicht des Karikaturisten

Karikatur: Hoi Polloi

Karikatur: Jals Smolinski

M 10 Du stehst auf blonde Frauen, oder? – Aufklärung über Datenschutz auf die brutale Tour

Der Artikel fängt nett an. „Herzlichen Glückwunsch zum Geburtstag", wünscht der Verfasser, aber schon dann wird es gruselig: „Wir dürfen doch du sagen, Michel, nicht wahr? Gewiss, du kennst uns nicht. Aber wir wissen sehr viel über dich. Du bist heterosexuell und Single. Im Frühjahr 2008 hattest du eine Geschichte mit Claudia, charmant, kleine Brüste, kurzes Haar, schöne Beine." Dazu druckte das Magazin Bilder: Eine Umarmung am 31. Mai, Händchenhalten am 22. Juni. Als der 29-jährige Michel aus Mérignac seine Geschichte im Magazin „Le Tigre" gelesen hatte, konnte er mehrere Nächte nicht schlafen. Danach entschloss er sich, gegen das Medium, das so ungeniert aus seiner Privatsphäre geplaudert hatte, zu klagen. Doch die Anwälte machten ihm wenig Hoffnung: Denn alles, was „Le Tigre" verbreitet hatte, war zuvor von Michel selbst ins Netz gestellt worden; auf Seiten wie „YouTube", „Facebook" und „Flickr". Aber erst der gedruckte Artikel hatte ihm vor Augen geführt, wie viel er von sich schon preisgegeben hatte. Michel war nicht der einzige Leser, der im Magazin ein Porträt über sich lesen musste. Die Redakteure von „Le Tigre" haben es sich in der Rubrik „Das Google-Porträt" zur Aufgabe gemacht, ihre Leser für das Thema Datenschutz zu sensibilisieren – auf die brutale Tour. Bei Michel hat die Lektion auf alle Fälle gewirkt, er versuchte anschließend, im Internet so viel wie möglich von sich zu löschen. Nur eines hatten die Magazin-Redakteure nicht von ihm herausgefunden – seine Adresse, um ihm das Porträt per Post zu schicken. „Aber", so schließt der Artikel, „die brauchen wir auch nicht, um dir dein Porträt zu schicken. Du kennst es ja schon, dein Leben." Freiwillig löschte „Le Tigre" auf seinen Wunsch zumindest in der Online-Ausgabe die persönlichsten Dinge und anonymisierte die Handynummer. Für Michel sei es ein „heilsamer Schock" gewesen, sagt ein Redakteur des Magazins. „Die Naivität und der Exhibitionismus vieler Menschen sind grenzenlos."

Constantin Wißmann, in: Fluter Nr. 31, Thema Medien, hg. von der Bundeszentrale für politische Bildung, 2009, S. 13

M 11 Mit der Distanzwaffe im Netz – Cyber-Bullying

Wer ist mein drittbester Freund, wer nur mein siebtbester? Und wird Lisa, die Schnepfe, es mir je verzeihen, wenn sie auf Platz 14 landet? Für Jugendliche sind das heutzutage sehr heikle Fragen. Nie würden sie ihre Freunde in Ranglisten einsortieren, und schon gar nicht vor deren Augen.

Es gibt aber einen Ort, wo sie genau das tun müssen. Die Adresse: MySpace.com, eine riesige Freundeszentrale im Internet, beliebt bei Millionen jungen Netzwerkern. (...) Die Mitglieder dürfen bei dem Online-Netzwerk ihre Freunde und Freundesfreunde um sich scharen; schnell entstehen da Kreise von hundert, zweihundert Leuten. Und dann heißt es, unerbittlich die „Top Friends" aufzulisten. Das geht selten gut. (...)

„Das ist so ein Stress", erzählt Jordan, 15. „Wenn du bei andern auf der Liste bist, fühlst du dich schlecht, wenn sie nicht auf deiner sind." Selbst um einzelne Rangplätze wird oft bitter gerungen, berichtet Anita, 17: „Dann heißt es, warum bin ich Nummer zwei? Du bist doch Nummer eins auf meiner Seite!" Das sind Konflikte! War es früher entscheidend, wer auf welche Party eingeladen wurde, plagen sich heute Millionen Jugendliche, den Wert ihrer Freunde zu beziffern. Warum tun sie sich das an? (...) Weil die Jugendlichen rund um die Uhr mit ihrer Online-Welt verbunden sind, treffen Angriffe sie umso vernichtender: Wer ehedem gemobbt wurde, fand immerhin nach Schulschluss zu Hause eine andere Welt vor, eine sichere Zone. Schon auf dem Heimweg treffen fiese SMS auf dem Handy ein. Zu Hause gehen die Schmähattacken weiter im Internet-Chat, per E-Mail und natürlich in den diversen Online-Portalen wie SchülerVZ.

Zudem geht den Tätern online leicht die Beißhemmung verloren. Erstens erleben sie die Tränen und Nöte ihrer Opfer nicht mit. Und zweitens schlagen sie oft zu aus der Deckung der Anonymität. Es ist, als wären die Jugendlichen plötzlich in den Besitz großkalibriger Distanzwaffen geraten. Welchen Schaden sie damit anrichten, können sie noch kaum ermessen. Ein Streit zwischen zwei Schülern greift auf die halbe Schule über, ein peinliches Video landet bei YouTube und wird zum Gespött der ganzen Welt.

Jörg Blech u.a., Der Spiegel, 10/2009, S. 120 ff.

Cyber-Bullying:
Ausdruck für die länger anhaltende Belästigung einer Person im Internet, u.a. durch Beleidigen, Bloßstellen oder die Verbreitung falscher Behauptungen. Für das Bullying-Opfer, das einer Attacke erst einmal hilflos ausgeliefert ist, kann dies schwere Folgen haben bis hin zu sozialer Ausgrenzung (Rufmord) und einer krank machenden psychischen Dauerbelastung. Andere Ausdrücke: Cyber-Mobbing, Internet-Mobbing.

M 12 Gesetze gelten auch im Internet

Im Internet gelten Gesetze, wie das Gesetz zum Persönlichkeitsschutz, das Recht am eigenen Bild, das Urheberrecht und natürlich das deutsche Strafrecht. Zuwiderhandlungen sind mit zivilrechtlichen und strafrechtlichen Sanktionen belegt.

Persönlichkeitsrecht/Datenschutz: Name, Wohnadresse, E-Mail, Geburtsdatum, Handynummer usw. sind persönliche Daten. Diese dürfen in der Regel nur mit Zustimmung der jeweiligen Person weitergegeben werden, denn in Deutschland gibt es ein Recht auf informationelle Selbstbestimmung. Das heißt, jede/r darf selbst darüber entscheiden, welche Informationen über sie/ihn wo veröffentlicht werden. Bei Heranwachsenden müssen auch die Erziehungsberechtigten ihre Erlaubnis geben!

Recht am eigenen Bild: Jede/r hat das „Recht am eigenen Bild". Und wie bei den personenbezogenen Daten dürfen Fotos oder Videos nur mit Einwilligung der gezeigten, erkennbaren Person veröffentlicht oder verbreitet werden (§ 22 Kunsturhebergesetz). Die Einwilligung muss schriftlich erfolgen und bei Kindern bis 12 Jahren ist die Einwilligung der Eltern einzuholen. Bei Kindern und Jugendlichen zwischen 12 und 18 Jahren entscheiden diese mit ihren Eltern gemeinsam. Bei Verstößen kann es zu einer Freiheitsstrafe von bis zu drei Jahren oder zu einer Geldstrafe kommen. Eine kleine Ausnahme bilden Aufnahmen von berühmten Persönlichkeiten oder von öffentlichen Ansammlungen mit vielen Menschen. Zu beachten ist: Jedes Recht ist Auslegungssache und die Rechtslage ist nicht immer eindeutig. Bei Unklarheit sollten Sie auf die Veröffentlichung verzichten oder eine juristische Auskunft einholen.

Höchstpersönlicher Lebensbereich: In den eigenen vier Wänden oder in anderen ähnlich privaten Situationen (z.B. auf der Schultoilette) darf niemand gegen seinen Willen fotografiert oder etwa gefilmt werden. Hier stellt schon das Fotografieren selbst eine Straftat dar (§ 201a StGB).

https://www.klicksafe.de, Abruf am 31.10.2010

M 13 Was tun gegen Cyber-Bullying?

Schütze deine Privatsphäre (...) Je mehr Informationen andere von dir haben, desto größer ist die Angriffsfläche. Gehe also sehr vorsichtig mit privaten Informationen um. Gib niemals Passwörter weiter, damit niemand auf die Idee kommt, in deinem Namen irgendwelchen Unsinn zu machen. Gib nicht jedem gleich deine Kontaktdaten. Vorsicht ist vor allem bei Leuten angesagt, die du nicht persönlich, sondern nur aus dem Chat kennst.

Äußere dich mit Bedacht Überlege sorgfältig, bevor du etwas sendest. Alles kann an andere weitergegeben, vervielfältigt und veröffentlicht werden.

Informiere dich „Google" nach dir selbst, um herauszufinden, in welchem Zusammenhang dein Name im Netz auftaucht. Nutze auch die Bildersuche. Gibt es Inhalte, die dir nicht gefallen? Hat jemand peinliche Bilder von dir veröffentlicht? Oder dich öffentlich beleidigt? Falls ja, bitte den Webseitenbetreiber, die Inhalte zu löschen.

Reagiere nicht auf Attacken Wenn dich jemand belästigt, also per SMS, Mail, im Chat oder per Messenger – antworte nicht darauf. Dadurch steigert sich meist der Konflikt und der

Täter fühlt sich zum Weitermachen angestachelt. Bei vielen Seiten oder Diensten kannst du die Menschen ignorieren, die dich ärgern. Benutze den „Ignore"-Button, falls es einen gibt.

Reduziere die Kontaktmöglichkeiten Du bekommst ständig unangenehme Mails? Vielleicht hilft es, wenn du einfach deine Mail-Adresse änderst. Ebenso kannst du dir einen neuen Nickname im Chat zulegen. Bekommst du lästige Anrufe oder ständig unerwünschte SMS? Schalte das Telefon so oft wie möglich aus. Wenn es ganz schlimm wird, wechsle die Telefonnummer.

Sammle Beweise Bewahre E-Mails und SMS auf, sichere ICQ- und MSN-Angriffe, mache Kopien von Beleidigungen auf Webseiten ... Das alles kannst du gut gebrauchen, wenn du gegen den Bully vorgehen willst. (...) Sowohl Mobilfunkbetreiber als auch Internet-Provider können die Identität des Täters feststellen. Allerdings dürfen sie das nur, wenn du vorher Anzeige bei der Polizei erstattet hast.

Wende dich an einen Erwachsenen deines Vertrauens Sprich mit deinen Eltern oder einem Lehrer über dein Problem. Überlegt, wie ihr gemeinsam gegen die Bosheiten vorgehen könnt. Lass nicht locker und bestehe darauf, dass sich jemand mit deinem Problem beschäftigt. (...)

Hilf anderen, die beleidigt werden Schreite ein und hilf der Person, die belästigt wird. Am besten zusammen mit anderen. Betroffene sind mit der Situation häufig überfordert, können sich nicht wehren und brauchen dringend Unterstützung. (...) Wenn der Bully mitbekommt, dass das Opfer nicht allein ist, hören die Belästigungen oft schnell auf.

Behandle andere so, wie du auch behandelt werden möchtest (...) Je mehr gemobbt wird, desto mieser ist die Stimmung. Deutlich angenehmer wird es, wenn sich alle wohl fühlen. Wie sollen sich andere dir gegenüber verhalten, damit es dir gut geht? Überleg doch einfach mal und dann behandle andere genau so.

http://jugendinfo.de, Abruf am 31.10.2010

ICQ:
„I seek you"
ist ein Instant-Messaging Programm, womit über das Internet gechattet und Nachrichten versendet werden kann.

MSN:
Microsoft Network
ist ein viel genutztes Webportal.

Aufgaben

1. Schildere die Probleme, auf die die beiden Karikaturen aufmerksam machen (M 9).
2. Nimm Stellung zu dem ungewöhnlichen Vorgehen der französischen Zeitung „Le Tigre", Daten eines Internet-Users unanonymisiert zu veröffentlichen (M 10).
3. Erkläre, weshalb unzulässige Eingriffe in die Privatsphäre im Internet besonders leicht möglich sind.
4. Worauf sollte man achten, um sich gegen Verletzungen des Persönlichkeitsschutzes zu wappnen? Erstellt einen Flyer mit Verhaltensregeln.
5. Begründe, warum das Web 2.0 die Mobbing-Problematik verschärft hat (M 11). (siehe auch Kapitel 3.4.3)
6. Beschreibe die geltende Gesetzeslage in Zusammenhang mit Cyber-Mobbing und anderen Verletzungen des Persönlichkeitsrechts (M 12).
7. Stellt euch vor, einer eurer Mitschüler sei Opfer einer Cyber-Attacke geworden. Bietet ihm in einem Rollenspiel eure Hilfe an (M 13).

Wissen kompakt

Chancen der Mediennutzung

Medien sind ein wesentlicher Bestandteil unserer Lebensqualität. Sie können unser Wissen bereichern, uns Impulse für neue Ideen geben, sie können uns zum Nachdenken anregen, unsere Lebensgewohnheiten verändern oder uns zum Handeln veranlassen; wir kommunizieren mit ihrer Hilfe und knüpfen bisweilen sogar neue soziale Kontakte; und nicht zuletzt dienen sie unserer Unterhaltung und Entspannung.

Gefahren der Mediennutzung

Psychologen, Pädagogen, Mediziner und Kulturkritiker warnen vor den negativen Einflüssen falscher Mediennutzung auf die Gesellschaft und den Einzelnen. Richtete sich die Kritik traditionell vor allem gegen das Fernsehen, geraten in den letzten Jahren verstärkt Computer und Internet in das Blickfeld. Als mögliche Gefahren gelten u. a.:

- Beeinträchtigungen der intellektuellen und seelischen Entwicklung von Kindern und Jugendlichen (z. B. durch Reizüberflutung und fehlende „Echterfahrungen")
- verminderte Aufnahmefähigkeit (Konzentrationsprobleme, Lernstörungen)
- körperliche Schäden als Folge von Bewegungsarmut (z. B. Übergewicht)
- Störungen des Sozialverhaltens (z. B. soziale Isolation, Vereinsamung)
- neue Formen der sozialen Ausgrenzung (Cybermobbing, Cyberbullying)
- die Brutalisierung des gesellschaftlichen Zusammenlebens (z. B. „Happy Slapping")
- Kontrollverlust bis hin zur psychischen Abhängigkeit (z. B. Medien-Sucht)
- Verletzungen des Persönlichkeitsrechts (z. B. durch Datenmissbrauch)

Zusammenhang von Medien und Gewalt

Die Frage, wie sich Gewalt im Fernsehen oder in Computerspielen auf die Nutzer dieser Medien auswirkt und ob sie gewalttätiges Verhalten auslösen kann, versuchen unterschiedliche Erklärungsansätze zu beantworten. Ihnen zufolge führt der überzogene Konsum von Gewaltdarstellungen

- zur Nachahmung (Imitations-These)
- zur emotionalen Abstumpfung (Habitualisierungs-These)
- zum Abbau von Aggressionen (Katharsis-These)
- zu aggressiven Impulsen, die aber von der sozialen Umwelt in erlaubte Bahnen gelenkt und damit unschädlich gemacht werden (Inhibitions-These)
- zu messbaren Veränderungen der Gehirnstruktur und dem Entstehen eingefahrener Handlungsmuster

Medienkompetenz

In der Praxis kann keiner dieser Ansätze das Problem vollständig und widerspruchsfrei erklären. Als sicher gilt jedoch, dass Gewalt in den Medien nicht der einzige Grund für gewalttätiges Verhalten ist. Hinzu kommen psychische und soziale Faktoren.
Die sichere Nutzung des Internets setzt Regeln voraus, an die sich im Idealfall alle Nutzer halten. Neben der gegenseitigen Achtung in E-Mails, Chats und anderen Formen der Netzkommunikation („Netiquette") zählt dazu die Beachtung des Urheberrechts und anderer gesetzlicher Bestimmungen. Der achtsame Umgang mit den eigenen Daten, Strategien zur Abwehr möglicher Bullying-Attacken sowie die kritische Beurteilung der Qualität von Online-Angeboten sind wichtige Kompetenzen, mit denen man sich vor unliebsamen und mitunter folgenschweren Überraschungen schützen kann.

Überprüfe dein Können

Eindrücke aus Digitalien …

D Bezeichnung für Mitglieder sozialer Netzwerke, die sowohl im Netz vorhandene Informationen nutzen als auch selbst Informationen bereitstellen.

8 G2C

1 Avatar

F Ableitung aus dem Sanskrit für das Herabsteigen eines Gottes in irdische Sphären. Im Web 2.0 ein virtueller Stellvertreter einer wirklichen Person.

G Abonnierbarer Service zur Bereitstellung von kurzen Informationsblöcken mit Schlagzeile, Kurztext und Link zur Originalseite, vergleichbar mit einem Newstricker.

3 E-Democracy

I Wahrnehmung demokratischer Mitwirkungsrechte mithilfe digitaler Kommunikations- und Informationstechniken.

2 Social Media

7 Cloud Computing

K Internet-Portal im Magazin-Stil, das u.a. Zeitschriftenartikel, Meinungsbeiträge, Interviews mit Prominenten bietet und meist von professionellen Journalisten und Autoren gestaltet wird.

H Vielfalt digitaler Medien und Technologien, die es Nutzern ermöglichen, sich untereinander auszutauschen und mediale Inhalte einzeln oder in Gemeinschaft zu gestalten.

6 LAN-Party

10 Micro Blogging

A Zusammenschluss von privaten Computern durch ein lokales Netzwerk. Dabei messen sich die Teilnehmer in Computerspielen, bei denen Taktik, Strategie und Geschick gefordert sind.

4 RSS-Feeds

E Form der Mitteilung, bei der die Benutzer kurze, SMS-ähnliche Textnachrichten veröffentlichen können. Die Länge dieser Nachricht beträgt meist weniger als 200 Zeichen.

9 E-Zine

C Ansatz, Rechenkapazität, Datenspeicher, fertige Software- und Programmierumgebungen als Service über ein Netzwerk zur Verfügung zu stellen

5 Prosumer

B Alle interaktiven Prozesse und Dienstleistungen, die zwischen Regierungsstellen, Instituten, Behörden und Einwohnern online stattfinden (Government to Citizens).

Aufgaben

Im Bereich digitaler Informations- und Kommunikationstechnologien hat die Zukunft eigentlich immer schon begonnen. Es vergeht kaum ein Monat, wo nicht neue Techniken auf den Markt kommen und neue Begriffe die Runde machen.

1. Bringt ein wenig Ordnung in das Begriffsdickicht und sucht zu den zehn Begriffen deren Definitionen.
   Lösung 1F, 2H, 3I, 4G, 5D, 6A, 7C, 8B, 9K, 10E
2. Versetzt euch in das Jahr 2050 und entwickelt ein Szenario unserer massenmedialen Zukunft. Ihr könnt deren problematische Seiten in den Vordergrund stellen (worst-case scenario), eine heile Medienwelt darstellen (best-case scenario) oder beide Seiten zur Geltung bringen. Entscheidet euch hierzu für eine der folgenden Möglichkeiten:
   a. Verfasst eine E-Mail-Botschaft in die Vergangenheit (d. h. in eure Gegenwart!), worin ihr möglichst anschaulich, aber auch kurios oder witzig einen typischen Tag eures medialen Alltagslebens schildert.
   b. Gestaltet die Benutzungsanleitung eines medientauglichen Geräts aus dem Jahre 2050.
   c. Produziert ein spannendes Radio-Feature über ein Medien-Highlight oder eine Medien-Katastrophe.

EUROPE
ROME
MAASTR
AMSTERDAM

4 Leben in Europa

In unserem Geldbeutel liegen Euro-Münzen, das Euro-Kennzeichen auf unseren Autos signalisiert freie Fahrt in der Europäischen Union, an der Schule gibt es vielleicht im Mai einen Europa-Tag und vor vielen staatlichen Einrichtungen weht neben der schwarz-rot-goldenen Bundesflagge die Europafahne. So begegnet uns Europa im Alltag – und wird meist gar nicht bewusst wahrgenommen. Leben in Europa ist aber viel mehr als nur eine zufällige Begegnung im Alltag!
Trotzdem sind viele Menschen noch nicht in Europa angekommen, begegnen dem europäischen Einigungsstreben mit Misstrauen und Ablehnung. Sie fühlen sich fremd in Europa.

Das folgende Kapitel möchte dir zeigen, welche Rolle Europa mittlerweile für uns spielt und welche Möglichkeiten es v. a. jungen Menschen bietet. Es möchte auch Lust darauf machen, Europa als Lebensraum zu erforschen und besser kennenzulernen.

Am Ende dieses Kapitels kannst du unter anderem:

- Europa geografisch, kulturell, politisch und historisch erklären
- Bewusstsein für die gemeinsamen Grundlagen Europas zeigen
- Ziele und Motive der europäischen Einigung nennen
- Herausforderungen der Europäischen Zusammenarbeit beurteilen
- Lebensumstände und -perspektiven von Jugendlichen anderer europäischer Staaten aufzeigen
- Europa für die eigene Zukunft als Chance begreifen
- Europäische Zusammenarbeit durch einen eigenen Beitrag mitgestalten

Was weißt du schon?

Nimm die Buchstaben des Wortes „Europe“ als Anfangsbuchstaben für Begriffe, die dir im Zusammenhang mit Europa einfallen (z. B. „E“ wie Euro, Einigung, „U“ wie Union, Urlaub etc.).

4.1 Was Europa ausmacht – eine Annäherung

4.1.1 Kann man Europa „erfahren"?

M 1 Unterwegs in Europa

Belgien

Straßburg

Verdun

Trier

Gerne nahmen die Schülerinnen und Schüler eines Bayreuther Gymnasiums das Angebot wahr, Europa auf einer Studienfahrt zu erfahren: In sieben Tagen wurden über 3.000 Kilometer im Bus zurückgelegt. Denk- und erinnerungswürdige Stationen europäischer Gemeinschaft entlang der westdeutschen Staatsgrenze waren das Ziel. Im „Europaschritt" (denn zum Bummeln bleibt wenig Zeit – Europa ist groß!) ging es u. a. durch Aachen, Amsterdam, Brüssel, Frankfurt, Köln, Luxemburg, Straßburg, Trier, Verdun, Worms und Xanten – immer auf der Suche nach dem, was Europa ausmacht, und wo sich europäische Geschichte und Gegenwart zeigt.

Autorentext

Eva: In vielen Städten auf dieser Reise haben wir gemerkt, dass Europa eine gemeinsame Vergangenheit hat. Spuren der römischen Besiedlung entdeckten wir in Trier, Xanten und Köln. Im Aachener Dom standen wir vor dem goldenen Karlsschrein, dem Grab Karls des Großen, der ja auch „Vater Europas" genannt wird.

Mirko: Aber auch die jüngere Geschichte Europas begegnete uns auf Schritt und Tritt. Entlang der französischen Grenze sind noch Reste der Verteidigungsanlagen aus den Weltkriegen zu sehen. Verdun demonstriert dies mit den unendlichen Gräberfeldern sehr erschreckend. In Amsterdam besuchten einige das Haus von Anne Frank, die ja mit ihrer Familie vor dem deutschen NS-Regime geflohen ist. Europa hat also sehr schlimme Zeiten hinter sich und ist dadurch irgendwie auch eine Schicksalsgemeinschaft geworden.

Brüssel

Lisa: Hauptziele unserer Reise waren natürlich auch die Städte, wo Institutionen der Europäischen Union ihren Sitz haben. So besuchten wir das Europäische Parlament in Straßburg, den Sitz der Kommission in Brüssel, die Europäische Zentralbank in Frankfurt und Luxemburg, wo das EU-Parlament Teile seiner Verwaltung ausgelagert hat.

Frankfurt

Felix: Interessanter fand ich in Brüssel allerdings die Fressgasse mit ihren vielen Läden, vor allem die Schokoladengeschäfte! Belgische Schokolade – ein Gedicht! Dank EU-Binnenmarkt kann man die jetzt auch bei uns überall kaufen!

Aachen

Jan: Bei Amsterdam dachte ich zuerst vor allem an Drogen. Man hört ja immer, dass viele Deutsche sich dort eindecken. Es wäre schon gut, wenn die EU die Gesetze vereinheitlichen und die Kriminalität gemeinsam bekämpfen würde.

Der „Reiseleiter“: Die Europafahrt wird seit über 20 Jahren von mir organisiert. In dieser Zeit hat sich die Fahrt stark gewandelt. Vieles ist einfacher geworden. Heute müsste uns eine Europafahrt eigentlich auch entlang der ostdeutschen Grenze führen, was zeitlich natürlich nicht zu schaffen ist. Ich hoffe, dass den einen oder anderen Europafahrer die Reiselust gepackt hat, später einmal die osteuropäischen Staaten auf eigene Faust zu erkunden.

Aufgaben

1. Sammle mit der Klasse, welche für Europa wichtigen Städte du alleine, mit deiner Familie oder sogar im Klassenverband auf Reisen kennengelernt hast. Erkläre deinen Mitschülern, ob und weshalb man diese Städte als „europäische Städte“ bezeichnen könnte.
2. Erkläre anhand deiner Überlegungen und der Schüleraussagen auf dieser Seite, was Europa als historisch-geografischen Raum ausmacht.
3. Entwickle mit dem Atlas und mit Hilfe des Internets auch eine Reiseroute durch Osteuropa, die neue denk- und erinnerungswürdige Orte europäischer Gemeinschaft ansteuert.

4.1.2 Was ist Europa?

Eurovision Song Contest: Der Eurovision Song Contest ist ein Musikwettbewerb, der seit 1956 jedes Jahr von der Europäische Rundfunkunion (ERU) im Rahmen der Eurovision veranstaltet wird. Letztere ist eine Einrichtung, die europa- und weltweit Hörfunk- und Fernsehprogramme austauscht. An dem Song Contest dürfen alle Länder teilnehmen, die Mitglied in der ERU sind. Dazu gehören auch nicht-europäische Nationen wie die Türkei oder Israel.

M 2 Lena verzaubert Europa beim Song-Contest

Es ist eine deutsche Pop-Sensation: Mit ihrem Hit „Satellite" hat die 19-Jährige Lena Meyer-Landrut für Deutschland den 55. Eurovision Song Contest in Oslo gewonnen. 28 Jahre nach dem Sieg von Nicole mit „Ein bisschen Frieden" ist dies der zweite Sieg Deutschlands in der Geschichte des Wettbewerbs.

Meyer-Landrut holte bei der Abstimmung in den 39 Teilnehmerländern des Eurovision Song Contest insgesamt 246 Punkte. Sie bekam dabei Punkte aus fast allen Ländern, darunter die Höchstzahl von je 12 Punkten aus Estland, Dänemark, Spanien, der Slowakei, Lettland, Finnland, Norwegen, Schweden und der Schweiz. (...) Die erst in einer Casting-Show von Fernsehmoderator Stefan Raab entdeckte Hannoveranerin zeigte sich nach ihrem Triumph überwältigt. „Das kann nicht echt sein. Ihr seid verrückt. Oh mein Gott, ich dreh' durch", sagte sie, nachdem sie ihren Siegertitel ein zweites Mal vor den 18.000 Zuschauern in der Telenor-Arena von Oslo gesungen hatte. Der 55. Eurovision Song Contest, bei dem (...) insgesamt 39 Staaten teilnahmen, wurde von (...) rund 125 Millionen Menschen innerhalb und außerhalb Europas am Fernsehschirm verfolgt.

http://www.sueddeutsche.de, 30.05.2010

M 3 Europa ist Musik

Wolfgang Rathert ist Professor für Historische Musikwissenschaft an der Ludwig-Maximilians-Universität München: Auf die Frage, was Europa sei, gibt es viele Antworten. Eine lautet: Europa ist Musik – und die Musik zeigt Europas Vielfalt. Stellen wir uns als Gedankenexperiment vor, Europa wäre musikalisch stumm. Wäre die Vorstellung auszuhalten? – Wohl kaum. (...) Die Bewohner der einzelnen Nationen, aber auch die jeweiligen Generationen würden wahrscheinlich sehr unterschiedliche Antworten geben – so unterschiedlich, wie es der kulturellen Vielfalt Europas entspricht. Die Jüngeren würden aber möglicherweise gerade jene Musik vermissen, die in der Regel nicht aus Europa kommt, nämlich die sogenannte Pop- oder „U"-Musik. Sie gilt als Errungenschaft der nordamerikanischen Musik, doch hat sie bei genauerem Hinsehen auch einen ihrer Ursprünge in der europäischen Volksmusik. Die älteren würden wohl an Bach, Beethoven, Chopin, Mozart oder Tschaikowsky denken, vielleicht auch an den großen französischen Barock-Komponisten Marc-Antoine Charpentier, dessen „Te Deum" als Melodie der Eurovisions-Hymne ein Ohrwurm geworden ist. Es würde also etwas Entscheidendes an der europäischen Identität fehlen, wenn es die Musik nicht gäbe!

Wolfgang Rathert, Musik ist europäische Vielfalt, in: http://www.bpb.de, 18.11.2009

M 4 Europa wird von uns definiert

Europa – was ist das? Oder muss man fragen: Wer ist das? Beide Fragen sind möglich und auf beide gibt es eine Antwort. Europa war – der griechischen Sage zufolge – eine phönizische Königstochter, die dem Gott Zeus so gut gefiel, dass er sich in einen weißen Stier verwandelte und sie nach Kreta entführte, wo sie ihm mehrere Kinder schenkte und dem Kontinent ihren Namen gab.
Dieser Kontinent Europa ist unsere Heimat und hat uns geschichtlich, kulturell und mental geprägt. Darüber, wo der Erdteil endet, wird heftig diskutiert, da es klare geographische Grenzen im Osten und Südosten nicht gibt. Europa ist nicht objektiv gegeben, es wird von uns definiert. Das zeigt sich am Beispiel Islands, das durch das europäische Nordmeer vom Festland getrennt ist, aber allgemeiner Auffassung nach selbstverständlich zu Europa gehört (...). Oftmals, wenn von „Europa" gesprochen wird, ist jedoch die Europäische Union (EU) gemeint, also der Zusammenschluss von derzeit 27 europäischen Staaten. Viele Menschen denken, diese Europäische Union ginge sie nichts an. Das stimmt aber nur, wenn sie nicht atmen und kein Wasser trinken, wenn sie nicht arbeiten, nicht einkaufen und kein Geld haben, wenn sie nicht studieren und nicht verreisen. Sollten sie das aber doch tun, wirkt die Europäische Union auf ihr Leben ein.

Eckart D. Stratenschulte, Warum Europa, in: http://www.bpb.de, 22.10.2010

Zeus:
Zeus ist der oberste und mächtigste Gott der griechischen Mythologie (Mythologie = wissenschaftliche Erforschung und Darstellung von Sagen, Dichtungen oder Erzählungen aus der Vorzeit eines Volkes).

Aufgaben

1. Interpretiere mit Hilfe von M 2 und M 3 die Meinung, Europa sei eine musikalische Gemeinschaft.
2. In der These „*Europa ist Musik*" (M 3) steckt der Ansatz, dass Europa eine gemeinsame Ideen- und Kulturgeschichte hat. Sammelt mit Blick auf Geschichte, Kunst, Architektur, Musik, Literatur und Wissenschaft arbeitsteilig weitere Beispiele einer solchen europäischen Kultur und gestaltet ggf. eine Wandzeitung.
3. Du bist Reiseleiter für amerikanische Touristen. Ein Tourist fragt dich, „Europa, was ist das?" Deine Antwort fängt mit „*Europa ist nicht objektiv gegeben, es wird von uns definiert*" (M 4) an. Erkläre dem Touristen weiter, was damit gemeint ist.

4.1.3 Ist Europa eine Wertegemeinschaft?

Vertrag von Lissabon:
Der Vertrag von Lissabon wurde während der portugiesischen Ratspräsidentschaft (daher der Name des Vertrags) unterzeichnet und trat zum 1. Dezember 2009 in Kraft. Er reformiert die bisherigen Verträge (EU-Vertrag, EG-Vertrag) und stellt die EU auf eine neue Grundlage. Zu den Neuerungen zählen z.B: die Rechtsverbindlichkeit der EU-Grundrechtecharta, die Einführung einer EU-Bürgerinitiative und stärkere Mitwirkungsrechte der nationalen Parlamente.

M 5 Werte der Europäischen Union

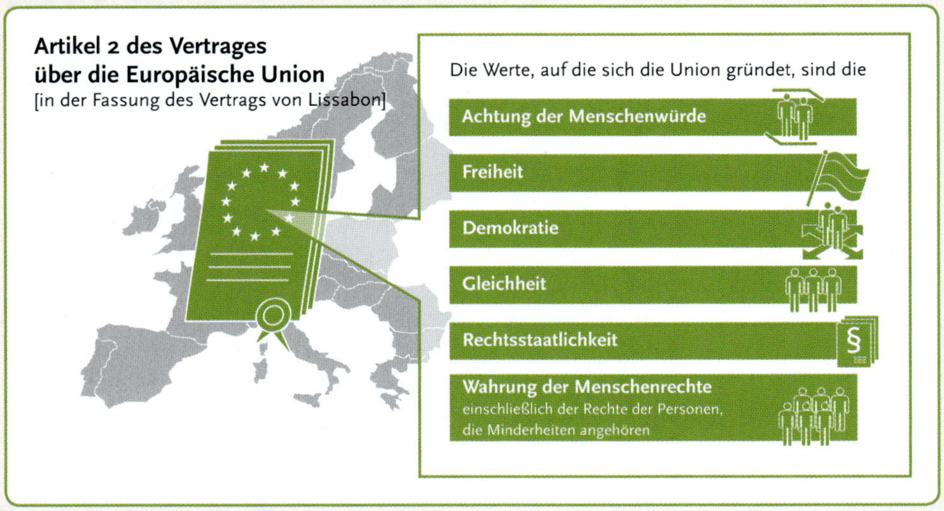

Nach: http://www.bpb.de, Abruf am 26.05.2011

M 6 Die christlichen Wurzeln Europas

Bischof Wolfgang Huber und Kardinal Karl Lehmann haben zum 50. Jahrestag der Unterzeichnung der Römischen Verträge am Sonntag an die historischen, kulturellen und geistigen Grundlagen Europas erinnert. „Sie alle sind ganz wesentlich durch das Christentum geprägt". (...) „Den Kirchen war und ist der europäische Einigungsprozess, der zu Frieden und Gerechtigkeit, Sicherheit und Wohlstand für viele Menschen beiträgt, ein großes Anliegen", so Lehmann und Huber. Europa müsse aber auch für die Gerechtigkeit in anderen Regionen der Erde eintreten. Der Kardinal und der Bischof verwiesen besonders auf das Europa prägende christlich-jüdische Menschenbild. Daraus ergebe sich die „unantastbare, unveräußerliche Würde des Menschen und die Notwendigkeit, eine gerechte, solidarische und freiheitliche Gesellschaftsordnung zu gestalten". Das Christentum erkenne die Unterscheidung von Staat und Religion auf der Grundlage gegenseitigen Respekts „und die daraus resultierende religiös-weltanschauliche, gleichwohl auf Kooperation ausgerichtete Neutralität des Staates" an.

http://www.ekd.de, 23.03.2007

Aufgaben

1. Schlage die in M 5 aufgezählten Werte Europas im Lexikon nach und erkläre sie.
2. Die heutigen „Werte Europas" (M 5) finden sich bereits im Gedankengut der Europäischen Aufklärung im 18. Jahrhundert. Rekapituliere dein Wissen aus dem Geschichtsunterricht der 8. Jahrgangsstufe und referiere über diese Epoche *(Vordenker und ihre Ideen, politischer und gesellschaftlicher Hintergrund, etc.)*.
3. Erschließe aus M 6, welche Rolle die christlichen Wurzeln nach Ansicht der Geistlichen für Europa spielen.

Exkurs: zum Umgang mit dem Islam in Europa – eine Wertediskussion

Interview mit Tom Koenigs, 66, Bundestagsabgeordneter der Grünen und Vorsitzender des Ausschusses für Menschenrechte und humanitäre Hilfe.

Herr Koenigs, in Europa werden Burka- und Minarett-Verbote diskutiert oder beschlossen. Wird der Kontinent islamfeindlicher?

Anscheinend. Was da letzen Endes diskutiert wird, kann man noch nicht genau sagen. Es sind sicher fremdenfeindliche Impulse dabei und das Fremde wird mit dem Islam gleichgesetzt. Dann ist aber auch Angst vor dem fundamentalistisch-religiösen Unbekannten dabei, das scheinbar plötzlich auftritt. Wir haben uns früher kaum um die Religion unserer Gastarbeiter gekümmert, jetzt spielt das auf einmal eine Rolle – auch, weil Religion heute wieder deutlicher gezeigt wird.

Die Debatte erscheint unübersichtlich. Einige fühlen sich von der Burka bedroht, andere geben vor, eigene Traditionen schützen zu wollen.

Rational ist beides nicht. Man konzentriert sich immer wieder merkwürdig stark auf den Islam und die Bekleidung der Frau. Beides sind ja sicher interessante Themen, verdächtig ist nur die Überspitzung. Moslems wird vorgeworfen, dass sie ihre Religion zu sichtbar bekennen und auf diese scheinbare Provokation reagiert man dann mit Intoleranz. Die französische Nationalversammlung hat das Burkaverbot fast einstimmig beschlossen. Das hat mit Religionsfreiheit oder Laizismus nichts mehr zu tun, das ist eine Feinderklärung.

Sehen Sie Parallelen in den Debatten über die Verbote in den Nachbarländern?

Die Diskussion in Frankreich und den Niederlanden wird zu einer nationalen Frage gemacht. Das wird dann schnell fremdenfeindlich, manchmal reaktionär und ist immer europafeindlich. Denn zur europäischen Identität gehört die Religionsfreiheit dazu. Gerade die religiöse Toleranz ist Markenzeichen Europas, darauf können wir stolz sein.

(...)

Was ist eigentlich falsch daran, den Zwang zum Tragen von Ganzkörperschleiern zu verbieten?

Muslimische Frauen mit Burka vor Dior

Zwang zu verbieten ist nicht falsch. Es gibt einen positiven Teil des französischen Gesetzes: Es stellt explizit unter empfindliche Strafe, wer Frauen dazu zwingt, den Ganzkörperschleier zu tragen. Die Freiheit der Frauen soll also gegen ihre Männer und gerade gegen die religiösen Autoritäten geschützt werden. Das ist gut. Schlecht finde ich aber, dass denen das Tragen zum Beispiel der Burka in der Öffentlichkeit verboten wird, die sie tragen wollen, um ihr Bekenntnis zu demonstrieren.

Soll man tolerant gegen Menschen sein, die nicht tolerant sind?

Wir sollten tolerant sein, weil wir Europäer sind und uns dafür einsetzen, dass die Menschenrechte beispielsweise auch im Iran gelten. Solange das noch nicht der Fall ist, muss ich hinnehmen, dass sich auch Europäerinnen, die das nicht wollen, bei Reisen nach Teheran verschleiern müssen. Aber in Europa müssen wir Zwangsehen nicht tolerieren, dafür haben wir Gesetze. Und wir brauchen auch nicht zuzusehen, wenn Religion zum Freiheitsentzug missbraucht wird: Religionsfreiheit ist zugleich Schutz für Religion und vor Religion.

Interview: Andreas Schwarzkopf, „Die Überspitzung ist verdächtig", in: Frankfurter Rundschau, 28.07.2010

Aufgabe

Führt in der Klasse eine Pro-Kontra-Diskussion zu den Themen „Burka-Verbot" bzw. „Minarett-Verbot" in Europa.

- Sammelt dazu zunächst Argumente für und gegen ein Verbot.
- Führt diese Argumente durch anschauliche Beispiele aus.
- Legt dann einen Diskussionsleiter fest, der die Diskussion unter Beachtung eines vorher festgesetzten zeitlichen Rahmens moderiert.

Wissen kompakt

Europa als eine antike Sagengestalt

Der Begriff „Europa“ begegnet uns bereits in der griechischen Mythologie in Gestalt der phönizischen Königstochter, in die sich Göttervater Zeus verliebte. Um seine eifersüchtige Gattin Hera zu täuschen, verwandelte sich Zeus in einen Stier und entführte Europa auf die Insel Kreta. In Anlehnung an diese antike Sage wird der Kontinent Europa bzw. die Europäische Union in Karikaturen gerne als „Europa auf dem Stier“ dargestellt. Auch die griechische Zwei-Euro-Münze zeigt auf der Rückseite eine solche Abbildung.

Europa als geografischer Raum

Lange Zeit verstand man unter Europa ausschließlich einen geografischen Raum auf dem eurasischen Kontinent, einen Subkontinent, der sich vom Atlantik bis zum Uralgebirge im westlichen Russland erstreckt. Eindeutig sind diese Grenzen nicht festzulegen. Während der Zeit des Kalten Krieges (1945-1990) war dieses Gebiet durch den sogenannten „Eisernen Vorhang“ geteilt.

Europa als historische Gemeinschaft

Wenn man von Europa als einer historischen Gemeinschaft spricht, signalisiert man damit, dass v. a. die westeuropäischen Staaten durch die Einflüsse der griechisch-römischen Antike und des Christentums geprägt sind, aber auch durch das Heilige Römische Reich Deutscher Nation im Mittelalter und der frühen Neuzeit sowie leider auch durch eine Reihe von Europäischen Kriegen (Dreißigjähriger Krieg, Erster und Zweiter Weltkrieg) zu einer Art Schicksalsgemeinschaft zusammengeschweißt wurden. Gerade die Erfahrung dieser Kriege hat wesentlich dazu beigetragen, dass sich die Staaten Europas nach 1945 Schritt für Schritt zusammengeschlossen haben, um im Frieden miteinander auszukommen, aber auch um gemeinsam wirtschaftliche und politische Probleme zu lösen.

Europa als Kulturraum

Die gemeinsame Vergangenheit der europäischen Staaten, der stete Kontakt und Austausch zwischen ihnen, sei es durch Handel, Wanderungsbewegungen, Wissenschaft oder die Heiratspolitik der Adelshäuser, ließ schon früh eine gesamteuropäische Kultur entstehen, die bis heute existiert und Grundlage unserer nationalen Kulturen ist. So war lange Zeit Latein, später Französisch die Kultursprache an allen europäischen Fürstenhöfen, die Minnesänger des Hochmittelalters wie Walther von der Vogelweide oder Künstler und Architekten der italienischen Renaissance wie Leonardo da Vinci, Raffael und Michelangelo fanden Mäzene und Nachahmer in ganz Europa, und der Wiener Walzer erfuhr im 19. Jahrhundert eine Verbreitung weit über das kaiserliche Wien hinaus.

Europa als Wertegemeinschaft

Ausgehend von den antiken und christlichen Wurzeln Europas, seiner gemeinsamen Geschichte und Kultur entwickelte sich zunächst in den westeuropäischen Staaten, später auch in Osteuropa, ein Wertekanon, der die Staaten Europas zu stabilen Demokratien und Rechtsstaaten reifen ließ. Zu diesen Werten, die oft in langwierigen Kämpfen der Bevölkerung gegen die Obrigkeit erfochten werden mussten, zählen die Menschen- und Grundrechte wie die Achtung der Würde der Menschen, die Meinungsfreiheit, die Toleranz und die Gleichheit aller vor dem Gesetz. Auf diesem Wertesystem basiert auch die Europäische Union. Die Charta der Grundrechte der Europäischen Union, die von allen Mitgliedstaaten unterzeichnet wurde, trat am 1. Dezember 2009 in Kraft.
Kontrovers diskutiert wird derzeit in Europa, inwieweit der Islam Teil des europäischen Kulturraumes und Werteverständnisses ist.

Überprüfe dein Können

„Europa ist auf drei Hügeln erbaut, auf Golgatha, auf der Akropolis und auf dem Kapitol."

nach Theodor Heuss, erster deutscher Bundespräsident (1949 – 1959)

Aufgaben

1. Erkläre, welche historische Bedeutung die drei genannten Hügel haben und in welchem übertragenen Sinne Europa auf diesen Hügeln erbaut ist.
2. Nimm selbst Stellung zum Zitat. Besteht Europa „nur" aus diesen „drei Hügeln"?
3. Im ersten Kapitel hast du verschiedene „Europa-Definitionen" kennengelernt. Suche dir aus der folgenden Liste drei Möglichkeiten heraus und verfasse jeweils eine Kurzdefinition: Europa ist eine antike Sagengestalt, Europa ist ein geografischer Raum, Europa ist eine historische Schicksalsgemeinschaft, Europa ist ein Kulturraum, Europa ist eine Wertegemeinschaft, Europa ist eine wirtschaftlich-politische Vereinigung von Staaten.

4.2 Europa wächst politisch zusammen – die Europäische Union

4.2.1 Wer oder was ist die EU?

EU-Flagge:
Der Kreis der goldenen Sterne steht für die Solidarität und Harmonie zwischen den europäischen Völkern. Die Zahl der Sterne – es sind zwölf – beziffert keine Anzahl von Mitgliedstaaten, sondern stellt traditionell das Symbol von Vollkommenheit, Vollständigkeit und Einheit dar.

Europäisches Parlament:
Das Europäische Parlament wurde 1979 zum ersten Mal (direkt) gewählt. Die Mitglieder des Parlaments gehören länderübergreifenden Fraktionen (Sozialisten, Konservative, Liberale, Grüne usw.) und nicht nationalen Delegationen an.

M 1 Von den Anfängen bis in die Gegenwart – die EU-Geschichte

Die Anfänge der Europäischen Union gehen auf die Lehren des Zweiten Weltkriegs zurück. In Europa sollte es nie wieder Krieg und Zerstörung geben. Kurz nach dem Krieg wurde Europa in Ost und West geteilt, und es begannen 40 Jahre Kalter Krieg. Westeuropäische Staaten gründeten 1949 den Europarat. Dies war ein erster Schritt zu einer engeren Zusammenarbeit. Sechs Länder wollten jedoch weiter gehen.

Der Staatsmann Robert Schuman, französischer Außenminister von 1948 bis 1952, entwickelte in Zusammenarbeit mit Jean Monnet den weltweit bekannten Schuman-Plan, den er am 9. Mai 1950 verkündete. Dieses Datum gilt heute als Geburtsstunde der Europäischen Union. Er schlug eine gemeinsame Kontrolle der Produktion von Kohle und Stahl vor, den wichtigsten Grundstoffen für die Rüstungsindustrie. Durch diese Kontrolle sollte ein neuer Krieg verhindert werden.

Schuman informierte den Bundeskanzler Adenauer von seinem Plan. Dieser erkannte sofort die Möglichkeit, ein friedvolles Europa zu schaffen und stimmte dem Plan zu. Kurze Zeit später reagierten auch die Regierungen von Belgien, Italien, Luxemburg und den Niederlanden: Im April 1951 unterzeichneten die sechs Staaten in Paris den Vertrag über die Europäische Gemeinschaft für Kohle und Stahl. Auf diese Weise begann die europäische Einigung als Friedensinitiative.

Aufgrund des Erfolgs der Europäischen Gemeinschaft für Kohle und Stahl weiteten die sechs Mitgliedstaaten ihre Zusammenarbeit auch auf andere Wirtschaftsbereiche aus. Sie unterzeichneten den Vertrag von Rom und gründeten somit die Europäische Atomgemeinschaft (EURATOM) und die Europäische Wirtschaftsgemeinschaft (EWG), auch „Gemeinsamer Markt" genannt. Angestrebt wurde die Freizügigkeit von Personen, Waren und Dienstleistungen.

1967 wurden die Organe der drei Europäischen Gemeinschaften (EGKS, EWG, Euratom) vereinigt. Fortan verfügte die Europäische Gemeinschaft über eine Kommission, einen Ministerrat und das Europäische Parlament.

1992 wurde in Maastricht der Vertrag über die Europäische Union unterzeichnet. Er ist ein wichtiger Meilenstein in der Geschichte der EU und legte die Vorschriften für die künftige gemeinsame Währung sowie für die Außen- und Sicherheitspolitik und eine engere Zusammenarbeit in den Bereichen Justiz und Inneres fest. Die „Europäische Gemeinschaft" heißt nun offiziell „Europäische Union".

Der Binnenmarkt mit freiem Waren-, Dienstleistungs-, Personen- und Kapitalverkehr ist seit 1993 Wirklichkeit. Am 1. Januar 2002 wurden die ersten Euro-Banknoten und -Münzen ausgegeben.

Durch mehrere Beitrittswellen 1973, 1981, 1986, 1995, 2004 und 2007 ist die Europäische Gemeinschaft immer größer geworden. Die nunmehr 27 EU-Staaten unterzeichneten 2007 den Vertrag von Lissabon, der die vorherigen Verträge ändert.

Autorentext, nach http://www.europa/eu, Abruf am 18.04.2011

M 2 EU-Mitglieder

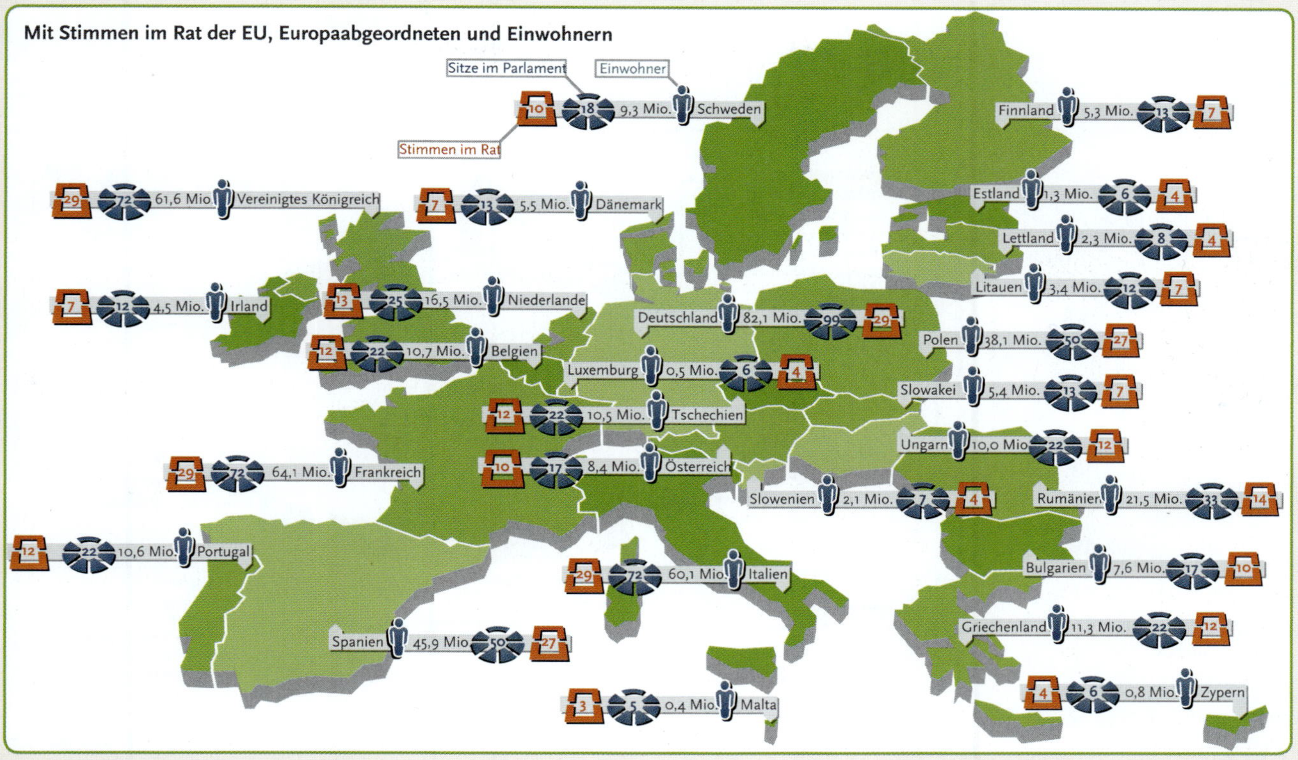

Bundeszentrale für politische Bildung, 2009, www.bpb.de, Abruf am 19.04.2011

M 3 Die Europäische Union in Zahlen und Fakten

(Inoffizielle) Hymne:	Freude, schöner Götterfunken (Beethoven)
Fläche:	> 4 Millionen Quadratkilometer
Einwohnerzahl/Haushalt:	ca. 501 Millionen/116,1 Mrd. Euro (2009)
Mitgliedstaaten/Amtssprachen:	27/23
Beitrittskandidaten:	Kroatien, Mazedonien, Türkei, (Antrag: Island)
Euro-Staaten:	17 (inkl. Estland seit Januar 2011)

Aufgaben

1. Lege mit Hilfe von M 1 einen Zeitstrahl der EU-Geschichte an, in dem du die wichtigsten Stationen der europäischen Einigung einträgst.
2. Verteilt die 27 Mitgliedstaaten in der Klasse, so dass jeder für einen Staat die „Patenschaft" übernimmt, und recherchiert Fläche (qm), Einwohnerzahl, Beitritt zur EU etc. Präsentiert eure Ergebnisse vor der Klasse.

4.2.2 Wie nimmt Europa auf uns Einfluss?

M 4 Die EU und ich

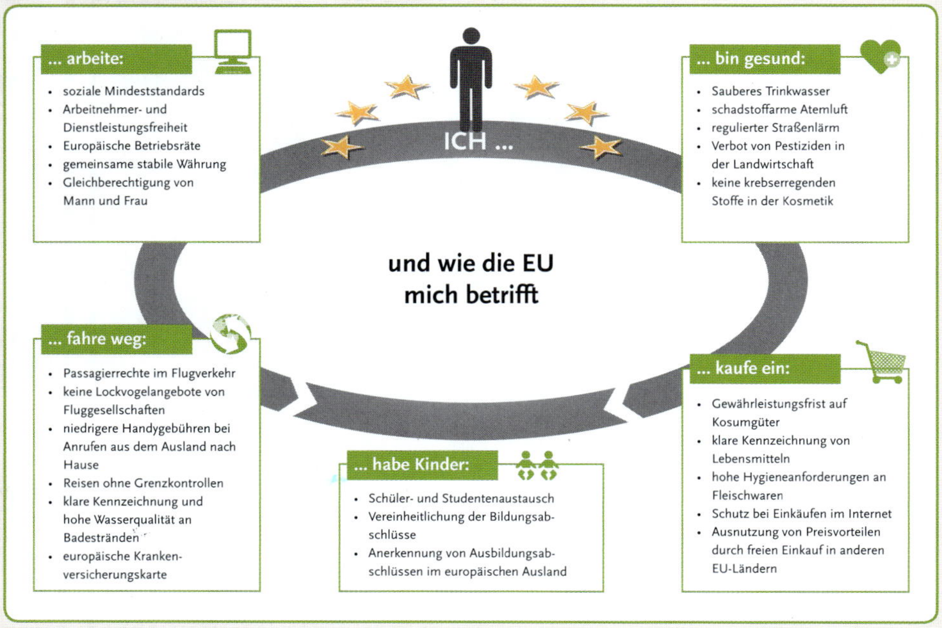

Bundeszentrale für politische Bildung, 2010, www.bpb.de, Abruf am 19.04.2011

M 5 Wie ein „EU-Gesetz" entsteht – die Spielzeugrichtlinie

Diese Nachricht dürfte in Deutschland nicht nur kleine Kinder erfreuen: Das Überraschungsei, eine völker- und generationenverständigende Süßigkeit, wird nicht verboten. Die Europäische Kommission hat (...) zwar vorgeschlagen, allerlei andere Spielsachen vom Markt zu nehmen, die mit Lebensmitteln verbunden sind. Das Überraschungsei darf jedoch weiter den Ess- und Spieltrieb von Jung und Alt befriedigen. Denn in Brüssel sind die zuständigen Beamten zum Schluss gekommen, dass keine gesundheitliche Gefährdung vorliegt, wenn ein Kind eine Schokoladenverpackung öffnen muss, um an ein Spielzeug zu gelangen. (...)

Diese Vorschläge sind Teil einer geplanten neuen Europäischen Richtlinie über die Sicherheit von Spielzeug, die die Kommission jetzt angenommen hat. Die bestehende Richtlinie stammt aus dem Jahr 1988 und soll nun an die Weiterentwicklung des Spielzeugmarktes angepasst werden. Nach dem 70 Seiten starken Vorschlag der Kommission, dem sowohl die Regierungen der Mitgliedstaaten (im Europäischen Rat) als auch das Europäische Parlament zustimmen müssen, sollen künftig in Spielsachen sämtliche Stoffe verboten werden, die Krebs erregen, das Erbgut verändern oder die Fortpflanzung gefährden können.

Nikolas Busse, Das Überraschungsei wird nicht verboten, in: FAZ, 25.01.2008

Europäische Richtlinie:
Europäische Richtlinien sind Rechtsakte der EU. Die Mitgliedstaaten müssen sie umsetzen, wobei es ihnen selbst überlassen ist, wie sie dies tun. Die Umsetzung in Deutschland erfolgt in der Regel durch ein förmliches Gesetz. Anders als die EU-Richtlinie gilt die EU-Verordnung unmittelbar. EU-Verordnungen werden ohne nationale Rechtsakte verbindlich.

M 6 Grundstrukturen des Regierungssystems der EU

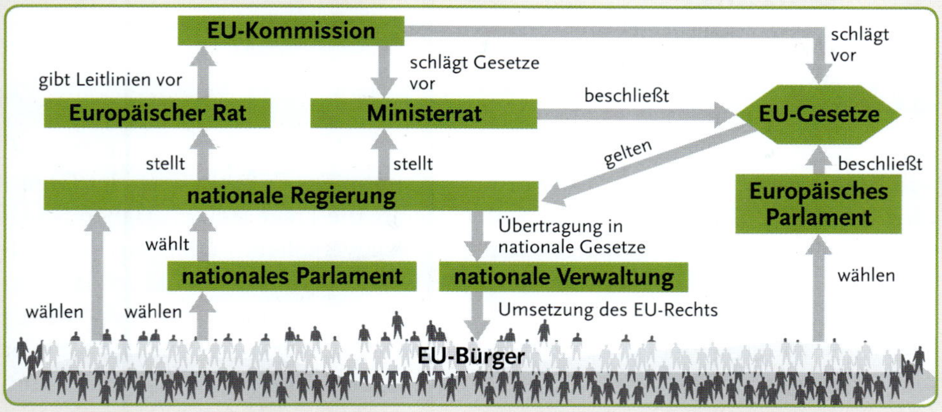

Autorengrafik

EU Kommission:
Jeder EU Mitgliedstaat entsendet einen Kommissar. In der Wahlperiode 2009 – 2014 gibt es 27 EU Kommissare.

Die wichtigsten Organe der EU

Info

Europäische Kommission: Die Kommission ist die Exekutive der EU. Sie vertritt und wahrt die Interessen der gesamten EU. Die Kommission erarbeitet Vorschläge für neue europäische Rechtsvorschriften, die sie dem Parlament und dem Rat vorlegt. Jedes EU Mitgliedsland hat einen Vertreter in der Kommission.

Europäisches Parlament: Das Europäische Parlament bildet mit dem Ministerrat die Legislative, die gesetzgebenden Organe der EU. Das Parlament wird von den Bürgern der Europäischen Union alle fünf Jahre gewählt, um ihre Interessen zu vertreten. Die Sitzordnung im Plenum richtet sich nicht nach der Nationalität der Mitglieder des Europäischen Parlaments (MEP), sondern nach ihrer Zugehörigkeit zu sieben Fraktionen.

Der Ministerrat (Rat der EU): Der Ministerrat ist neben dem Parlament das wichtigste Entscheidungsgremium der EU. Er vertritt die Mitgliedstaaten, und an seinen Tagungen nimmt je ein Minister aus den nationalen Regierungen der EU-Staaten teil. Der Vorsitz im Ministerrat wird von einem Mitgliedstaat geführt und als EU Ratspräsidentenschaft bezeichnet. Der Vorsitz wechselt halbjährig.

Der Europäische Rat: Im Europäischen Rat versammeln sich die Staats- und Regierungschefs der Mitgliedstaaten und legen die Richtlinien für die europäische Zusammenarbeit fest. Um den halbjährlichen Wechsel der Ratspräsidentenschaft zu vermeiden, leitet ein gewählter Präsident die Sitzungen des Europäischen Rates.

Weitere wichtige Organe der EU sind der **Europäische Gerichtshof**, der die Einhaltung der Gesetze sichert, und der **Europäische Rechnungshof**, der die rechtmäßige Verwaltung des EU-Haushaltes kontrolliert.

Autorentext

Aufgaben

1. Entwirf ein Strukturmodell zum Thema *„Wie eine neue Spielzeugrichtlinie in der EU entsteht"*. Die Skizze sollte die beteiligten Gremien enthalten, der Verlauf soll durch Pfeile deutlich gemacht werden (M 5, Infobox).
2. Verfasse zur Grafik M 6 einen kurzen Lexikonartikel, der das Regierungssystem der EU beschreibt. Fange beim EU-Bürger an.

4.2.3 Was sind die Motive und Ziele der europäischen Einigung?

Elisabeth A., 69 Jahre

Ostpreußen:
Ostpreußen war die östlichste Provinz des Königreichs Preußen. Es erstreckte sich ursprünglich von der Ostseeküste (Weichseldelta) bis nördlich der Memelmündung (Memel/Klaipeda). Nach dem 2. Weltkrieg wurde Ostpreußen Polen und der damaligen Sowjetunion zugegliedert.

M 7 Warum ich Europäerin bin

Ich kann mich noch daran erinnern, wie ich als Kind mit meiner Mutter im Zug durch die Ruinenlandschaft zur Tante nach Würzburg gefahren bin. Meinen Vater habe ich nur sehr kurz kennengelernt, wenn er einmal Urlaub von der Front hatte. Er war zuerst in Polen, später in Frankreich und in Russland im Krieg. Als ich zwei Jahre alt war, war der Krieg zu Ende, aber mein Vater kehrte nie zurück. Er ist in einem russischen Gefangenenlager verstorben. In dem Haus, in dem ich aufgewachsen bin, waren zeitweise Flüchtlinge aus Ostpreußen einquartiert. Die hatten alles verloren, auch die Heimat. Nun ist seit über 60 Jahren Frieden. Eine so lange Friedenszeit hat Deutschland nie erlebt. Meine Kinder kennen Krieg nur aus dem Fernsehen oder aus der Zeitung. Dass Europa und v. a. Deutschland versuchen, Konflikte mit den Nachbarn nicht mit Waffen, sondern durch Verhandlungen und Verträge zu lösen, das verdanken wir zum großen Teil auch der Europäischen Einigung.

Im meiner Kindheit hatten die wenigsten Menschen Autos und Telefon, auch Fernseher gab es erst später. Heute können sich nicht nur die ganz Reichen diese Güter leisten. Der Europäische Wirtschaftsraum hat sicherlich dazu beigetragen, dass es wirtschaftlich wieder bergauf ging.

Ich kann mich auch noch gut an meine ersten Reisen nach Italien erinnern. Einmal mussten wir sogar kurz vor der Grenze nach Österreich umkehren, weil ich die Reisepässe zu Hause liegen gelassen hatte. Auf der Heimfahrt hatte man dann oft ein mulmiges Gefühl, wenn der Grenzbeamte die Frage stellte: „Haben Sie etwas zu verzollen?" oder gar den Kofferraum inspizierte. Heute ist das alles kein Problem mehr. Wer nicht richtig hinschaut, merkt gar nicht, wenn er Deutschland verlassen hat und schon durch Österreich fährt. Nur die Verkehrsschilder schauen noch etwas anders aus.

Mittlerweile kann man auch fast überall mit dem Euro bezahlen. Ich weiß noch, wie umständlich das früher zum Beispiel auf dem Weg nach Griechenland war. An jeder Landesgrenze musste man Geld tauschen und wieder zu Hause hatte ich die restlichen Münzen liegen, weil sich der Rücktausch meistens gar nicht lohnte.

Freilich hatte ich auch Befürchtungen als die Grenzen in Europa und dann vor allem zu Osteuropa fielen. Dass sich die Kriminalität erhöht oder dass illegale Einwanderer ungehindert ins Land kommen. Heute weiß ich, dass derartige Probleme gar nicht mehr von einem Staat alleine bewältigt werden können. Die Staaten der Europäischen Union versuchen gemeinsam Klimawandel, Terrorismus, Hunger und Armut in Europa und der Welt zu bewältigen. Zudem setzt die EU Maßstäbe für Lebensmittelhygiene, sauberes Wasser und Verbraucherschutz.

Auf Europa möchte ich heute nicht mehr verzichten, obwohl meine Heimat natürlich Bayern ist. Ich würde mich als eine heimatverbundene Europäerin bezeichnen.

Autorentext

M 8 Die Zukunft Europas im Zeichen der Euro-Krise

Angela Merkel, Bundeskanzlerin, in der Regierungserklärung vom 19. Mai 2010:
Bringen wir es auf den Punkt. Der Euro, der zusammen mit dem Binnenmarkt das Fundament für Wachstum und Wohlstand auch in Deutschland darstellt, ist in Gefahr. Wenden wir diese Gefahr nicht ab, dann sind die Folgen für Europa unabsehbar, und dann sind auch die Folgen über Europa hinaus unabsehbar. (...)
Europa steht am Scheideweg, und es liegt jetzt an uns, den richtigen Weg einzuschlagen, um die existenzielle Bewährungsprobe zu bestehen, in der Europa sich befindet. Wir wissen, dass wir Europa brauchen, um die großen Zukunftsaufgaben, die wir als Mitgliedstaaten nicht alleine bewältigen können, mit Erfolg anzugehen. Ein Weg zurück aus Europa ist in Zeiten der Globalisierung kein Weg.
Die europäische Einigung war, ist und bleibt die bestechendste, die großartigste und die verheißungsvollste Idee, die Europa je gesehen hat. Sie ist das Vermächtnis der politischen Generationen vor uns. Der Auftrag unserer politischen Generation heute ist es, dieses Vermächtnis zu schützen und das 21. Jahrhundert zu Europas Jahrhundert zu machen.

http://www.bundesregierung.de, 19.05.2009

Aus der Rede des polnischen Premierministers Donald Tusk anlässlich der Verleihung des Karlspreises in Aachen am 13. Mai 2010:
Meine Worte richte ich an alle, die behaupten, für Europa breche die Zeit der Dämmerung an (...). Nicht wenige sind der Ansicht, dass alles infrage gestellt werden kann, und dass die Zeit der Dämmerung (...) die unaufhaltsame Dunkelheit ankündigt. Ich bin anderer Meinung. Ich denke, wir sind Zeugen einer Entwicklung, die keine Agonie verkündet (...). Meiner Meinung nach kündigt die – von mir zitierte – „Zeit der Dämmerung" die Stunde der Morgendämmerung an. Setzen wir also der Partei der Abenddämmerung die der Morgendämmerung entgegen, deren Wahlspruch Folgendes beinhalten sollte: Europa als Norm, Gemeinschaft als Regel, Freiheit und Solidarität als Grundsatz. Das sind unsere Wegweiser. Europa ist nicht dabei zu verblassen. Die gegenwärtige Krise ist eine gute Chance, um das europäische Modell zu stärken und weiterzuentwickeln. Nutzen wir also die Gelegenheit, um zu verkünden, dass die Stunde Europas nun geschlagen hat.

http://www.karlspreis.de, Abruf am 07.12.2010

Euro-Krise:
Die drohende Zahlungsunfähigkeit einiger hochverschuldeter Euro-Staaten bedroht die Stabilität der gesamten Währung. Deshalb beschlossen die EU-Staaten im Mai 2010 einen Rettungsschirm von 750 Milliarden Euro, mit dessen Hilfe der Staatshaushalt in den angeschlagenen Staaten (z. B. Griechenland und Irland) wieder in Ordnung gebracht werden soll.

Agonie:
Todeskampf

Aufgaben

1. Erstelle anhand von M 7 eine tabellarische Übersicht über Motive, die für einen Zusammenschluss der europäischen Staaten sprechen. Ordne die Übersicht, beginne mit dem für dich wichtigsten Grund der Europäischen Einigung.
2. Erschließe aus M 8, wie Bundeskanzlerin Merkel und der polnische Premierminister Donald Tusk die Lage und die Zukunft Europas einschätzen.
3. Sammelt in der Klasse, welche Befürchtungen bezüglich der Zukunft Europas euch über M 8 hinaus bekannt sind.
4. „Ein Weg zurück aus Europa ist in Zeiten der Globalisierung kein Weg", meint Angela Merkel. Diskutiert diese These in der Klasse.

Wissen kompakt

Mitgliedstaaten der EU

Seit den 50er Jahren sind die Staaten Europas auf dem Weg zu einer politischen Union, der Europäischen Union. Ausgehend von sechs Gründerstaaten (Frankreich, Italien, Belgien, Luxemburg, die Niederlande und Deutschland) ist diese Gemeinschaft mittlerweile auf 27 europäische Staaten angewachsen. Als nicht unproblematisch erweisen sich jedoch die Unterschiede zwischen diesen Staaten, z. B. in Größe, Einwohnerzahl und Wirtschaftskraft, sowie ihre verschiedenartigen Erwartungen an eine politische Gemeinschaft. Während einige Staaten mit einem lockeren Bündnis souveräner Einzelstaaten zufrieden sind und sich Vorteile eher in einer wirtschaftlichen Kooperation erhoffen, drängen andere Staaten auf eine noch stärkere Integration auch in politischer Hinsicht bis hin zu einer Übertragung einzelstaatlicher Befugnisse auf Organe der Europäischen Union. Wie weit diese Integration Europas gehen wird, bleibt eine der spannenden Fragen europäischer Zukunft. Offen ist auch die Frage, ob Europa weitere Beitrittsstaaten verkraften kann. Dabei ist v. a. der Beitritt der Türkei umstritten.

EU im Alltag

Auch wenn viele Bürger meinen, was in Brüssel entschieden wird, gehe sie nichts an, wird unser nationales Recht immer stärker von sogenannten „EU-Gesetzen", also Richtlinien, Verordnungen, Entscheidungen, Empfehlungen und Stellungnahmen von europäischer Ebene bestimmt. Zwar ist der oft schwierige und langwierige Einigungsprozess unter den Mitgliedstaaten für den Einzelnen undurchsichtig und kompliziert, die Auswirkungen im Alltag dagegen erfährt der Bürger konkret, sei es beim Ersatz der stromfressenden Glühbirne durch Energiesparlampen, beim EU-Führerschein in Kreditkartenformat oder im Vorgehen der EU gegen zu hohe Handygebühren beim Telefonieren im Ausland.

Organe der Europäischen Union

Ähnlich einem nationalstaatlichen Regierungssystem hat die Europäische Union ein politisches System mit verschiedenen Organen herausgebildet, die man der gesetzgebenden (Legislative), der vollziehenden (Exekutive) und der richterlichen Gewalt (Judikative) zuordnen kann. Bei der Gesetzgebung wirkt das von den EU-Bürgern gewählte Europäische Parlament mit dem Ministerrat, der Vertretung der 27 Mitgliedstaaten, zusammen. Vorschlagsberechtigt für neue EU-Gesetze ist die Europäische Kommission. Parlament und Ministerrat sowie die europäische Bevölkerung (mit Hilfe einer europäischen Bürgerinitiative) können die Kommission dazu auffordern, einen Gesetzesvorschlag zu unterbreiten.

Motive der europäischen Einigung

Es gab schon im 19. und frühen 20. Jahrhundert die Idee einer europäischen Zusammengehörigkeit, doch erst die Erfahrungen der beiden Weltkriege bewirkten nach 1945 ein Umdenken und politische Konsequenzen. Die Sicherung des Friedens in Europa, die Überwindung von Nationalismus und Abgrenzung sind seitdem die tragenden Motive europäischer Integration. Dazu gesellt sich der Wunsch nach einer engen wirtschaftlichen Zusammenarbeit, um durch Handel ohne Schranken den Wohlstand zu sichern.

Ziele der Europäischen Union

Mit dem Vertrag von Lissabon, der am 1. Dezember 2009 in Kraft getreten ist, formuliert die EU ihre Ziele für das 21. Jahrhundert. So soll das Erreichte gesichert und ausgebaut werden, Demokratie und Effizienz der EU-Organe sollen gesteigert werden. Einen Schwerpunkt ihrer Arbeit will die EU dabei u. a. auf den Umweltschutz sowie auf eine gemeinsame Außen- und Sicherheitspolitik legen. Seit der Euro-Krise 2010 ist die Sicherung der gemeinsamen Währung ins Zentrum der Bemühungen gerückt.

Überprüfe dein Können

1

Karikatur: Gerhard Mester / Baaske Cartoons

2

Karikatur: Wolfgang Horsch

3

Karikatur: Gerhard Mester / Baaske Cartoons

4

Karikatur: Klaus Stuttmann

Analysiert die abgebildeten Karikaturen in arbeitsteiliger Gruppenarbeit.
Geht dabei wie folgt vor:

1. **Beschreiben**: Fasst in Worte, welche Bildelemente zu sehen sind und welchen Bildtext (Sprechblase, Aufschriften im Bild, Text bzw. Titel unter der Zeichnung) es gibt.
2. **Übertragen:** Erklärt, wofür die Bildelemente (z. B. Frau auf dem Stier, Mutter am Kochtopf) stehen.
3. **Interpretieren:** Deutet nun die Karikatur, indem ihr die Aussage der Karikatur erläutert. Ermittelt dafür das Problem, das der Zeichner darstellt, und fasst seine Kritik in Worte.
4. **Reflektieren:** Nehmt selbst Stellung: Teilt ihr die Sicht des Zeichners oder seid ihr anderer Meinung?

4.3 Europäische Zusammenarbeit – Erfolge und Herausforderungen

4.3.1 Was ist eine „Euregio“?

Schengener Abkommen:
Mit dem Schengener Abkommen (Schengen ist ein Ort in Luxemburg) vereinbarten die EU-Mitgliedstaaten den schrittweisen Abbau ihrer Grenzkontrollen als einen wichtigen Schritt hin zum gemeinsamen Binnenmarkt. Seit der Unterzeichnung 1985 wächst der Schengen-Raum durch weitere Beitritte.

Natura 2000:
Natura 2000 ist die offizielle Bezeichnung für ein zusammenhängendes Netz von Naturschutzgebieten innerhalb der EU. Nach der seit 1992 existierenden „Fauna-Flora-Habitat-Richtlinie“ gilt es, in diesen Gebieten die natürlichen Lebensräume der Pflanzen und wildlebenden Tieren zu erhalten.

M 1 Die Euregio Bayerischer Wald-Šumava (Böhmerwald)

Mit dem Beitritt Tschechiens zum Schengener Abkommen im Dezember 2007 wurden die Personenkontrollen an der gemeinsamen Grenze aufgehoben und der freie Grenzübertritt zwischen beiden Staaten zum Bürgerrecht. Diese „grenzenlose Freizügigkeit“ in einem zusammenwachsenden Europa kann allerdings dort eingeschränkt werden, wo das nationale Naturschutzrecht zweier Staaten das freie Betreten der Natur (...) einschränkt. Dies steht auch nicht im Widerspruch zum Geist von Schengen, denn das Europäische Naturschutzrecht verlangt von den Mitgliedsstaaten, für Natura 2000-Gebiete wie die Nationalparke Bayerischer Wald und Šumava, eine Beeinträchtigung ihrer Naturwerte (Verschlechterungsverbot) durch geeignete Maßnahmen zu verhindern.
Seit Herbst 2007 haben zunächst die Nationalparkverwaltungen Bayerischer Wald und Šumava im Dialog mit den Kommunen, zuletzt die beiden Umweltministerien Bayerns und Tschechiens intensiv verhandelt, um für die Menschen und Gäste in den Ortschaften beidseits der Grenze neue Wandermöglichkeiten zu den Nachbarn zu ermöglichen. (...) Das Ergebnis (...) kann sich sehen lassen. Ab 15. Juli können Einheimische und Besucher (...) drei zusätzliche markierte grenzüberschreitende Besucherwege zu einer Wanderung ins Nachbarland nutzen.

http://www.nationalpark-bayerischer-wald.de, Abruf am 19.11.2010

Info

Euregio

Euregios (Europäische Regionen) sind grenzüberschreitende Zusammenschlüsse mehrerer europäischer Staaten auf kommunaler Ebene. Ihr Ziel ist eine bessere Zusammenarbeit auf sozialem, kulturellem, wirtschaftlichem und infrastrukturellem Gebiet. Dahinter steckt die Einsicht, dass benachbarte Regionen oft mit den gleichen oder ähnlichen Problemen (z. B. Umweltprobleme, Arbeitslosigkeit) zu kämpfen haben und gemeinsame Lösungsversuche oft besser zum Ziel führen. Derzeit gibt es in Europa mehr als 160 Euregios, etwa 25 davon mit deutscher Beteiligung.
Autorentext

M 2 Zusammenarbeit konkret: auf Samtpfoten unterwegs im Grenzgebiet

Über 150 Jahre lang galt der Luchs im Bayerischen Wald als ausgestorben. Als Gefahr für Nutztiere und angebliche Bedrohung für den Menschen wurde ihm massiv nachgestellt. Noch 1950 wurde die Mähr des mordlustigen Luchses verbreitet. (...) Was der Tiger in den Wildnissen und Dschungeln Indiens, das war er, der Luchs, in den Dickichten der Wälder und in den Lichtungen wo das Vieh weidete.
Die Wildnis soll mit dem 1970 gegründeten Nationalpark wieder in den Bayerischen Wald zurückkehren. So bietet sie auch dem „Tiger des Bayerwaldes" seit der Wiederansiedlung in den 1980er Jahren auf tschechischer Seite, wieder ein Dickicht der Wälder und damit Lebensraum.
Im Luchs-Reh-Rothirsch-Projekt beschäftigen sich die Wissenschaftler des Nationalparks Bayerischer Wald in Zusammenarbeit mit den Kollegen des Nationalparks Šumava mit der Ökologie und den Interaktionen zwischen diesen Wildtierarten.

http://www.nationalpark-bayerischer-wald.de, Abruf am 16.11.2010

Interaktion:
Das wechselseitige Aufeinanderwirken von Akteuren oder Systemen

M 3 Luchsprojekt in der Euregio – Zwischenbilanz

Karl-Friedrich Sinner und František Krejcí, Leiter der Nationalparke Bayerischer Wald und Šumava/Tschechien, zogen auf einer Pressekonferenz in München eine Zwischenbilanz zu dem grenzüberschreitenden Luchsprojekt (...).
„Dank des Einsatzes modernster Kommunikationstechnologie und der guten Zusammenarbeit mit dem tschechischen Nationalpark Šumava konnten wir wertvolle Erkenntnisse gewinnen, die uns jetzt helfen, dem Luchs einen Lebensraum in Mitteleuropa zu erhalten", erklärt Karl Friedrich Sinner (...).
Aufgrund der Besenderung der Luchse zeigte sich, dass die Streifgebiete der Tiere über 30.000 ha groß sind und somit über die Fläche beider Nationalparks hinausreichen. Um den einzigartigen Naturraum des Bayerischen und Böhmerwalds möglichst naturnah zu erhalten, wurde der Abschuss von Rehen im Bayerischen Wald 2007 für zunächst drei Jahre eingestellt. Weil der Anteil von Rothirschen an der Nahrung des Luchses größer ist als bislang angenommen, soll auch deren Bejagung eingeschränkt werden.
„Das Projekt ist ein wichtiger Schritt für die grenzüberschreitende Zusammenarbeit und die modellhafte Abstimmung des Umgangs mit großen Wildtieren, da diese sich nicht an von Menschen gezogene Grenzen halten. Dadurch wird verdeutlicht, wie wichtig es ist, den Bayerischen Wald und den Böhmerwald als ein Ökosystem zu betrachten (...)", sagt František Krejcí.

Miriam Traube, Pressemeldung Nr. 136, in: http://www.nationalpark-bayerischer-wald.de, 10.09.2008

Besenderung der Luchse:
Zur Erfassung der Streifgebiete und weiterer Erkenntnisse wurden Luchse mit sogenannten Peilsendern ausgestattet.

Aufgaben

1. Erschließe aus M 1 – 3, welche Ziele die Euregio Bayerischer Wald - Böhmerwald hat, und begründe an diesem Beispiel, warum die Zusammenarbeit vor Ort durch Euregios sinnvoll ist.
2. Recherchiere, welche weiteren Euregios mit Beteiligung bayerischer Regionen es gibt und in welchen Bereichen hier zusammengearbeitet wird.

4.3.2 Welche Probleme gibt es in der europäischen Zusammenarbeit?

M4 Herausforderungen für die europäische Staatenwelt im Überblick

- Die Distanz, die große Teile der Bevölkerung in den Mitgliedsländern zur Europäischen Union haben, könnte dazu führen, dass die EU die Akzeptanz ihrer eigenen Bevölkerung verliert.

- Die veränderte Situation der Weltwirtschaft stellt neue Anforderungen an die EU, deren wirtschaftliche Bedeutung sich insgesamt reduziert und deren Bevölkerung rasch altert. Es gibt zudem weltweit eine wesentlich stärkere Konkurrenz um die knapper werdenden Energieressourcen. Dennoch den Wohlstand und damit auch den sozialen Frieden zu erhalten, ist eine zentrale Aufgabe der EU.

- Umweltverschmutzung und -zerstörung sind keine lokal eingrenzbaren Phänomene mehr, sondern können nur in Kooperation der Weltgemeinschaft bekämpft werden, wie gerade beim Thema Klimawandel deutlich wird. Die EU muss hier eine Vorreiterrolle spielen, ohne ihre eigene Konkurrenzfähigkeit zu gefährden.

- Es gibt eine Reihe von Kandidaten und Interessenten für die Mitgliedschaft in der Europäischen Union, die die EU auch im eigenen Interesse nicht einfach zurückweisen kann.

- Terrorismus und Organisierte Kriminalität machen an Staatsgrenzen nicht halt und können nur gemeinsam bekämpft werden.

- Die EU muss, auch vor dem Hintergrund ihrer eigenen demografischen Entwicklung, einen Weg finden, legale Einwanderung zuzulassen und gleichzeitig illegale Immigration einzuschränken.

- Die EU ist als größte Handelsmacht der Welt gemeinsam mit den Mitgliedstaaten auch größter Geber von Entwicklungshilfe in der Welt und muss daher eine stärkere Rolle in der internationalen Politik spielen. Zu diesem Zweck muss sie ihre eigenen Instrumentarien effektiver gestalten.

Nach: Eckart D. Stratenschulte, Überblick, in: http://www.bpb.de, 20.10.2010

M5 Prioritäten setzen – die Meinung der europäischen Bevölkerung

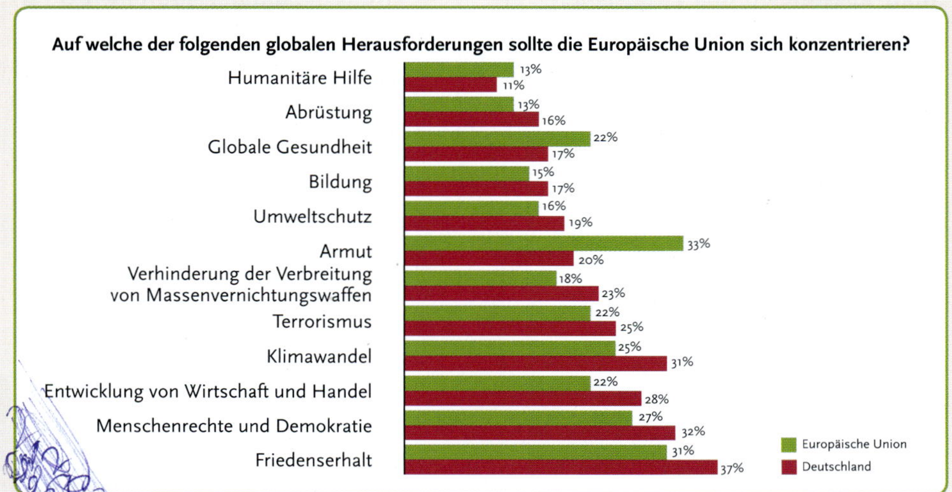

http://ec.europa.eu, Abruf am 17.11.2010

M 6 Herausforderung Migration – Festung Europa

Ein großes Thema innerhalb der Europäischen Union ist die Migration. Migration heißt eigentlich „Wanderung" und beschreibt den Sachverhalt, dass Menschen einen Ort verlassen, um sich woanders niederzulassen. Tatsächlich dreht sich unsere öffentliche Debatte allerdings um die Immigration, nämlich um die Einwanderung. Es gibt legale Einwanderung in die Mitgliedstaaten der Europäischen Union, d. h. Menschen aus Nicht-EU-Staaten kommen ganz offiziell und mit Erlaubnis zu uns, um hier zu arbeiten, zu studieren oder einfach (zum Beispiel als Ehepartner eines EU-Bürgers) zu leben. Viele dieser Menschen kommen, weil sie sich in der Europäischen Union ein besseres Leben erhoffen. Aber sie sind auch für uns wichtig, weswegen wir manchmal direkt um sie werben. Einwanderer bringen nämlich ihr Können und ihre Bereitschaft, sich hier wirtschaftlich einzubringen, mit. Gerade auch die Zuwanderung junger Menschen ist für uns wichtig, da unsere Gesellschaften im Durchschnitt immer älter werden (...). In der Europäischen Kommission gibt es eine neue Initiative, Einwanderern die Übersiedlung in die EU zu erleichtern. Man will eine „Blue Card" einführen, die es Fachkräften aus Ländern außerhalb der EU leicht macht, zumindest für einige Jahre in der Europäischen Union zu arbeiten. (...) Neben der legalen und erwünschten Einwanderung gibt es die illegale Immigration, d. h. Menschen kommen ohne Erlaubnis. Diese Personen verstoßen damit gegen die Gesetze der EU-Staaten, sind jedoch selbst oft das Opfer von Schlepperbanden, die ihnen für die Einschleusung in die EU das letzte Geld aus der Tasche ziehen. Weithin bekannt sind die Bilder von Afrikanern, die in Fischerbooten auf dem Meer ausgesetzt und dann von maltesischen, italienischen oder spanischen Grenzpatrouillen aufgegriffen werden. Wie viele Menschen sich illegal in Deutschland aufhalten, weiß niemand. Die Schätzungen sind sehr grob und sprechen von einer Zahl von 500.000 bis zu einer Million.

Aktion Europa (Hg.), Europa. Das Wissensmagazin für Jugendliche, 2010, S. 39

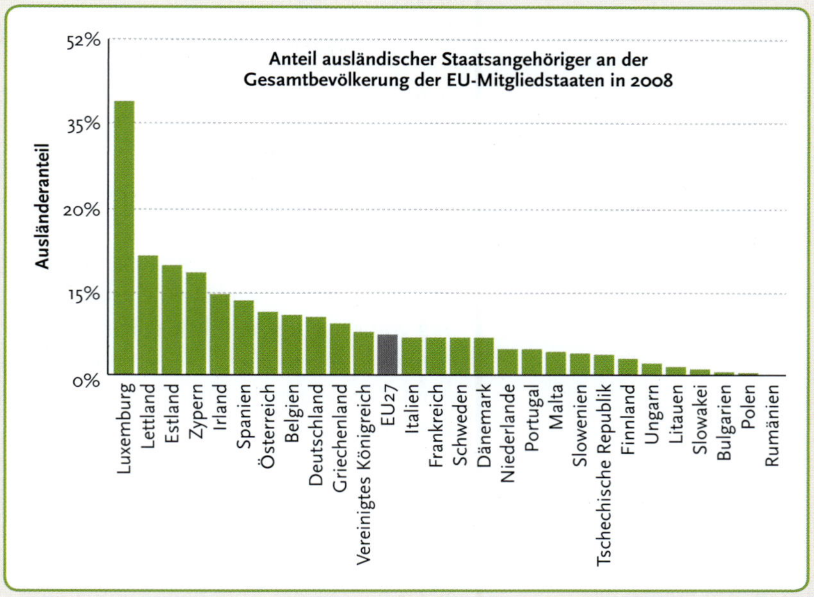

http://www.de-statista.com, 07.10.2010

Aufgaben

1. Analysiere die in M 4 genannten „Herausforderungen" der EU und finde konkrete Beispiele. Sortiere im Anschluss die Themen nach ihrer Wichtigkeit und nimm Stellung dazu.
2. Vergleiche deine Rangordnung mit der Prioritätenliste der Meinungsumfrage in M 5.
3. Die EU steckt beim Thema „Einwanderung" in einem Dilemma zwischen legaler und illegaler Immigration. Begründe diese These mit Hilfe von M 6.
4. Diskutiert über Möglichkeiten der EU, die illegale Zuwanderung einzuschränken.

Wissen kompakt

Grenzüberschreitende Zusammenarbeit

Nicht nur auf der institutionellen Ebene der EU-Organe wird europaweit zusammengearbeitet, grenzüberschreitende Zusammenarbeit findet in vielfacher Form auch auf lokaler und regionaler Ebene statt.

Ein Beispiel neben vielen sind hierbei die Euregios, Zusammenschlüsse mehrerer Staaten oder Regionen, um konkrete Probleme vor Ort (z. B. Wasserprobleme, Energieversorgung, Arbeitslosigkeit) zu lösen oder bestimmte Projekte (z. B. Ausstellungen, Wander- und Radwandernetze, Natur- und Artenschutzgebiete) im Grenzgebiet durchzuführen.

Grundlage dieser Aktivitäten ist das Prinzip der Subsidiarität, auf das sich die EU im Vertrag von Lissabon verpflichtet hat. Dieses Prinzip fordert, dass Aufgaben und Zuständigkeiten erst dann auf die nächst höhere Ebene (z. B. Bund oder Europa) übertragen werden, wenn die untergeordneten Ebenen (z. B. die Kommunen) mit der Lösung des Problems überfordert sind.

Die wachsende Zahl von Euregios und von anderen grenzüberschreitenden Projekten, wie die Internationale Bodenseekonferenz (IBK), beweist, dass die grenzüberschreitende Zusammenarbeit in einem Europa ohne Grenzen immer wichtiger wird.

Ungelöste Fragen und Herausforderungen

Noch nie hat der Kontinent Europa eine so lange Periode von Frieden und Wohlstand erlebt, wie sie mit den Gründerjahren der Europäischen Gemeinschaft eingeläutet wurde. Doch auch wenn die europäischen Staaten in gutnachbarlicher Beziehung zusammenleben, gibt es noch viele Herausforderungen, die die EU-Staaten in Zukunft gemeinsam meistern müssen. Dazu zählen:

- die fehlende Akzeptanz der EU in der Bevölkerung
- die Alterung der Gesellschaft, die knapper werdenden Rohstoffe, der wirtschaftliche Wandel als Gefährdung von Wohlstand und sozialem Frieden
- Umweltprobleme und Klimawandel
- Beitrittswünsche von Nicht-EU-Staaten
- Terrorismus und Kriminalität
- illegale Einwanderung
- Hunger und Armut in der Welt

Migration

Unter Migration versteht man Wanderungsbewegungen von Menschen sowohl innerhalb eines Staates als auch über Staatsgrenzen hinweg.

Aufgrund der demografischen Alterung und der wirtschaftlichen Konjunktur sind die meisten EU-Staaten auf den Zuzug junger, möglichst gut ausgebildeter Arbeitskräfte aus Nicht-EU-Staaten angewiesen und möchten deren Einbürgerung erleichtern. Problematisch ist allerdings der Zuzug von Menschen, die aufgrund von Kriegen, Armut, Hunger und Perspektivlosigkeit in ihren Heimatländern versuchen, als illegale Einwanderer in Staaten der EU zu gelangen. Obwohl die EU ihre Außengrenzen abschottet und streng kontrolliert, nehmen viele Menschen Gefahren und Strapazen auf sich, um doch irgendwie nach Europa zu gelangen. Illegale Einwanderer müssen befürchten, wieder in ihr Herkunftsland abgeschoben zu werden. So bleibt oft nur ein menschenunwürdiges Leben in der Illegalität, das heißt, ohne gesicherte Arbeit, ohne Schule, ohne Krankenversicherung und oft auch ohne Wohnung.

Da die Staaten der EU je nach Lage (Binnen- oder Randlage) und Wirtschaftskraft unterschiedlich stark von illegaler Zuwanderung betroffen sind, konnte bis jetzt noch keine einheitliche Regelung im Umgang mit den Flüchtlingen getroffen werden.

Überprüfe dein Können

Keine Lösung in Sicht? – Deutschland blockiert EU-einheitliches Asylrecht

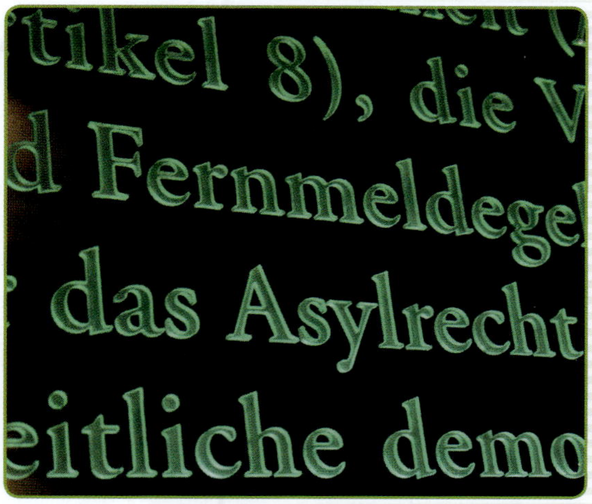

Die gemeinsame Asylpolitik in der Europäischen Union kennt derzeit Grenzen: Bis auf wenige Ausnahmen macht jedes Land, was es will. Die belgische Ratspräsidentschaft möchte das ändern und zieht dabei mit der Kommission an einem Strang. Bis 2012 soll ein gemeinsames Asylsystem entstehen. Das haben die Mitgliedsländer bereits beschlossen. Gestritten wird um die Details. (...)

Die Vorschläge der Kommission sehen unter anderem vor, dass die Asylverfahren beschleunigt werden. Flüchtlinge sollen innerhalb von sechs Monaten einen positiven oder negativen Bescheid bekommen. Außerdem soll das Verfahren bestimmten Mindeststandards entsprechen. Asylbewerber, so die Idee, erhalten für die Gespräche mit den Behörden einen Dolmetscher und ihnen soll der Einspruch möglich sein.

Es sind genau diese Mindeststandards, die Bedenken bei der Bundesregierung auslösen. Sie könnten das von ihr bisher angewandte schnelle Flughafen-Asylverfahren kippen. Bei diesem Verfahren werden Flüchtlinge noch im Transitbereich befragt. Wenn die Behörden begründen können, dass die Flüchtlinge nicht politisch verfolgt werden, dürfen sie umgehend zurückgeschickt werden. Die Kommissionsvorschläge würden dieses schnelle Verfahren aber infrage stellen. (...) Bislang sei das Flughafen-Verfahren bei fehlendem oder ungültigem Pass anwendbar gewesen. Nach dem Kommissionsvorschlag sei es aber ausdrücklich nicht mehr anwendbar, weder bei fehlendem oder ungültigem Pass, noch bei Täuschungsvorsatz und beim Gebrauch falscher Dokumente.

Grundsätzlich gehe es der Bundesregierung darum, das deutsche Asylverfahren nicht zu verändern. So betonte Schröder (Ole Schröder ist Staatssekretär im Bundesinnenministerium): „Wir wollen unser bewährtes deutsches Asylsystem erhalten. Das bedeutet, dass diejenigen, die schutzbedürftig sind und die politisch verfolgt werden, auch Schutz erhalten." Es bedeute aber auch genauso, dass diejenigen, die das deutsche Asylrecht missbrauchen, kein Asyl erhalten.

Deutschland weigert sich auch, die sogenannte Dublin-Richtlinie zu überdenken. Die besagt, dass Flüchtlinge an dem Ort ihren Antrag stellen müssen, an dem sie als erstes in Europa angekommen sind. Insbesondere Griechenland, Malta und Italien haben deshalb in den vergangenen Monaten immer wieder um mehr Solidarität in der EU gebeten und den Wunsch zum Ausdruck gebracht, dass andere Länder Flüchtlinge aufnehmen.

Im Bereich Asylpolitik warten schwierige Verhandlungen auf die EU. Es ist unwahrscheinlich, dass die Kommission ihr Ziel erreicht, eine Einigung bis 2012 herbeizuführen.

Christoph Prössl, Deutschland blockiert EU-einheitliches Asylrecht, in: http://www.tagesschau.de, 15.07.2010.

Aufgaben

1. Stelle die Interessen der EU und Deutschlands zum Thema „einheitliches Asylrecht" tabellarisch gegenüber.
2. Beziehe selbst Stellung.

4.4 Jugend in Europa

4.4.1 Haben europäische Jugendliche gleiche Interessen, Lebensverhältnisse und ähnliche Probleme?

M 1 Freizeit in Europa

Flashmob zu Ehren von Michael Jackson in Paris

Junger Spanier beim Botellón (Event spanischer Jugendlicher für ein Massenbesäufnis)

DreamHack (LAN-Party) in Jönköping/Schweden

World youth day 2010 in Rom

Eurogym 2010 in Odense/Dänemark

Aufgaben

1. Überlege dir anhand der Bilder, welche Gemeinsamkeiten es unter den Jugendlichen in Europa geben könnte.
2. Gibt es eine „*europäische Jugend*"? Diskutiert in der Klasse die Frage, ob die Jugendlichen in Europa mehr verbindet oder trennt.

Methode: Diagramme lesen, auswerten und vergleichen

Europäische und deutsche Jugend in der Freizeit – ein Vergleich

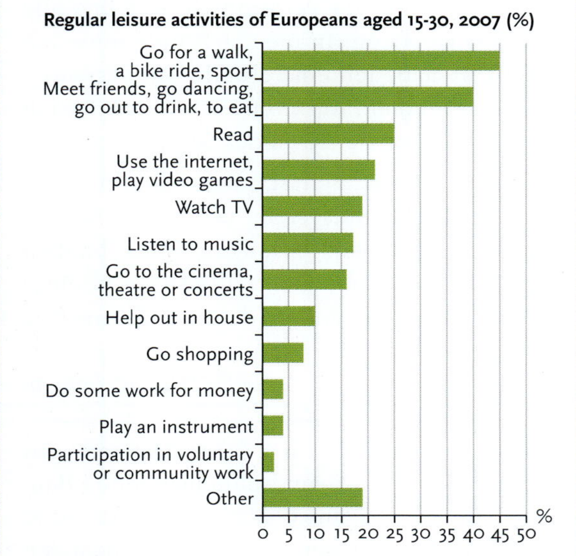

http://www.jugendpolitikineuropa.de, Abruf am 25.05.2011

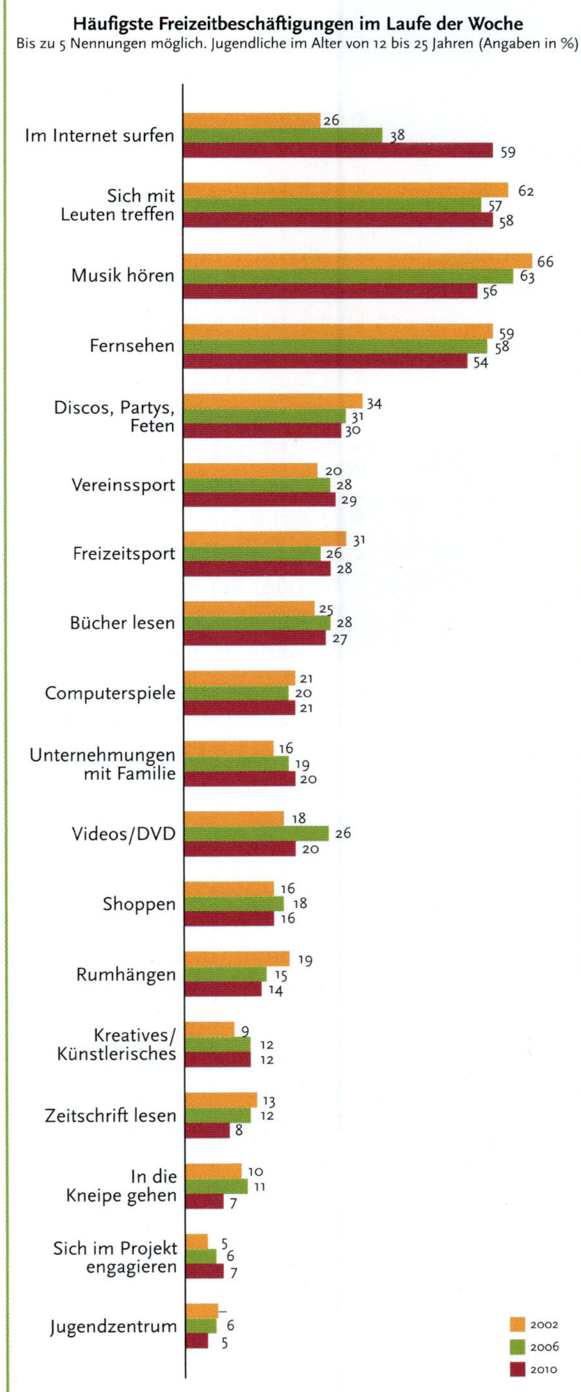

Mathias Albert, u.a., 16. Shell Jugendstudie, 2010, S. 96f.

Statistische Daten aus Umfragen und Erhebungen werden gerne in Diagrammen dargestellt, um sie für den Leser anschaulich und rasch erfassbar zu machen. Um die Daten interpretieren zu können, müssen die Diagramme allerdings gelesen und verstanden werden.

1. Kläre zunächst, worum es in den Abbildungen geht. Eine Hilfe hierfür sind die Überschrift und die Beschriftung der beiden Achsen.
2. Lies beigefügte Legenden, Fußnoten und andere Ergänzungen (z. B. Kreis der Befragten, Fragemethoden, Zeitraum der Erhebung) aufmerksam durch.
3. Fasse dann den Inhalt beider Diagramme in eigene Worte. Gehe dabei vom Allgemeinen zum Besonderen.
4. Vergleiche nun die Aussagen beider Diagramme und halte Gemeinsamkeiten sowie signifikante Unterschiede fest.
5. Erkläre anschließend die festgestellten Phänomene (Gemeinsamkeiten und Unterschiede).
6. Bewerte abschließend kritisch die Aussagekraft der ausgewerteten Diagramme.

M 2 Europäische Jugendliche in der Schule

Ich fange meine Schule morgens um 9:00 Uhr an. Dann gehe ich zur „Reception", wo meine Anwesenheit von meinem Klassenlehrer registriert wird. Einmal in der Woche haben wir „Assembly", da versammeln wir uns alle in der Aula und hören den Schulleiter sprechen. In meiner Schule muss ich Schuluniform tragen. Gegen 13:00 Uhr habe ich eine Stunde Mittagspause. In unserer Kantine wird Mittagessen angeboten. Kurz vor 16:00 Uhr habe ich Schluss, aber manchmal bleibe ich noch für eine AG in der Schule. Ich muss 11 Jahre zur Schule gehen. Als ich 5 Jahre alt war, wurde ich eingeschult, nach 6 Jahren muss man die Schule wechseln. Bei uns gibt es ein staatliches und ein privates Schulsystem. Das staatliche System ist kostenlos, bei den Privatschulen muss man ein monatliches Schulgeld bezahlen. Sitzen bleiben kann man bei uns nicht. Eine Unterscheidung nach Leistungen gibt es bei uns nicht, alle sitzen in einer Schulform. Wer es sich aber leisten kann, schickt seine Kinder auf die Privatschulen, da die meistens besser sind.

Collin (15) aus London

Mit 5 Jahren kommt man bei uns in die Vorschule für 2 Jahre. Danach wird man mit 7 in die Grundschule eingeschult. Die Grundschulausbildung dauert 9 Jahre und ist in eine 4-jährige Primar- und eine 5-jährige Sekundarstufe unterteilt. Danach können wir wählen, ob wir unsere Schulbildung beenden oder auf eine weiterführende Schule gehen wollen. Allerdings ist das Ziel der Schulpolitik in unserem Lande, dass kein Schüler die Schule verlassen soll, ohne dass er eine Grundbildung bis zur Vollendung des 18. Lebensjahrs und eine Berufsausbildung bekommen hat. Ab der 10. Klasse gibt es die 3-jährige Berufsschule, die Fachschule oder das Gymnasium. Ohne Abitur darf man nicht auf eine Universität. Unsere Schule fängt um 8:00 Uhr an und kann bis 17:00 Uhr gehen, allerdings haben wir am Tag dann auch einige Freistunden. Eine Unterrichtsstunde dauert 40 Minuten. Bei uns gibt es Noten von 1 bis 10, wobei die 1 sehr selten gegeben wird.

Elli (15) aus Riga

Wir werden in Finnland mit spätestens 7 Jahren in die Grundschule eingeschult. In dieser Schule sind wir mindestens 9 Jahre. Der Unterricht beginnt um 8:00 Uhr und ist gegen 15:00 Uhr zu Ende. In den ersten Jahren unterrichtet uns nur unser Klassenlehrer in allen Fächern, ab der 6. Klasse haben wir auch Fachlehrer. Teilweise sind wir mit Schülern aus anderen Klassenstufen zusammen im Unterricht, dann machen wir Projektarbeiten. Die Lehrer sind dann mehr Ratgeber als Leute, die uns unterrichten. Nach der gemeinsamen Grundschule müssen wir uns entscheiden, ob wir auf das Gymnasium gehen wollen, um das Abitur zu erreichen, oder auf die Berufsschule, um eine Berufsausbildung zu starten. Beide Schulzweige dauern drei Jahre. Eine Lehre im Betrieb, wie sie es in Deutschland gibt, ist bei uns so nicht bekannt. Unser Fachwissen bekommen wir auf der Berufsschule vermittelt. Nach einem erfolgreichen Examen können wir sofort eine Arbeitsstelle annehmen.

Greta (16) aus Helsinki

Im Alter von sechs Jahren beginnt bei uns mit der Einschulung der „Ernst des Lebens". Wie in Deutschland gibt es auch bei uns für jedes Kind eine Schultüte, die mit Süßigkeiten und Geschenken gefüllt ist. An der Grundschule bleibt man maximal neun Jahre. Man kann allerdings in der sechsten Klasse auf das Gymnasium wechseln, dann braucht man acht Jahre bis zum Schulabschluss, oder man wechselt in der neunten Klasse, dann sind es noch vier Jahre. Ich muss mindestens neun Jahre zur Schule gehen.

Der Schultag beginnt bei uns um 8 Uhr und dauert bei kleinen Kindern bis etwa um 12, bei älteren bis 13 oder 14 Uhr. Eine Stunde dauert in meiner Schule 45 Minuten. Nach der Mittagspause habe ich manchmal auch Nachmittagsunterricht. Fremdsprachen lernt man bei uns ab der 1. bzw. 2. Klasse. Meistens fangen wir mit Englisch an, manchmal aber auch mit Deutsch. Später können wir noch Französisch, Russisch oder Spanisch lernen. Bei uns gibt es Noten von 1 bis 5, 1 ist das beste, 5 das schlechteste. Wenn jemand im Zeugnis eine 5 hat, dann muss er über die Ferien eine Nachprüfung machen. Ansonsten muss er das Schuljahr wiederholen.

Marek (15) aus Prag

Mit 6 Jahren beginnt bei uns die Schulpflicht und wir gehen 6 Jahre lang in die „Educación Primera" – die Grundschule. Hier ist es bereits Pflicht, eine Fremdsprache zu lernen. Die Schulzeit ist hier unterteilt in 3 „Ciclos" (Blöcke), wobei immer zwei Schuljahre zu einem zusammengefasst werden. Während dieser zwei Jahre kann man nicht sitzen bleiben. Zeugnisse gibt es am Ende von jedem Schuljahr und auch vor Weihnachten und Ostern. Der Grundschule folgt die „Educación Secundaria Obligatoria" (ESO), die Mittelschule für Schüler von 12 bis 16 Jahren, in der eine zweite Fremdsprache freiwillig gewählt werden kann. Danach endet die Schulpflicht.

Wenn ich den ESO-Abschluss bestanden habe, kann ich weiterführenden Unterricht bis zum Bachillerato (Abitur) nehmen oder mich für den berufsbildenden Zweig entscheiden. Die Ausbildung im Beruf erfolgt bei uns an der Berufsschule und nicht im Betrieb. Nach zwei oder drei Jahren bekommt man dann sein Abschlusszeugnis mit der Ausbildungsbescheinigung. Danach kann man sofort eine Stelle in dem erlernten Berufsfeld annehmen.

Maria (16) aus Madrid

Nach: Bundeszentrale für politische Bildung (Hg.), Die Europäische Union, Bd. 1, Bonn, 2007, S. 92 ff.

Aufgaben

1. Erstelle aus den Materialien M 2 eine vergleichende Synopse europäischer Schulsysteme. Trage dazu die Informationen in eine Tabelle ein.

	London	Riga	Helsinki	Prag	Madrid	Bayern
Einschulung						
Grundschulzeit						
Ende der Schulpflicht						
Weiterführende Schulen						
Gliederung des Schultages						
Fremdsprachen						
Noten, Zeugnisse, Vorrücken						
Besonderheiten						

2. Ermittle die Vor- und Nachteile der jeweiligen Schulsysteme und diskutiere mit deinen Mitschülern die Unterschiede.

M 3 Die Jugendarbeitslosigkeit in Europa

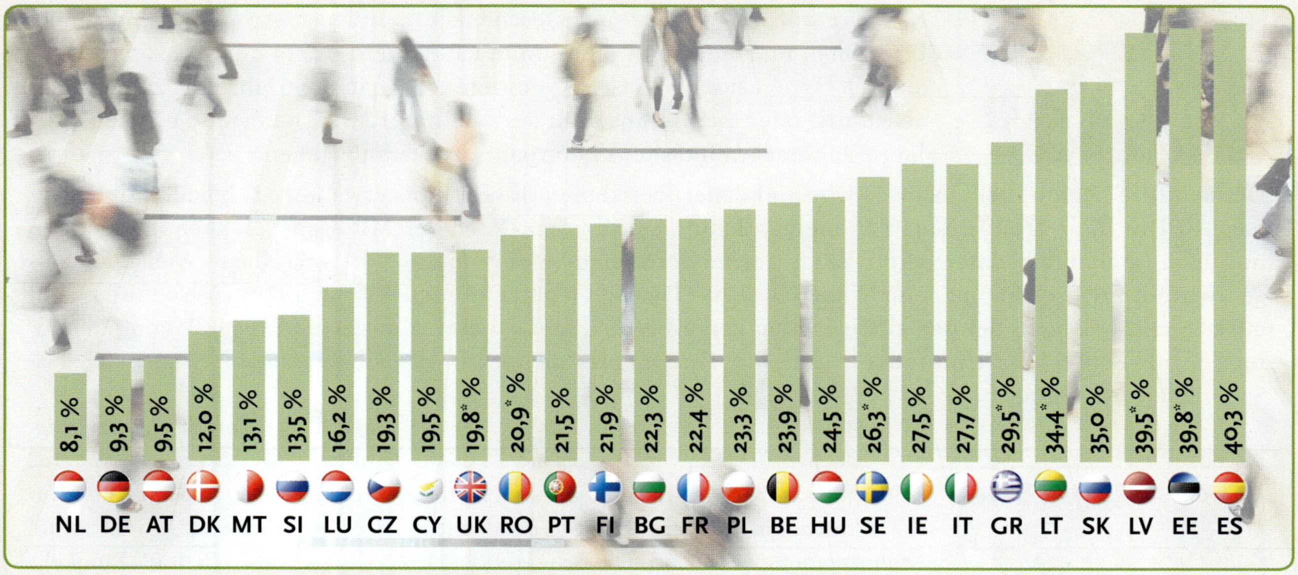

Eurostat; Arbeitslosigkeit bei den unter 25-Jährigen in der EU, Stand: Juni 2010

M 4 Spaniens „Ni-Nis“

Die Jugend in Spanien leidet unter der höchsten Arbeitslosigkeit in ganz Europa. (...) Dabei erlebte Spanien jahrelang einen Arbeitsplatz-Boom, 2007 waren erst 17,5 Prozent der 16- bis 25-Jährigen arbeitslos. Doch seitdem der aufgeblähte Immobilienmarkt eingebrochen ist und die Finanzkrise ihre volle Wucht entfaltet, steigen die Zahlen dramatisch.

Von einer „Generation Null“ mit äußerst geringen Perspektiven und überhaupt keinen Jobchancen schreibt die größte Tageszeitung des Landes, El País. Schulabbrecher und gering Qualifizierte sind zwar wie andernorts besonders betroffen. Auf der iberischen Halbinsel haben aber auch Jungakademiker massive Probleme, nach dem Studium einen Job zu finden.

Selbst eine Anstellung bedeutet im Jahr 2010 in Spanien keinerlei Planungssicherheit. Rund 90 Prozent der spanischen Arbeitnehmer unter 25 Jahren haben lediglich befristete Arbeitsverträge. Sie sind leicht kündbar. (...)

„Ni-Ni“ wird die Generation schon in Fachkreisen genannt. Das Kürzel steht für „ni estudian, ni trabajan“. Es ist also die Rede von einer Jugend, die weder lernt noch arbeitet. Jugendliche ohne Antrieb, die keine Träume für die Zukunft haben und wieder bei den Eltern wohnen.

Philipp Woldin, Chancenlos und verbittert, in: http://www.fr-online.de, 11.08.2010

Befristete Arbeitsverträge: Der Arbeitsvertrag gilt lediglich für einen begrenzten, vordefinierten Zeitraum. Nach Ablauf des Vertrags ist das Arbeitsverhältnis zwischen Arbeitgeber und Arbeitnehmer beendet.

Aufgaben

1. Entwickle Vorschläge, wie die EU-Staaten mit dem Problem Jugendarbeitslosigkeit umgehen sollten. Prüfe Möglichkeiten und Grenzen.
2. Erörtere die Folgen der Jugendarbeitslosigkeit für die Betroffenen, für Staat und Gesellschaft.

Exkurs: Europawahl 2009 – wie haben junge Erwachsene gewählt?

Während die durchschnittliche Wahlbeteiligung auf EU-Ebene bei 43 % liegt, beträgt sie bei den 18-24-Jährigen lediglich 29 % (also 14 Prozentpunkte weniger), bei den Personen im Alter von 55+ dagegen 50 %. Im Jahr 2004 entsprach die Wahlbeteiligung bei beiden Altersgruppen noch 33 % bzw. 59 %. Hinter diesem europäischen Durchschnittswert von 29 % für die jüngste Altersgruppe verbergen sich große nationale Unterschiede, die zwischen +2 und -28 Prozentpunkte gegenüber dem nationalen Durchschnitt rangieren. Das Gleiche trifft auch auf die eigentliche Wahlbeteiligung der 18-24-Jährigen zu. Außerhalb von Belgien und Luxemburg, wo Wahlpflicht besteht, liegt die Beteiligung in der Altersgruppe 18 – 24 Jahre zwischen 77 % und 12 %.

http://www.europarl.europa.eu, S. 2, 16.12.2009

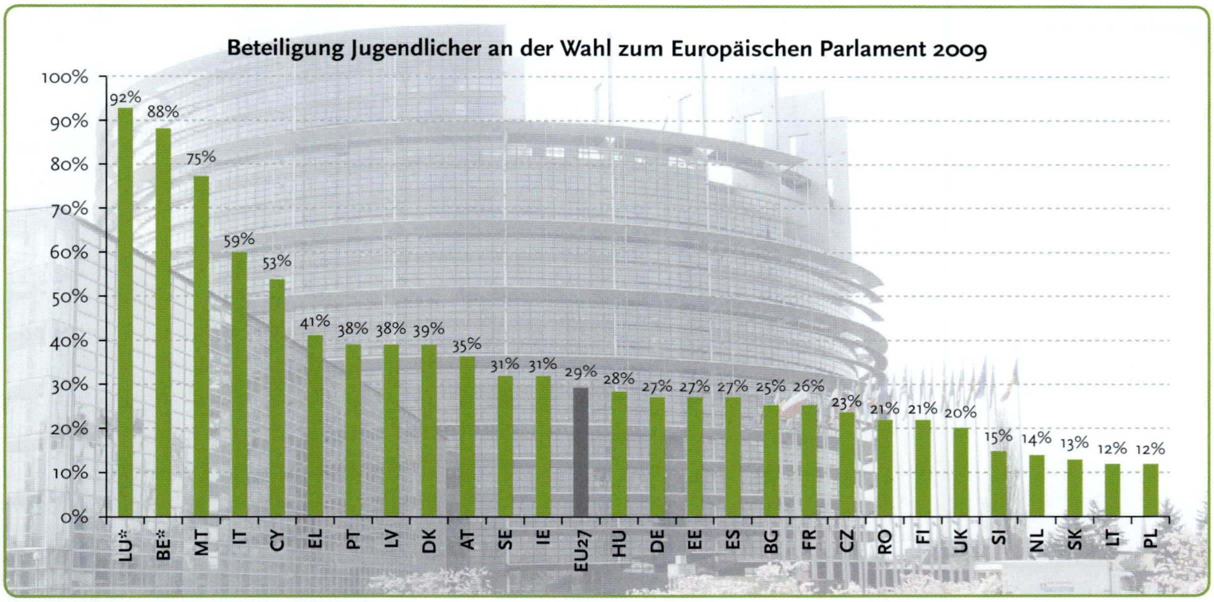

**In Luxemburg und Belgien besteht Wahlpflicht, die u. a. ein Grund für die hohe Wahlbeteiligung ist.*
http://www.europarl.europa.eu, S. 7, 16.12.2009

Aufgaben

1. Nenne mögliche Gründe, worauf die starke bzw. extrem schwache Wahlbeteiligung junger Erwachsener an den Wahlen zum Europäischen Parlament 2009 in einzelnen Ländern zurückzuführen ist.
2. Erläutere die Aussage „Die geringe Wahlbeteiligung junger Erwachsener ist ein Problem für die EU“.
3. Diskutiere mit deiner Klasse, welche Möglichkeiten die EU hat, junge Erwachsene dazu zu animieren, sich an den Wahlen zu beteiligen.

4.4.2 Wie können Jugendliche Europa als Chance wahrnehmen?

Euregio Egrensis:
Der Begriff „Euregio" (manchmal auch „Euroregion") ist eine Kurzform für „Europäische Region". Hinzu treten geografische Zusätze. Das Adjektiv „Egrensis" nimmt Bezug auf ein historisches Gebiet, das große Teile der heutigen EUREGIO EGRENSIS umfasste: die mittelalterliche „Regio Egire" oder „Provincia Egrensis" – im Kern das frühere Egerland.

Sprachanimation:
Mittels Musik und Bewegung werden unauffällig erste Begriffe der fremden Sprache gelehrt.

M 5 Gemeinsam lernen: europäisches Gastschuljahr

Das Bayerisch-Tschechische Gastschuljahr ist eines von zahlreichen grenzüberschreitenden Projekten in der EUREGIO EGRENSIS. Die Euregio stellt ein organisatorisches Dach für den Schüleraustausch zwischen bayerischen und tschechischen Gymnasien zur Verfügung und unterstützt diesen Austausch finanziell. (...) Indem die Schüler einen längeren Zeitraum im Nachbarland verbringen, vertiefen sie ihre Sprachkenntnisse und lernen die Kultur und die Traditionen jenseits der Grenzen kennen. Da die Schüler in der Regel bei Gastfamilien untergebracht sind, erleben sie intensiv deren Alltag und Bräuche in einem neuen Umfeld. Das Bayerisch-Tschechische Gastschuljahr vermittelt somit Lebenserfahrung und wertvolle interkulturelle Kompetenzen (...). Gleichzeitig fördert das Projekt – intensiver als jede kurzfristige Begegnungsmaßnahme – das gegenseitige Kennenlernen und die Verständigung zwischen der Bevölkerung in den Grenzregionen. Seit dem Schuljahr 2008/2009 wird an den beteiligten deutschen Gymnasien eine Sprachanimation durchgeführt, um deutsche Schüler für einen Aufenthalt an einem tschechischen Gymnasium zu motivieren und gleichzeitig die Integration der tschechischen Schüler an der Schule zu fördern.

http://www.euregio-egrensis.de, Abruf am 19.04.2011

M 6 Bericht über ein Gastschuljahr

Ich wollte ein Jahr in Weiden verbringen. Heute glaube ich, dass ich mich deshalb dazu entschieden habe, weil ich einfach erleben wollte, wie es ist, bei einer deutschen Familie in einem anderen Ort zu leben. Mich hat interessiert, wie sich ein Tscheche an einem deutschen Gymnasium fühlt, wie er behandelt wird – und wie ich selbst mit der gänzlich neuen Situation umgehe (...). Aber ich wollte meine Heimat auch aus einem anderen, neuen Blickwinkel sehen (lernen). Die ersten Monate bis Weihnachten waren fast wie eine intensive Vorbereitung auf die weitere Zeit. Ich habe die Veränderung meines Denkens stark wahrgenommen, habe Unterschiede zwischen Bayern und Tschechien beobachtet. Ich habe die ersten Kontakte geknüpft, weil die Leute auf mich zugekommen sind. Ab Januar wollte ich aktiv sein, alle gemachten Erfahrungen anderen mitteilen und sie auch selbst nutzen. In der letzten Phase meines Aufenthalts hatte ich meinen eigenen Freundeskreis, mit dem ich viel unternommen habe, und habe begonnen, ein eigenes, selbständiges Leben zu führen.
Nachdem man, vorwiegend am Anfang des Schuljahres, vielen unangenehmen Situationen ausgesetzt wird (z. B. in den Unterrichtsstunden zuhören, alles wahrnehmen, sich eine eigene Meinung bilden, vor der Klasse sprechen), wird man immer mutiger. (...) Heute fällt es mir schwer, meine deutschen Freunde, aber auch die Lehrer so selten zu sehen. Ich finde es schade, dass aufgrund des Informationsmangels an tschechischen Schulen nur wenige Gymnasiasten die Möglichkeit ausnutzen können, an diesem Projekt in Weiden teilzunehmen.

Zuzana Duffková, in: http://www.augustinus-gymnasium.de, Abruf am 14.04.2011

M 7 Interkulturelles Lernen: ein europäisches Geschichtsbuch

Der Bankier Frederic Delouche ist mit dem Geschichtsunterricht unzufrieden – und das schon seit langem. Als Sohn einer norwegischen Mutter und eines französischen Vaters 1942 in England geboren, brachte er seine Schulzeit teils in englischen, teils in französischen Klassenzimmern zu – was auf die Darstellung historischer Abläufe erheblichen Einfluss zu haben schien. „Wenn es nach den Engländern ginge, so hatten sie jede verdammte Schlacht gewonnen, die sie je gegen die Franzosen ausgetragen hatten." Seine französischen Vettern dagegen brüsteten sich mit Bouvines. (...) Auch später, als Jurastudent in Cambridge und dann als Bankier und Industrieberater in Lateinamerika, den USA und wieder in London und Paris, ärgerte sich Delouche, „Europäer aus Überzeugung", immer wieder über die Hartnäckigkeit nationaler Prismen und Vorurteile.

Die Klassenzimmer, dachte sich der Bankier, sind genau der richtige Ort, um künftigen Europäern (...) die gemeinsame Vergangenheit nahe zu bringen. Es sollte möglich sein, überlegte er weiter, europäische Historiker zusammen über ihre Geschichte diskutieren und ein Geschichtsbuch schreiben zu lassen, das in irischen ebenso wie in griechischen, portugiesischen oder deutschen Klassenzimmern benutzt wird. (...)

Die Historiker schrieben ihre Kapitel und trafen sich (...) zur Generalkritik an der Loire und in Paris; sie diskutierten, verwarfen, schrieben an Ort und Stelle um. Spätestens jetzt stellten sie fest, dass sie mit genau den gleichen Schwierigkeiten zu kämpfen hatten wie einst Frederic Delouche in englischen und französischen Klassenzimmern; dass auch ihre historisch geschulte Optik irisch, belgisch oder griechisch eingefärbt war.

Kenneth Milne, Lehrer an einem Dubliner College, hatte das Kapitel über die Aufklärung und ihre Folgen verfasst: „Es ging hoch her, nachdem der Franzose gelesen hatte, was ich über die Französische Revolution geschrieben hatte." Vor allem Napoleon musste Federn lassen. Fast einen ganzen Tag hatte Jacques Aldebert seinen Landsmann gegen alle Kollegen zu verteidigen, die kaum ein gutes Haar an ihm lassen wollten. Im Buch bleibt Napoleon das Verdienst, Europa seine Gesetzessammlung und das metrische System hinterlassen zu haben. Immer wieder mussten sich die Autoren eingestehen, dass sie wenig über die Geschichte der anderen wissen, etwa über das Byzantinische Reich, wie Dieter Tiemann und seine Kollegen feststellten, nachdem sie das Kapitel ihrer griechischen Kollegin Foula Pispiringou gelesen hatten.

Florian Hassel, Napoleon musste Federn lassen, in: http://www.zeit.de, 18.09.1992

Interkulturelles Lernen: Ein Lernen „über den eigenen Tellerrand hinaus" mit dem Ziel, andere Kulturen und Sichtweisen (hier z. B. auf historische Ereignisse) kennenzulernen und zu verstehen, sich der eigenen kulturell geprägten Perspektive bewusst zu werden und Toleranz und Aufgeschlossenheit anderen Kulturen gegenüber zu entwickeln.

Schlacht bei Bouvines: Am 27. Juli 1214 fand bei Bouvines (Bouvines liegt südöstlich von Lille) eine militärische Schlacht zwischen Frankreich und England statt, die mit dem Sieg der Franzosen endete.

Aufgaben

1. Eure Schule möchte über die Möglichkeit eines Gastschuljahres an einem tschechischen Partnergymnasium informieren und Schülerinnen und Schüler sowie Eltern für das Projekt gewinnen. Entwerft in der Arbeitsgruppe mithilfe von M 5 und M 6 ein Infoblatt, das am Elternabend ausgegeben werden kann.
2. Erarbeite aus M 7 die Erfahrungen der Wissenschaftler beim Schreiben eines gemeinsamen europäischen Geschichtsbuches.
3. Beurteile, ob es sinnvoll ist, ein europäisches Geschichtsbuch zu verfassen. Beziehe in deine Überlegungen den Begriff „Interkulturelles Lernen" ein.
4. Diskutiert mit verschiedenen Fachlehrern darüber, ob sich die von ihnen unterrichteten Fächer für ein „europäisches Schulbuch" eignen.

M 8 Studieren in Europa – die Bologna-Reform zwischen Anspruch und Wirklichkeit

Rollberg ist kein zorniger Studentenführer, sondern ein arrivierter BWL-Professor an der Universität Greifswald. Dort hat er die Wirtschaftswissenschaften zur letzten Bastion ausgebaut, die noch am alten Diplom festhält und sich beharrlich gegen die Studienreform wehrt. „Zu uns kommen Studenten, die bewusst das Diplom machen möchten", sagt Rollberg. Etwa 1.000 Studenten sind es zurzeit, Greifswald ist bundesweit die einzige wirtschaftswissenschaftliche Fakultät, die Studienanfänger noch als Diplom-Kaufleute ausbildet. (...) In dieser Woche beginnen bundesweit auch die Vorlesungen des Wintersemesters. Vom alten Universitätsideal werden die meisten Studienanfänger zumindest begrifflich wenig mitbekommen: Heutzutage schreiben sie sich nicht für ein traditionelles Diplom- oder Magister-Fach ein, sondern streben nach einem „Bachelor" und anschließend nach dem „Master". Sie belegen Kurse, die in „Module" geordnet sind, und sammeln credit points – Leistungspunkte, die sich nach dem angeblich genau berechneten Arbeitsaufwand bemessen. Selbst Akademiker, die erst vor ein paar Jahren ihren Abschluss gemacht haben, hätten Mühe, sich heute an der Universität zurechtzufinden. (...)

Als im vorigen Jahr Zehntausende auf die Straße zogen, um gegen die schlechten Studienbedingungen zu demonstrieren, richtete sich ihr Protest auch gegen die Umsetzung der Bologna-Reform. Die Studenten klagten über zu viel Druck und zu wenig Freiräume. Weil nun fast alle Noten direkt in den Abschluss eingehen, ist von der Freiheit des Studiums wenig übrig geblieben. Selbst dort, wo die Studenten noch mit einem Staatsexamen abschließen, hat sich vieles verändert: Auch die Studiengänge für Lehrer wurden „modularisiert". (...)

Vorige Woche feierten die Ingenieure den 111. Geburtstag des Titels „Dipl. Ing.". Ernst Schmachtenberg, Rektor in Aachen, betont den „exzellenten Ruf deutscher Ingenieure"; dafür gebe es kein besseres Qualitätslabel als den „Diplom-Ingenieur". Roland Rollberg ist überzeugt, dass die wenigsten Professoren wirklich hinter Bachelor und Master stehen. Doch auch an seiner Uni haben die anderen längst auf Bachelor und Master umgestellt. (...) Aus Sicht der Rektoren ist ein Zurück zum alten System illusorisch. Entscheidend sei vielmehr, die neuen Studiengänge zu verbessern. Nach den Studentenprotesten bemühen sich die Unis auch wirklich um Erleichterungen. (...) So soll es nun vielerorts mehr Wahlfreiheit im Studium geben. Auch die Abschlussarbeit könnte künftig bei der Gesamtnote stärker zählen, so dass die Studenten nicht schon in den ersten Semestern unter ständigem Prüfungsdruck stehen.

J. Osel und T. Schultz, Der Gallier aus Greifswald, in: Süddeutsche Zeitung, Nr. 241, 18.10.2010, S. 2

arriviert:
beruflich anerkannt

Bologna-Reform:
Die Bologna-Reform begann 1999: Europas Bildungsminister vereinbarten in Bologna, einen „europäischen Hochschulraum" zu schaffen und die Abschlüsse zu vereinheitlichen, um Mobilität und Wettbewerbsfähigkeit junger Europäer im Studium und auf dem internationalen Arbeitsmarkt zu verbessern. So gibt es nun fast flächendeckend nur noch die kurzen Bachelor-Studiengänge (meist sechs, manchmal sieben Semester) und darauf aufbauend Master-Angebote (meist vier Semester). Nach dem Willen der Politiker soll bereits der Bachelor für den Arbeitsmarkt reichen. Kritiker bemerken jedoch, er vermittle ein zu oberflächliches Wissen.

Modul:
Eine sich aus mehreren Elementen zusammensetzende Einheit, die ausgetauscht werden kann.

M 9 Jugendliche und Europa – die Meinung der Experten

Junge Europäerinnen und Europäer zwischen 15 und 25 Jahren stellen in der EU mit ca. 75 Millionen Menschen ein großes gesellschaftliches Potenzial dar. Sie sind es, die im Europa von morgen leben werden und es gestalten sollen. Europäische Entwicklungen werden als Faktoren für das Lebensumfeld junger Menschen immer wichtiger; sie bieten neue Chancen, aber auch Risiken für die Gestaltung von Bildungs-, Berufs- und Lebensverläufen. Die offenen Grenzen der EU werden von den Jugendlichen mittlerweile als eine europäische Selbstverständlichkeit betrachtet. Der Bologna-Prozess mit der Angleichung der Studienabschlüsse in der EU zeigt die zunehmende Bedeutung des europäischen Bildungsraumes. Der europäische Binnenmarkt ermöglicht die Arbeitsaufnahme in die europäischen Mitgliedstaaten. (...)

Und dennoch: Ungeachtet einer fast vierzigjährigen Geschichte der EU als Erfolgsmodell und vielfältiger Kampagnen zeigt sich durch alle Altersgruppen hinweg ein erschreckend niedriger Wissensstand zu europäischen Themen. So fühlen sich nur knapp zwei Prozent sehr gut über die EU informiert, während 54 Prozent angaben, ein wenig, und 17 Prozent, gar nichts zu wissen. Für viele Menschen und besonders die junge Generation wird es immer schwieriger zu verstehen, wo die Vorteile der EU liegen. Einzelne Politikbereiche werden entweder recht kritisch oder desinteressiert aufgenommen. Diese Tendenz ist problematisch, weil Jugendliche ein Drittel der europäischen Bürgerschaft darstellen und sich die berechtigte Frage stellt, ob der künftige Einigungsprozess so auf einer stabilen Basis steht.

Stefan Rappenglück, Jugend in der Europäischen Union, in: APuZ 47/2006, S. 3

Karikatur: Thomas Plassmann

Aufgaben

1. Erschließe aus dem Text M 8 Ziele und Maßnahmen der sogenannten *„Bologna-Reform“*.
2. Stelle die Möglichkeiten und Defizite der Reformbemühungen einander gegenüber (M 8).
3. *„Zurück zum alten System?“* – Diskutiert anhand von M 8 Für und Wider dieser Überlegung.
4. Ermittle aus M 9, was Experten über Jugendliche und Europa herausgefunden haben. Halte deine Ergebnisse stichpunktartig fest.
5. Die Experten nehmen die EU auch in die Pflicht. Entwickle ausgehend von M 9 Vorschläge, wie die EU Jugendliche stärker für sich begeistern und an sich binden könnte.

Wissen kompakt

Jugendliche in Europa

Dank der Massenmedien Fernsehen und Internet verbreiten sich Modetrends und Musikhits rasend schnell und weltweit. Jugendliche in Berlin, Paris und London, aber auch in Sydney und Buenos Aires tragen die gleichen Labels, hören dieselbe Musik, verbringen ihre Schulzeit und Freizeit ähnlich. Schon versuchen Wissenschaftlicher mittels Umfragen den Mainstream einer „europäischen Jugend“ festzustellen. Dass dies nur bedingt möglich ist, zeigt der Vergleich mit nationalen Umfragen: Zwar gibt es durchaus Parallelen bei Freizeitbeschäftigung und Mediennutzung, von einer europäischen Jugendkultur kann man jedoch genauso wenig sprechen wie von einer deutschen oder tschechischen Jugendkultur. Jugend ist eben nicht einheitlich. Die Lebensverhältnisse Jugendlicher unterscheiden sich bei genauerem Hinsehen nicht nur in Europa, sondern bereits innerhalb einer Stadt oder eines Bundeslandes stark voneinander.

Dennoch ist es eine große Aufgabe für Europa, sich seiner ca. 75 Millionen Jugendlichen anzunehmen, ihre Probleme und Ängste ernst zu nehmen und sie vor allem für das Projekt Europa zu begeistern. Leider beweisen Befragungen und die niedrige Beteiligung Jugendlicher an den Europawahlen, dass ein Großteil der europäischen Jugend wenig Interesse an europäischen Fragen zeigt.

Europa als Chance für junge Menschen

Der gemeinsame Binnenmarkt mit freiem Güter-, Personen-, Dienstleistungs- und Kapitalverkehr schafft Arbeitsplätze im europäischen Raum, die vor allem für junge Menschen attraktiv sind.
Schulen und Universitäten sollen auf diesen Arbeitsmarkt vorbereiten. Neben dem Erlernen europäischer Fremdsprachen in der Schule spielen Schüleraustausch und Gastschuljahr eine wichtige Rolle, um Kompetenzen wie Weltoffenheit, Engagement, Selbstvertrauen und Toleranz zu erwerben. Europa unterstützt diesen kulturellen und bildungspolitischen Austausch durch Förderprogramme wie Comenius (Austauschprogramm für Schulen) und Erasmus (Austauschprogramm für Studenten).

Interkulturelle Bildung

Interkulturelle Bildung meint dabei nicht eine Vereinheitlichung von Bildungszielen und -inhalten in Europa, sondern die bewusste Auseinandersetzung zwischen Fremdem und Vertrautem, den Perspektivwechsel, der den Blickwinkel erweitert und die eigene Wahrnehmung differenziert.

Bologna-Studienreform

An den Universitäten in Europa wird seit 1999 im Rahmen des Bologna-Prozesses schrittweise auf europaweit anerkannte Bachelor- und Masterstudiengänge umgestellt. So wird ein einheitlicher europäischer Hochschulraum entstehen, der die EU zum „wettbewerbsfähigsten und dynamischsten wissensbasierten Wirtschaftsraum der Welt“ macht, so die Staats- und Regierungschefs auf dem EU-Gipfel in Lissabon 2000.
Diesen weitgesteckten Zielen stehen oft noch nationale Prämissen entgegen. Bildungspolitik ist Sache der Einzelstaaten, in Deutschland sogar Hoheitsrecht der Bundesländer. Entsprechend zögerlich gestaltet sich die Umsetzung europäischer Vorgaben in der nationalen Hochschul- und Schulbildung.

Überprüfe dein Können

Der fiktive EU-Staatsbürgerschaftstest

Staatsbürger eines europäischen Staates zu werden ist nicht immer einfach, wenn man aus einem Nicht-EU-Staat kommt. Oft muss man hierfür einen Test absolvieren und Fragen über den Staat beantworten, in dem man Staatsbürger werden möchte.
Mit dem folgenden Fragebogen kannst du dich als EU-Staatsbürger testen. Achtung: Zum Teil sind mehrere Antworten möglich.

1. **Europa ist ...**
   a) ein Kulturraum
   b) eine Wertegemeinschaft
   c) eine politische Union von Staaten

2. **In Europa leben ca. ... Jugendliche**
   a) 501 Millionen
   b) 120 Millionen
   c) 75 Millionen

3. **Folgender Staat gehört nicht zur EU**
   a) Luxemburg
   b) Finnland
   c) Schweiz

4. **Die EU besteht derzeit aus ... Staaten**
   a) 27
   b) 25
   c) 16

5. **In der Euregio Bayerischer Wald - Böhmerwald heimisch ist ...**
   a) der Luchs
   b) der Waschbär
   c) der Auerochse

6. **Als „Vater Europas“ wurde ... bezeichnet**
   a) Konrad Adenauer
   b) Helmut Kohl
   c) Karl der Große

7. **Europa war ...**
   a) die Tochter des griechischen Gottes Zeus
   b) die Erfinderin der Europäischen Union
   c) eine phönizische Königstochter

8. **Motive der Europäischen Einigung sind**
   a) Frieden in Europa
   b) Wohlstand
   c) ein gemeinsamer Binnenmarkt

9. **Die EU kennt ... Amtssprachen**
   a) 27
   b) 23
   c) 15

10. **Folgendes Programm ist kein Bildungsprogramm der EU**
   a) Erasmus
   b) Comenius
   c) Galileo

11. **Die Europa-Hymne lautet**
   a) O du Fröhliche ...
   b) Satellite
   c) Freude, schöner Götterfunken

12. **Welches Ereignis fand 2002 statt?**
   a) Die EU Verfassung tritt in Kraft
   b) Der Euro wird eingeführt
   c) Betritt Deutschlands zur EU

Lösung: 1 a, b, c, 2 c, 3 c, 4 a, 5 a, 6 c, 7 c, 8 a, b, c, 9 b, 10 c, 11 c, 12 b

Barbie foot

5

Geschlechterverhältnisse im Spiegel des gesellschaftlichen Wandels

„Frauen und Männer sind gleichberechtigt." So bestimmt es das Grundgesetz in Artikel 3 (2). Der Weg dorthin war nicht einfach. Das würden uns zumindest die vier Frauen berichten, die damals dafür sorgten, dass dieser Artikel 1949 tatsächlich so ins Grundgesetz aufgenommen wurde. Und was haben wir daraus gemacht? Wie ist es in unserer Lebenswirklichkeit um die Gleichberechtigung von Mann und Frau bestellt – in unseren Familien, den Schulen und in der Berufswelt? Was tragen Erziehung und Medien dazu bei, wie wir uns als Männer und Frauen wahrnehmen? Und wer oder was sagt uns, was ein Mädchen oder ein Junge tut oder eben auch nicht?

Am Ende dieses Kapitels kannst du unter anderem:

- erklären, was man unter Gleichberechtigung versteht
- verstehen, wie wir mit Geschlechterrollen und Rollenklischees bewusster umgehen können
- wissen, in welchen Bereichen die Gleichstellung von Mann und Frau noch nicht umgesetzt ist
- die Probleme von Jungen und Männern nachvollziehen
- die Abhängigkeit vieler unserer Entscheidungen von Geschlechterrollen aufdecken

Was weißt du schon?

- Erkläre, warum du das links stehende Bild für geeignet / nicht geeignet hältst, dieses Kapitel einzuleiten.
- Versuche zu beschreiben, warum du dich als Mädchen / Junge wohlfühlst. Tausche dich mit einem Partner darüber aus. P *(Dieses Symbol wird auf der nächsten Seite erläutert.)*
- Welche Bedeutung hat das Thema Gleichberechtigung von Frauen und Männern in der Schule, in der Familie, im Freundeskreis oder bei deinen Berufswünschen? P

Methode: das Portfolio

Wozu macht man ein Portfolio?

In einem Portfolio trägt man in einem Heft, Ordner oder in einer Mappe die Ergebnisse zusammen, die man bei der Bearbeitung eines Themas gesammelt hat. Man fertigt ein Portfolio an, um den eigenen Lernprozess selbständig gestalten und kontrollieren zu können und sich Lernfortschritte bewusst zu machen. In diesem Kapitel geht es um die Gleichstellung von Mann und Frau. Mit verschiedenen Arbeitsaufträgen und Materialien wirst du dich dem Thema nähern und neue Aspekte kennenlernen, die du vielleicht noch nicht bedacht hattest, dich zum Nachdenken anregen und dir helfen sollen, deine Meinung zu überdenken und zu entwickeln.

Was soll in das Portfolio hinein?

Berichte, Gesetzestexte, Interviews, Bilder, Karikaturen, Statistiken, die zum Thema passen.

Auch die Ergebnisse der Arbeitsaufträge, die mit einem gesonderten Symbol versehen sind P, eignen sich für dein Portfolio.

Besonders ertragreich wird deine Arbeit, wenn du zusätzliches Material, das du selbst gefunden hast, deinem Portfolio hinzufügen kannst. Auf dem Notizzettel siehst du, welche Themen du in den jeweiligen Kapiteln für dein Portfolio zusätzlich bearbeiten kannst.

Kapitel 5.1

- *Erfüllen von Rollenerwartungen im eigenen Leben*
- *Interview mit einem Elternteil und/oder Großelternteil zur Situation in deren Jugend und eine Auswertung*
- *Auswertung der Analyse von Familienbildern aus Alben der Eltern- und Großelterngeneration*

Kapitel 5.2

- *Bedeutung des „sozialen Wandels" für das Rollenverständnis von Mann und Frau*
- *Entwickeln von Vorstellungen zur eigenen Lebensführung in 20 Jahren*

Kapitel 5.3

- *Recherchearbeit: Mädchen/Frauen und Jungen/Männer:*
  - *in den unterschiedlichen Schultypen und Abschlüssen*
  - *Arbeitsaufteilung in Haushalt und Familie*
  - *...*
- *Einfluss von Sozialisationsinstanzen (Familie, Schule, Freunde) auf das eigene Rollenverständnis*
- *Erarbeiten eines Handbuchs für Eltern für eine bewusstere Erziehung*
- *Persönliches Fazit*

Aufgaben

In deinem persönlichen Fazit solltest du festhalten, was dir die Auseinandersetzung mit dem Material gebracht hat: *Was weißt du jetzt, was du vorher noch nicht wusstest? Wie kannst du mit Texten, Graphiken, Statistiken und Bildern sinnvoll umgehen? Wo hattest du Schwierigkeiten und wie bist du mit ihnen umgegangen? Was hat dir am meisten gebracht – sowohl inhaltlich wie auch methodisch, beim Erarbeiten der Materialien allein, mit Partner/n oder in der Klasse?*

5.1 Rollenspiele?

If I were a boy (Beyoncé)

If I were a boy
Even just for a day
I'd roll outta bed in the morning
And throw on what I wanted and go
Drink beer with the guys
And chase after girls
I'd kick it with who I wanted
And I'd never get confronted for it
Cause they'd stick up for me

If I were a boy
I think I could understand
How it feels to love a girl
I swear I'd be a better man
I'd listen to her
Cause I know how it hurts
When you lose the one you wanted
Cause he's taken you for granted
And everything you had got destroyed

If I were a boy
I would turn off my phone
Tell everyone it's broken
So they'd think that I was sleepin' alone
I'd put myself first
And make the rules as I go
Cause I know that she'd be faithful
Waitin' for me to come home (to come home)

If I were a boy
I think I could understand
How it feels to love a girl
I swear I'd be a better man
I'd listen to her
Cause I know how it hurts
When you lose the one you wanted
Cause he's taken you for granted
And everything you had got destroyed

It's a little too late for you to come back
Say it's just a mistake
Think I'd forgive you like that
If you thought I would wait for you
You thought wrong

But you're just a boy
You don't understand
Yeah you don't understand
How it feels to love a girl someday
You wish you were a better man
You don't listen to her
You don't care how it hurts
Until you lose the one you wanted
Cause you've taken her for granted
And everything you have got destroyed
But you're just a boy

SONGtext

http://lyricwikia.com, Abruf 20.05.2011

Beyoncé Giselle Knowles ist eine R&B und Soul-Sängerin aus den USA. Ihr Song „If I were a boy" erschien im November 2008. Beyoncé gewann mehrere Preise, u.a. den „Grammy Award", der als die höchste Auszeichnung für Künstler im Bereich der populären Musik gilt.

Aufgaben

Beyoncé beschreibt in ihrem Song "If I were a boy", wie es wäre, ein Junge zu sein.

1. Trage mit deinem Partner zusammen, welche Verhaltensweisen sie Jungen, welche sie Mädchen zuschreibt. Stimmt ihr dem zu?
2. Stell dir vor, du bist für einen Tag kein Junge / Mädchen mehr, sondern das jeweils andere Geschlecht: In welchen Bereichen oder Situationen würde sich dein Leben ändern / nicht ändern? P

5.1.1 Wie verändern sich die Rollenklischees?

M 1 Rollenklischees im Alltag

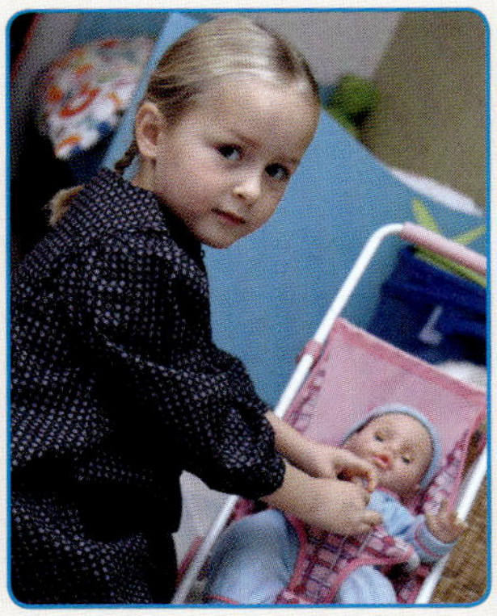

Info

Rolle – Geschlechterrolle – Stereotype

Rolle: Rollen sind (...) Erwartungen der Gruppe an das Verhalten des Einzelnen. (...) Viele Rollen sind gesellschaftlich vorgegeben. Dies gilt sowohl für selbstgewählte Rollen (z.B. Berufsrollen) als auch für „Zwangsrollen“ (Alter, Geschlecht, Hautfarbe etc.). Trotzdem besteht für den Rollenträger ein Verhaltensspielraum: Er gestaltet seine Rollen selber mit.

Otto Marme, Ich und du und so weiter. Kleine Einführung in die Sozialpsychologie, Beltz Verlag, 1999, S. 30, 33

Geschlechterrollen sind Verhaltensmuster, Vorstellungen und Normen, die Frauen und Männern in einer Gesellschaft zugewiesen werden. Geschlechterrollen werden bereits in der frühen Kindheit erlernt und unterscheiden sich stark zwischen verschiedenen Kulturen.

Stereotype (Rollenklischee) sind vereinfachte und starre Vorstellungen (Vorurteile) über Eigenschaften und Verhaltensweisen von anderen Menschen oder Gruppen. Stereotype können neutral sein, meistens sind sie jedoch mir Wertungen verbunden. (→S. 31)

Medienkoffer „Frauen und Männer – Gleich geht's weiter. Begleitbroschüre“, Hg.: BFSFJ, Berlin, 03/2008, S. 17f.

M 2 Die Zeiten ändern sich – Familie und Frauenrollen

Die Singers: Heute (2002) ist Katharina Singer 75 Jahre alt. Sie hat vier Kinder und sechs Enkel. Welche Träume und Pläne hatte sie früher? Was ist aus ihnen geworden? Wie denkt Tochter Steffi über ihre Mutterrolle? Wie sieht Enkelin Nina ihre Zukunft?

Katharina Singer – Hausfrau und Mutter von vier Kindern, geboren 1927: (...) Nach dem Schulabschluss war Krieg, für Ausbildung keine Zeit. Direkt nach Kriegsende heiratete Katharina ihren Verlobten Hans. Das Paar war in einigen Dingen sehr modern. Nicht urlaubslose Dauerarbeit: „Egal wie wenig Geld wir hatten, wir sind jedes Jahr in den Urlaub gefahren (...).“ Dafür war Emanzipation überhaupt kein Thema. „Meine Frau braucht nicht zu arbeiten“

– auf diesem Standpunkt beharrte der Ehemann und verbot seiner Frau, eine Stelle anzunehmen. (...)

Steffi Singer – Friseurin und Mutter von zwei erwachsenen Kindern, in zweiter Ehe verheiratet, geboren 1949: Ein Leben, „klassisch an der Seite des Mannes" – für Steffi war das anfangs ganz normal, aber nur mit einer Berufsausbildung. (...) Natürlich hat sie nach den beiden Kindern aufgehört zu arbeiten, es war schließlich genug Arbeit zu Hause da. Als die dann aus dem Gröbsten heraus waren, konnte Steffi stundenweise wieder in ihrem alten Beruf arbeiten. Die erste Ehe hielt nicht. Ihre Mutter konnte das nicht verstehen. „Da muss man durch – jede Ehe hat mal ein Tief." Doch Steffi hat schließlich einen Schlussstrich gezogen. Sie ist heute glücklich in zweiter Ehe verheiratet. Den Nachnamen ihres Ehemannes wollte sie aber nicht annehmen. „Ich habe erkannt, dass ich ich selbst bleiben muss. Ich habe meinen Mädchennamen wieder angenommen."

Nina – Sekretärin und Mutter von zwei Kindern, verheiratet, geboren 1973: Nina hat wie ihre Mutter nach der Schule eine Berufsausbildung absolviert: Bürokauffrau, weil sie sich dafür interessierte und weil ein solcher Beruf so gut mit einem Familienleben zu vereinbaren ist. Aber nach der Ausbildung hat sie erst einmal ihr Leben und ihre Jugend genossen. Sie ist seit drei Jahren verheiratet, hat zwei kleine Kinder (vier und zwei Jahre alt: „Wir mussten ja nicht gleich heiraten, bloß weil wir ein Kind erwarteten"). Beim ersten Kind ist sie noch ein Jahr zu Hause geblieben, beim zweiten hat sie gleich nach dem Mutterschaftsurlaub wieder angefangen zu arbeiten. „Wir haben eine wunderbare Tagesmutter (...). Mein Gehalt können wir gut gebrauchen, denn die Eigentumswohnung muss abbezahlt werden." Nina möchte mehr: Sie hat die Möglichkeit, in der Firma, in der sie arbeitet, zur EDV-Sachbearbeiterin aufzusteigen – wenn sie an einer halbjährigen Fortbildung in der Hauptstelle in einer anderen Stadt teilnimmt. (...)

Timo – Kfz-Mechaniker und Ninas Ehemann, geboren 1972: An sich findet Timo sein Familienleben optimal: Beide sind erwerbstätig (unterschiedlich viel), beide können sich (unterschiedlich viel) um die Kinder kümmern und die Wohnung konnten sie sich auch leisten. Für ihn ist es kein Thema, im Haushalt mit anzupacken, er hat seine Aufgaben (z.B. am Samstag einkaufen, den Abfall entsorgen, Fenster putzen). Von Ninas Ambitionen ist er nicht so recht überzeugt: „Alles könnte bleiben, wie es ist. Die Kinder sind doch noch so klein. Da müssten wir viel organisieren ... "

Petra Beckmann-Schulz, Themenblätter im Unterricht: Familie und Frauen-Rollen, Herbst 2002, Nr. 19

Aufgaben

1. Beschreibe die Bilder in M 1 *(Kleidung, Haltung, Gesichtsausdruck, Bildhintergrund, Farbigkeit, Symbole)*. Stelle fest, welche Rollenklischees hier vermittelt werden.
2. Erkläre, welche Leitbilder für Frauen und Männer in den 50er und 60er Jahren gegolten haben, und arbeite die Veränderungen bis heute heraus (M 2).
3. Spielt die Entscheidungsfindung, vor der Timo und Nina stehen, in einem Rollenspiel nach. P
4. Vergleiche die Situation der Familie Singer mit deiner Familie.

5.1.2 Fördern Gesetze Gleichberechtigung?

M 3 Der Kampf um die Gleichberechtigung – Art. 3 (2) GG

Die „Mütter des Grundgesetzes": (von links nach rechts): Friederike Nadig (SPD), Helene Weber (CDU), Helene Wessel (Zentrumspartei), Elisabeth Selbert (SPD)

Es war dies der große Kampf der sozialdemokratischen Rechtsanwältin Elisabeth Selbert aus Kassel, die erst ihre drei Kolleginnen im Parlamentarischen Rat anfeuerte; alle vier zusammen überzeugten dann ihre widerstrebenden 61 männlichen Kollegen von der zukunftsweisenden, damals fast abenteuerlichen Formulierung „Männer und Frauen sind gleichberechtigt". (...)

Die männlichen Räte hatten ursprünglich nicht vor, die geltende Rechtslage grundlegend zu ändern. Diese Rechtslage wurde in einem Lehrbuch des Familienrechts (...) wie folgt beschrieben: Der Mann bestimmt „Art und Umfang des Lebensaufwandes, den Ablauf des häuslichen Lebens, die Erziehung der Kinder, Wohnort und Wohnung". Der Mann hat „Herrschaftsbefugnis über das Frauenvermögen", er kann den Arbeitsplatz der Frau kündigen, „sofern die ehelichen Interessen beeinträchtigt sind". Der Mann hatte das Entscheidungsrecht, die Frau die „Folgepflicht". Die Kompetenz der Frau beschränkte sich auf ihre persönlichen Angelegenheiten. Die erste Fassung des Gleichheitssatzes wollte es dabei belassen; sie sprach lediglich davon, dass Männer und Frauen „dieselben staatsbürgerlichen Rechte und Pflichten haben". Das war aber nicht mehr, als auch schon in der Weimarer Verfassung von 1919 gestanden hatte. Es wäre bei der altbackenen Formulierung geblieben, hätte es nicht unter den 65 Parlamentariern in Bonn die genannten vier Frauen gegeben. (...)

Als zum ersten Mal der Vorschlag der Rechtsanwältin Selbert zur Diskussion stand, entfuhr es dem FDP-Abgeordneten Thomas Dehler: „Dann ist das Bürgerliche Gesetzbuch verfassungswidrig." Die Gleichberechtigung blieb denn auch in erster Lesung noch erfolglos: „Das bisherige Recht würde in sich zusammenfallen", sagte der CDU-Abgeordnete Hermann von Mangoldt. Er hatte in gewisser Weise Recht mit diesem Urteil. Als die Gleichberechtigung schließlich doch Grundrecht wurde, brachte es der Gesetzgeber nicht fertig, den Verfassungsauftrag einzuhalten. Das Gleichberechtigungsgesetz trat erst 1958 in Kraft. Die einstimmige (!) Verabschiedung des Gleichheitssatzes im Parlamentarischen Rat war die Sternstunde der Elisabeth Selbert. Wie eine Wanderpredigerin war sie durchs Land gezogen, hatte Frauengruppen und Gewerkschaften, Betriebsrätinnen und die weiblichen Abgeordneten der Landesparlamente mobilisiert, Ende 1948 eine der wenigen öffentlichen Aktionen zur Grundrechtsdebatte organisiert. Die Frauen aller Landtage meldeten sich beim Parlamentarischen Rat, nur die aus Bayern nicht. „Waschkorbweise" sollen die Briefe in Bonn eingetroffen sein; sie sind nicht erhalten. Und den parlamentarischen Räten redete Elisabeth Selbert ins Gewissen: „Die Frau, die während der Kriegsjahre auf den Trümmern gestanden und den Mann an der Arbeitsstelle ersetzt hat, hat heute einen moralischen Anspruch darauf, so wie ein Mann bewertet zu werden."

Honoriert wurde der Kampf der Elisabeth Selbert um die Gleichstellung der Frau auf allen Lebens- und Rechtsgebieten nicht. (...) Sie blieb die einzige weibliche Abgeordnete des Parlamentarischen Rates, die nicht in den Bundestag einzog.

Heribert Prantl, Süddeutsche Zeitung, Nr. 238, 16.10.2006, S. 8

M 4 Bürgerliches Gesetzbuch (BGB) im Wandel

Gesetz	1900	1958	1977
§ 1356	Die Frau ist (...) berechtigt und verpflichtet, das gemeinschaftliche Hauswesen zu leiten. Zu Arbeiten im Hauswesen und im Geschäfte des Mannes ist die Frau verpflichtet, soweit eine solche Tätigkeit nach den Verhältnissen, in denen die Ehegatten leben, üblich ist.	Die Frau führt den Haushalt in eigener Verantwortung. Sie ist berechtigt, erwerbstätig zu sein, soweit dies mit ihren Pflichten in Ehe und Familie vereinbar ist. Jeder Ehegatte ist verpflichtet, im Beruf oder Geschäft des anderen Ehegatten mitzuarbeiten, soweit dies nach den Verhältnissen, in denen die Ehegatten leben, üblich ist.	1) Die Ehegatten regeln die Haushaltsführung im gegenseitigen Einvernehmen. Ist die Haushaltsführung einem der Ehegatten überlassen, so leitet dieser den Haushalt in eigener Verantwortung. (2) Beide Ehegatten sind berechtigt, erwerbstätig zu sein. Bei der Wahl und Ausübung einer Erwerbstätigkeit haben sie auf die Belange des anderen Ehegatten und der Familie die gebotene Rücksicht zu nehmen.
§ 1358	Hat sich die Frau einem Dritten gegenüber zu einer von ihr in Person zu bewirkenden Leistung verpflichtet, so kann der Mann das Rechtsverhältnis ohne Einhaltung einer Kündigungsfrist kündigen, (...) wenn sich ergibt, dass die Tätigkeit der Frau die ehelichen Interessen beeinträchtigt.	**aufgehoben**	
§ 1360	Der Mann hat der Frau nach Maßgabe seiner Lebensstellung, seines Vermögens und seiner Erwerbsfähigkeit Unterhalt zu gewähren. Die Frau hat dem Manne, wenn er außerstande ist, sich selbst zu unterhalten, den seiner Lebensstellung entsprechenden Unterhalt nach Maßgabe ihres Vermögens und ihrer Erwerbsfähigkeit zu gewähren. Der Unterhalt ist in der durch die eheliche Lebensgemeinschaft gebotenen Weise zu gewähren. (...)	Die Ehegatten sind einander verpflichtet, durch ihre Arbeit und mit ihrem Vermögen die Familie angemessen zu unterhalten. Die Frau erfüllt ihre Verpflichtung, durch Arbeit zum Unterhalt der Familie beizutragen, in der Regel durch die Führung des Haushalts; zu einer Erwerbstätigkeit ist sie nur verpflichtet, soweit die Arbeitskraft des Mannes und die Einkünfte der Ehegatten zum Unterhalt der Familie nicht ausreichen und es den Verhältnissen der Ehegatten auch nicht entspricht, dass sie den Stamm ihrer Vermögen verwerten.	Die Ehegatten sind einander verpflichtet, durch ihre Arbeit und mit ihrem Vermögen die Familie angemessen zu unterhalten. Ist einem Ehegatten die Haushaltsführung überlassen, so erfüllt er seine Verpflichtung, durch Arbeit zum Unterhalt der Familie beizutragen, in der Regel durch die Führung des Haushalts.

Aufgaben

1. Finde ausgehend von M3 Gründe für die Schwierigkeiten bei der Entstehung des Artikels 3 (2) GG. P
2. Art. 3 (2) Satz 2 wurde erst 1994 eingefügt. Überlege dir mit einem Partner, warum dies nötig wurde und was es bewirken sollte. (→S. 54, M 1)
3. Erschließe, welche Lebensbereiche mit den Gesetzen im Bürgerlichen Gesetzbuch (BGB) geregelt werden und formuliere Überschriften für die einzelnen Paragraphen (M4).

5.1.3 Wie sind die Rollen heute verteilt – typisch weiblich, typisch männlich oder doch Rollenbrecher?

M 5 Überzeugung ist alles

Erzieher im Kindergarten

Ursprünglich überlegte Alex Rädle (23) aus Mühldorf, ob er Medizin oder Jura studieren sollte. Aber nach einem Praktikum im Kindergarten änderte er seine Pläne. Heute steht er vor dem Anerkennungsjahr zum Erzieher und ist froh über seine Entscheidung.

Aber nicht nur die Kreativität, auch die Spontaneität, die ihn jeden Tag mit etwas anderem überrascht, die Neugierde und die Reaktionen der Kinder, sind Gründe, warum sich der 23-Jährige für den Erzieherberuf entschieden hat: „In der elften Klasse habe ich ein Praktikum in einem Kindergarten absolviert und nach dem ersten Tag stand für mich fest, dass ich Erzieher werden möchte. Ich hatte sofort das Gefühl, hier kann ich etwas bewirken", erinnert er sich.

Die Reaktionen seines Umfelds waren gemischt, einige fanden seine Berufsentscheidung toll und zeigten Neugier. Andere hingegen verstanden nicht, wie man als Mann Erzieher werden konnte. Alex Rädle war es egal – er war überzeugt von seiner Wahl. (...)

Dass Erzieher als typischer Frauenberuf gilt, stört Alex Rädle nicht: „Männer gehen anders mit Kindern um als Frauen, bringen einfach noch einmal eine andere Perspektive mit, da kann man sicherlich viel voneinander lernen", meint er. Als Mann quasi „allein unter Frauen" zu sein, bringe auch Vorteile: „Männliche Erzieher werden gesucht!"

Abi – dein Weg in Studium und Beruf, 05/2010, Heft 3, S. 20f.

M 6 „Ich will zeigen, dass ich das kann"

Karina Köpke, 20 Jahre, macht eine Ausbildung als IT-Systemelektronikerin in einem Automobilunternehmen in Hannover. Der Frauenanteil unter Auszubildenden in den IT-Berufen lag dem Branchenverband Bitkom zufolge 2007 bei 9,1 Prozent.

Als angehende IT-Systemelektronikerin behauptet sich Karina Köpke in einer Männerdomäne. (...)

Nicht einmal jede zehnte IT-Auszubildende ist eine Frau. Fühlen Sie sich da nicht als Exotin?

Ja, ich fühle mich schon als Exotin in meinem Beruf, da es sehr selten ist, dass eine Frau so einen Beruf erlernt. Bei uns im dritten Lehrjahr sind unter 12 Auszubildenden zwei Frauen. Und das sind schon richtig viele Frauen für den IT-Bereich, in anderen Lehrjahren unter uns gibt es gar keine oder nur eine Frau.

Warum haben Sie sich für diesen Beruf entschieden?

Mein Vater ist Informatiker, das hat mich sehr geprägt. Ich bin mit dem Computer aufgewachsen, habe ihn schon ab dem sechsten Lebensjahr genutzt und damit ist auch meine Neugier gewachsen, was in einem Computer passiert. Außerdem interessiere ich mich für Elektronik und mache gerne Handwerkliches – und ich wollte in einen sogenannten Männerberuf und zeigen, dass ich das kann.

Ihre Familie hat Ihre Berufswahl dann vermutlich unterstützt?

Ja, die fanden das von Anfang an super.

Wie sind die Reaktionen im Kollegen- und Freundeskreis?

Mit Kollegen habe ich gar keine Probleme. Ich gehe sehr offen auf Leute zu und zeige auch, dass ich kompetent bin. Ich habe nicht das Gefühl, dass ich anders betrachtet werde als Männer in meinem Beruf. Überraschte Reaktionen ernte ich eher in der Freizeit, wenn ich gefragt werde, was ich mache. Dann heißt es öfters mal: »Hast du wirklich Ahnung davon?« oder: »Wirklich? Das trauen Sie sich zu, das schaffen Sie?« Vor allem Frauen sind verwundert und manchmal fast geschockt – gerade jene, die in typischen Frauenberufen arbeiten. Ich reagiere da aber sehr selbstbewusst. Ich bin stolz auf das, was ich mache. Leider trauen sich viele Mädchen nicht, in eine Männerbranche zu gehen. Das merke ich immer wieder bei meiner Arbeit mit Schülerinnen.

Was machen Sie da?

Ich bin in zwei Berufsorientierungsprojekten engagiert. Ich begleite Schülerinnen bei der Berufsfindung und unterstütze sie bei Bewerbungen. Dabei sage ich den Mädchen immer wieder, dass sie auch einen technischen Beruf schaffen können. Viele trauen sich das nicht zu, weil sie von ihrer Familie nicht ermutigt werden oder es sogar ausgeredet bekommen, beispielsweise weil die Mutter auch einen typischen Frauenberuf hat.

Glauben Sie, dass Frauen heute in männlich dominierten Berufen die gleichen Chancen haben wie Männer?

Ja. Ich habe sogar das Gefühl, dass große Unternehmen Frauen bei gleichwertiger Bewerbung teilweise bevorzugen. So habe ich das auf jeden Fall in meinem Ausbildungsbetrieb erfahren. Frauen sind dort gerne gesehen und der Frauenanteil soll erhöht werden. (...)

Und insgesamt in der Arbeitswelt: Haben Frauen die gleichen Chancen wie Männer?

Ja, weil Frauen das Gleiche leisten können und gute Voraussetzungen mitbringen. In der Schule sind Frauen sogar besser und ihr Sozialverhalten ist manchmal wohl auch positiver, das fördert das Arbeitsklima.

Rollenbilder im Wandel. Interaktive Ausstellung; Hg. BMFSFJ, 2008, Name geändert

M 7 Anteile von jungen Frauen in sogenannten „Männerberufen“

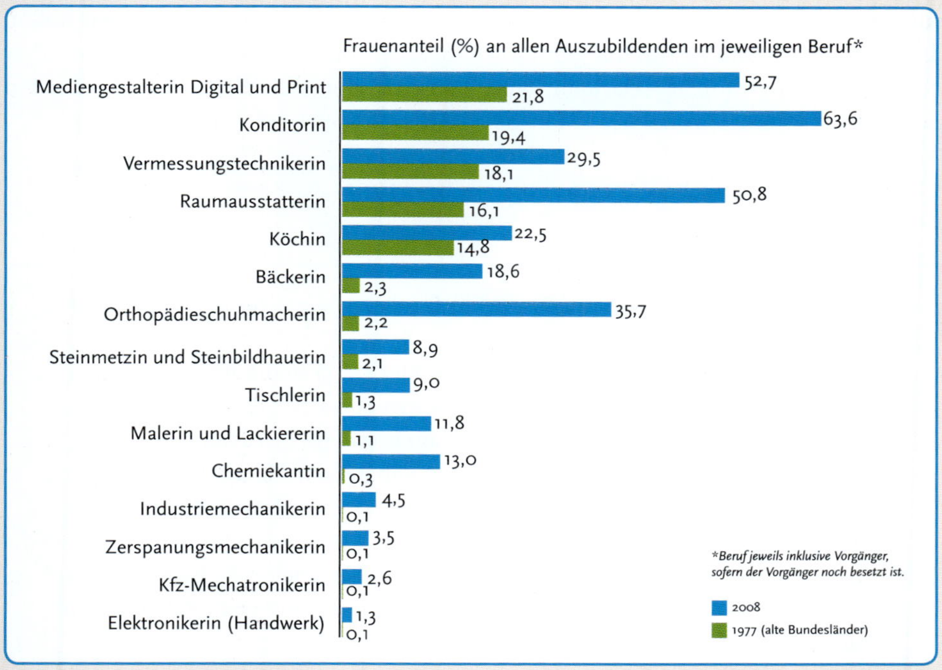

Datenquelle: Datenbank Aus- und Weiterbildungsstatistik des Bundesinstituts für Berufsbildung auf Basis der Daten der Berufsbildungsstatistik der statistischen Ämter des Bundes und der Länder (Erhebung zum 31.12.); Berechnungen des BIBB

M 8 „Rollentausch" bei Familie Huber

Familie Huber beim Abendessen

Felix Huber aus Hamburg ist Hausmann. „Das ist einfach so gekommen", sagt er. Als sich das erste Kind ankündigte, studierte seine Frau noch, er hatte seine Schauspielausbildung abgebrochen und war auf der Suche nach einer neuen Perspektive. „Die eröffnete sich dann mit der Geburt unserer Tochter." Felix Huber blieb zu Hause, um für seine Kinder da zu sein, während seine Frau ihr Medizinstudium beendete und begann, als Ärztin Vollzeit zu arbeiten. „Uns war immer klar, dass wir beide für die Kinder da sind und dass wir beide eine Rolle spielen, aber eher die Elternrolle und nicht die Vater- oder Mutterrolle", erzählt der 29-Jährige. Schlussendlich haben sich beide zu einer Rollenaufteilung entschlossen, die noch immer als untypisch gilt: Er blieb bei den vier Kindern, sie ging arbeiten. Im Alltag fühle er sich deshalb häufig „allein unter Frauen", meint Felix Huber. Er und seine Frau haben sich außerdem dazu entschieden, die Kinder früh in Betreuung zu geben, damit sie in ein soziales Netz hereinwachsen und mit Gleichaltrigen zusammen sind. Gerade im Umfeld seiner Frau ist das auf gemischte Reaktionen gestoßen. „Da kam dann schon mal so ein Spruch wie ‚Man bekommt doch keine Kinder, um sie dann gleich wieder abzugeben'", erinnert er sich. Aber gerade die offene Atmosphäre im Kindergarten und die Tatsache, dass viele Mütter in ihrem Bekanntenkreis arbeiten, habe dazu beigetragen, dass stereotype Rollenbilder den Alltag seiner Kinder bisher wenig beeinflussten. Vielmehr beobachtet er, dass bei Familien, in denen beide Elternteile arbeiten und insbesondere die Väter stark in ihren Beruf eingebunden sind, die Mütter oft mehr oder weniger alleinerziehend seien. Dabei würde Felix Huber anderen Vätern auf jeden Fall empfehlen, auch eine gewisse Zeit zu Hause zu bleiben und sich um die Kinder zu kümmern. „Man muss dabei nicht unbedingt komplett die Rollen tauschen", betont er, aber die Chance, den eigenen Kindern beim Aufwachsen zuzusehen, sei unwiederbringlich. „Jeden Tag erlebt man etwas Neues und die Bindung zu den Kindern ist eine ganz andere." (...) Seit Kurzem arbeitet Felix Huber wieder freiberuflich als Promoter. Seine Frau hat dafür Erziehungsurlaub genommen. „Jetzt wird es spannend zu sehen, wie wir in unserer Rollenaufteilung damit umgehen. (...) Da, wo Rollen flexibel und im Prinzip austauschbar sind, fühlen sich eigentlich die meisten am wohlsten", ist seine Erfahrung.

Rollenbilder im Wandel. Interaktive Ausstellung, Hg.: BMFSFS, Stand 2008

Aufgaben

1. Nenne die Gründe, die Katharina (M 6) für die Scheu vieler Mädchen anführt, einen technischen Beruf zu wählen.
2. Beschreibe, wie das jeweilige Umfeld von Alex (M 5) und Katharina (M 6) reagiert, einen für ihr Geschlecht untypischen Beruf zu erlernen.
3. Fasse die wesentlichen Aussagen des Diagramms (M 7) zusammen.
4. Erarbeitet in arbeitsteiliger Gruppenarbeit anhand der Materialien M 5 – M 7, ob sich traditionelle Rollenbilder verabschiedet haben. Begründet eure Antworten. P
5. Schildere das Familienleben der Hubers (M 8). Sammelt mit einem Partner die Ursachen dafür, dass in dieser Familie Arbeitsteilung und „Rollentausch" funktionieren.

Methode: klassische Frauen- und Männerberufe in einem Kurzreferat vorstellen

I. Erarbeitung

Jeder sucht sich einen „typischen" Frauen- und Männerberuf aus, den er in einem Kurzreferat vorstellen möchte.

1. Leitfragen formulieren

Die Herausforderung bei einem Referat besteht neben der Präsentation in der Formulierung einiger klarer Leitfragen, die das Thema des Referates eingrenzen und strukturieren. Mögliche Leitfragen:

- Welche Fähigkeiten werden vorausgesetzt?
- Welche schulischen Voraussetzungen werden verlangt?
- Welche Tätigkeiten werden ausgeübt?
- Wie sind die Verdienstmöglichkeiten?
- Wie ist die aktuelle Lage auf dem Arbeitsmarkt?
- Wird dieser Beruf in gleicher Weise von Männern und Frauen ausgeübt?

2. Informationen sammeln und systematisch auswerten

Informationsmöglichkeiten findet ihr u.a. bei der Bundesagentur für Arbeit. Das Material sollte nach einer ersten Sichtung ausgewertet werden, d.h. Texte genau lesen, unbekannte Wörter klären, zentrale Aussagen zusammenfassen, Statistiken und Schaubilder auswerten. Die Ergebnisse notiert man dann in Stichpunkten auf einer Karteikarte.

3. Eine Gliederung erstellen

Alle Informationen weiterzugeben, die man finden konnte, ist noch lange kein Referat. Entscheidend ist, die Informationen so aufzubereiten, dass die Zuhörer diese auch aufnehmen und verwerten können. Dazu muss ein sinnvoller Weg für die Informationsweitergabe gefunden werden. Das Gliederungsschema lässt sich am besten anhand der Leitfragen entwickeln. Allgemein gliedert sich jedes Referat in Einleitung, Hauptteil und Schluss.

4. Niederschrift des Referates

II. Präsentation

1. Vortragsvorlage erstellen

Die Einleitung soll das Interesse der Zuhörer wecken. Deshalb setzt man an den Anfang eines Referates gerne eine provokante These, eine persönliche Bemerkung oder eine Statistik. Bei der Berufsvorstellung kann man z.B. einen Gegenstand mitbringen, der typisch für diesen Beruf ist. Am Ende der Einleitung sollte man eine kurze Übersicht über den Hauptteil geben. Dies erleichtert das Zuhören. Im Schlussteil fasst man noch einmal die wichtigsten Aussagen zusammen und knüpft, wenn möglich, an die Fragestellung der Einleitung an.

2. Vortrag

Man sollte auf keinen Fall die schriftliche Fassung vorlesen, sondern möglichst frei vortragen. Der freie Vortrag und der Blickkontakt zu den Zuhörern sind von zentraler Bedeutung. Wer nur vorliest, verliert schnell den Kontakt zu den Zuhörern. Vorlesen wirkt zudem sehr eintönig und ermüdend. Deshalb sollte man den Vortrag in Stichworten auf Karteikarten übertragen. Die Karteikarten enthalten nur die wichtigsten Informationen und sind klar gegliedert. Der Vortrag sollte durch eine angemessene Mimik, Gestik und Körpersprache unterstützt werden. Die Wirkung des Vortrages wird durch Visualisierungen weiter unterstützt. Hierzu kann man den Overheadprojektor einsetzen, Lernplakate anfertigen / gestalten, Filmsequenzen einspielen usw.

Autorentext

Wissen kompakt

Geschlechterrollen und Rollenklischees

Geschlechterrollen sind typische Erwartungen, die man an einen Menschen aufgrund seines Geschlechtes stellt. Zum Beispiel: Männer müssen eine Familie ernähren können, Frauen erziehen die Kinder.
Rollenklischees sind Vorurteile über Eigenschaften und Verhaltensweisen von Männern und Frauen. Typisches Frauen-Rollenklischee ist, dass Frauen nicht Autofahren können. Typisches Männer-Rollenklischee ist, dass Männer nicht sensibel sind.

Leitbilder

50er und 60er Jahre:
Konventionelle Rollenverteilung und hierarchische Familienstruktur

Frau:
- Haushalt und Kindererziehung („Herz der Familie")
- grundsätzlich keine Erwerbstätigkeit bzw. nur, wenn mit den Pflichten in Ehe und Familie vereinbar
- Gehorsam und Unterordnung

Mann:
- finanzielle Versorgung der Familie
- „Haupt der Familie"

70er und 80er Jahre:
Allmähliches Lösen von traditionellen Rollenmustern und gleichberechtigte Partnerschaft zwischen Mann und Frau

Frau:
- Ausbildung und Beruf
- Wachsende Bedeutung von Selbständigkeit und Unabhängigkeit

Mann:
- „Haupternährer" der Familie

Gründe für die Veränderungen dieser Zeit
Einen erheblichen Anteil an der Veränderung hatte sicherlich der grundsätzliche Wertewandel, wesentlich war aber auch die Studentenbewegung der 60er und 70er Jahre, die u. a. für die Selbstbestimmung der Frau in allen gesellschaftlichen Bereichen kämpfte.

Entstehungsgeschichte des Artikel 3 (2) GG und der Wandel im Bürgerlichen Gesetzbuch

Die Diskussionen um die Aufnahme des Gleichheitsgrundsatzes in das Grundgesetz im Parlamentarischen Rat, der ab 1948 für die Entstehung einer neuen Verfassung verantwortlich war, wurden sehr intensiv geführt. Mit Artikel 3, Absatz 2 des GG gilt seit dem Jahr 1949 eine formale Gleichberechtigung zwischen Mann und Frau. Die endgültige Umsetzung des Gleichheitsgrundsatzes wurde durch Anpassung sämtlicher Gesetze jedoch erst 1958 erreicht.

Aufbrechen von traditionellen Rollenerwartungen

Heutzutage ist es sowohl für Männer wie auch für Frauen möglich, Aufgaben und Berufe zu übernehmen, die nicht dem traditionellen Rollenverständnis entsprechen. In Familien wird die Aufgabenverteilung offen ausgehandelt. Väter übernehmen heute auch die Versorgung der Kinder, sei es, weil die Mutter noch in der Ausbildung steht, sie ihren Job nicht aufgeben möchte, mehr verdient oder weil der Mann einfach einen größeren Anteil an der Erziehung der Kinder haben möchte.
Obwohl unsere Entscheidungsmöglichkeiten heute offensichtlich unbegrenzt sind, ist dennoch feststellbar, dass das direkte Umfeld von Menschen, die sich familiär oder beruflich gegen rollentypisches Verhalten entscheiden, häufig mit Unverständnis reagiert.

Überprüfe dein Können

The End of the World as we know it

Im Sommer 2002 hat eine Seuche unbekannten Ursprungs alle Spermien, Föten und Säugetiere mit einem Y-Chromosom ausgelöscht – bis auf einen einzigen jungen Mann und sein ebenfalls männliches Haustier, ein Kapuzineräffchen. Dieser „Geschlechtermord" tötete auf der Stelle 48% der Erdbevölkerung – ungefähr 2,9 Milliarden Männer.

Die Geschäftsführer von 495 der 500 größten Wirtschaftsunternehmen sind tot. Genauso wie 99% aller Landbesitzer der Welt. Allein in den Vereinigten Staaten von Amerika starben 95% aller Piloten, Lastwagenfahrer und Schiffskapitäne. Desgleichen 92% aller Gewaltverbrecher. Weltweit wurden 99% aller Mechaniker, Elektriker und Bauarbeiter getötet. Aber 51% der Bevölkerung, die Landarbeit verrichtet, überlebt.

14 Nationen, darunter Spanien und Deutschland, haben weibliche Soldaten, die auch in Kampfeinheiten tätig sind. Doch keine der 200.000 Soldatinnen der US-Armee hat je an einem Kampfeinsatz teilgenommen. Australien, Norwegen und Schweden sind die einzigen Länder, in denen Frauen auf U-Booten dienen. In Israel haben alle Frauen zwischen 18 und 26 obligatorisch wenigstens ein Jahr und neun Monate Militärdienst verrichtet. Vor der Seuche waren mindestens drei palästinensische Selbstmordattentäter Frauen. 85% der Regierungsmitglieder auf der ganzen Welt sind tot. Ebenso 100% aller katholischen Priester, muslimischen Immame und jüdisch-orthodoxen Rabbis.

Brain K. Vanghan/ Pia Guerra, Y., The Last Man, Bad, Tölz 2004, S. 3., in: Wochenschau, Sek. II, Jg. 56, 03/04/2005, Nr. 2

obligatorisch: verpflichtend

Aufgaben

1. Bitte deine Eltern und Großeltern um einige Fotos aus den Familienalben, um sie nach folgenden Kriterien zu untersuchen:
   a. Wie ist das Paar / die Familie dargestellt? *(hierarchische oder partnerschaftliche Anordnung, Distanz oder Zugewandtheit, künstliche oder natürliche Anordnung)*
   b. Was sagt die Mimik und Gestik? *(Autorität oder Natürlichkeit, Vertrautheit oder Distanz)*
   c. In welchem Kontext sind die Fotos entstanden? *(Fotostudio oder Zuhause, festlicher Anlass oder aus dem Alltag, im Urlaub)*

   Was kannst du von diesen Beobachtungen ausgehend über das Verhältnis von Mann und Frau im Laufe der Zeit sagen? P
2. Wähle einen für Jungen bzw. Mädchen untypischen Beruf und formuliere Argumente, die ihm bzw. ihr bei der Verteidigung seiner / ihrer Entscheidung im Umfeld helfen könnte. Überlegt euch dazu ein Rollenspiel, in dem ihr eure recht traditionell eingestellte Oma von eurer Entscheidung überzeugt. P
3. Erarbeitet die Konsequenzen des *„Geschlechtermords"* für den Rest der Bevölkerung. Was folgerst du daraus für die Aufgaben eines Staates?

5.2 Lebensentwürfe heute

5.2.1 Familie – hopp oder topp?

M 1 Shell Jugendstudie 2010

Lea ist 22 Jahre alt, studiert im 5. Semester Biologie an der Universität Tübingen und macht bei der Fachschaft mit. Später möchte sie unbedingt in der Forschung arbeiten.

Wie sieht es mit anderen Zielen aus, zum Beispiel im persönlichen Leben? Also, ein Partner, Kinder?
Lea: „Ich würde das schon sehr gerne haben. Ich frag mich nur, ob das mit der Arbeit tatsächlich vereinbar ist. Sagen wir mal so, im Prinzip ist man am besten dran, wenn man sich da versucht nicht allzu sehr festzulegen. Vielleicht auch einfach, wenn man wie ich generell der Typ ist, der eher dann doch die Arbeit vorziehen würde. Ich hätte sehr, sehr gerne Kinder, aber ich müsste ´nen Partner finden, der bereit ist, sich um die Kinder zu kümmern und auch sonst vielleicht streckenweise sehr anspruchslos ist (lacht), was so Dinge angeht wie die Zeit, die man da reinsteckt. Letztendlich war das auch mit eine Sache, woran meine letzte Beziehung zerbrochen ist, die eigentlich doch darauf ausgelegt war, länger zu halten."

Meike ist 24 Jahre alt, studiert Politikwissenschaft in Berlin und hat vor 2 Jahren geheiratet. Sie steht kurz vor ihrem Diplom.

Meike: „Also 'ne Hochzeit oder so Ehe hat heute nicht mehr den ökonomischen Stellenwert und ich glaube, aus diesen ganzen ideologischen Gründen hätt' ich auch nicht geheiratet (...). Aber so find ich schon, das ist natürlich irgendwie so'n Zeichen nach innen und nach außen. Und ich finde so nach innen einfach diese Bereitschaft, zusammen ein Leben lang durch's Leben zu gehen, das find ich schon toll. Also den Schritt gegangen zu sein, auch wenn alle sagen: „Oh Gott, ihr seid zu jung!"
Was würdest du sagen, was sind deine Karriereerwartungen?
(...) Also, am liebsten würd' ich natürlich (lacht) irgendwie 'ne Führungsposition haben und trotzdem alles auf die Reihe kriegen.
Ja. Also Familie und Karriere?
Ich glaub auch, das ist möglich. (...) Also man bewegt sich natürlich in irgend 'nem gesellschaftlichen Umfeld und auch in Unternehmensumfeldern ... Wenn man wirklich da auch noch glücklich leben möchte, wird man Abstriche machen müssen. (...) Ich denke, ich muss halt meinen eigenen Weg finden, also mit M. zusammen, und ich mein, ich find's traurig, dass man da so im Kleinen (...) da für sich 'ne Lösung finden muss, weil's gesellschaftlich nicht funktioniert.

Julian ist 17 Jahre alt, wiederholt gerade die 9. Klasse der Realschule und macht demnächst den mittleren Schulabschluss.

Was möchtest Du erreicht haben, bis du 30 bist?
Julian: Bis ich 30 bin. Ich will auf alle Fälle fest im Leben stehen. Alleine. Von nix mehr abhängig sein, weder Hartz IV noch von Eltern. (...) Also ich möchte, wenn es geht, Gesundheits- und Kinderkrankenpfleger werden. Oder zumindest ein Beruf, wo ich gut verdiene. Ja. Ich möchte zwei Kinder haben. (überlegt) Okay, bis 30, ja bis 30 ist es schon okay. (...) Aber ich will auf alle Fälle zwei Kinder haben. Ein Junge und 'n Mädchen.
Warum?
Na, ich liebe Kinder und ohne die ... ich will nicht sagen, dass es unmöglich wär', aber es wär' für mich (...) nicht schön, 'ne Beziehung bzw. 'ne Frau ohne Kinder. Wenn, denn schon Kinder.

Nach: 16. Shell Jugendstudie: Jugend 2010, Fallstudien, S. 250-304, Namen geändert

M 2 Wie verändern sich die Vorstellungen von Familie und Beruf?

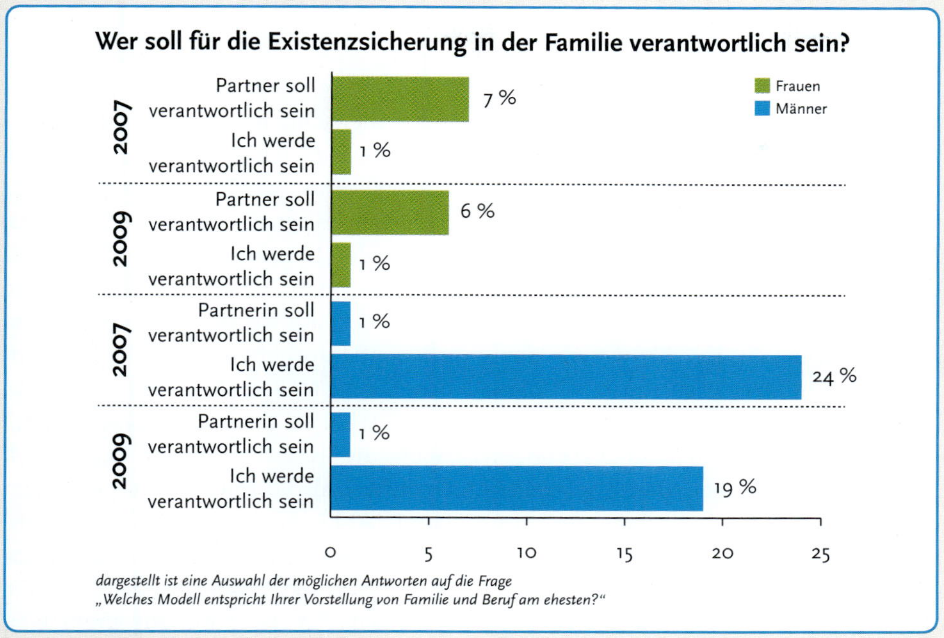

Brigitte Studie 2009, Frauen auf dem Sprung – Das Update, Heft 3, S. 34, Abb. 4

Eheschließungen und Scheidungen in Deutschland:
Laut Statistischem Jahrbuch 2010 wurde der Scheidungsantrag in 103.980 Fällen von der Frau (54,2 Prozent) und in 71.451 Fällen vom Mann (37,2 Prozent) gestellt. In den übrigen Fällen beantragten beide Ehegatten die Scheidung (8,6 Prozent).

M 3 Gleichgeschlechtliche Ehen

Amelie (l.) ist die leibliche Mutter vom kleinen Theo, Johanna will ihn adoptieren.

Guido Westerwelle und sein langjähriger Partner haben im September 2010 geheiratet.

Eingetragene Lebenspartnerschaft:
Seit dem 01.08.2001 können gleichgeschlechtliche Partner eine „Eingetragene Lebenspartnerschaft" (auch: Homo-Ehe) eingehen.

Aufgaben

1. Beschreibe die Einstellungen zur Familie und zur Partnerschaft der jungen Leute in M 1. P
2. Stelle Hypothesen auf, welche Bedeutung die Entwicklung der Eheschließungen und Scheidungen in Deutschland (Randspalte) für das Verhältnis zwischen Mann und Frau haben könnte. P
3. Leite aus M 2 die jeweiligen Einstellungen zur Existenzsicherung der Familie ab und formuliere die damit verbundenen Rollenverständnisse. P
4. Erläutere, inwiefern in M 3 der Wandel von Rollenbildern gezeigt wird.

statisch:
keine Bewegung,
Gegensatz: dynamisch

IT-Branche:
Informationstechnologie-Branche

5.2.2 Was sind Ursachen für den Sozialen Wandel?

M 4 Was den sozialen Wandel bewirkt

Gesellschaft ist nichts Statisches, sondern ein System von Menschen, ihren Kontakten zueinander, ihrer Kultur und Sprache, ihren Institutionen und Gesetzen, ihrer Wirtschaft und ihrem politischen System, das auf die Bedürfnisse und Notwendigkeiten der in ihr lebenden Menschen ausgerichtet ist und dementsprechend reagieren muss. All diese Teilsysteme der Gesellschaft sind direkt oder indirekt miteinander verbunden und tragen dazu bei, dass die Gesellschaft als Ganzes funktionieren kann. Das bedeutet, je nachdem wie sich die Bedürfnisse der Menschen oder ein Bestandteil der Gesellschaft ändert, wird sich ein weiterer Bereich in diesem System anpassen müssen. Das System Schule beispielsweise existiert nicht für sich isoliert in der Gesellschaft: Die Schule hat die Aufgabe, Schüler auszubilden, die dann über die Fähigkeiten und das Wissen verfügen, welche in den Unternehmen gebraucht werden, um deren Erfolg zu gewährleisten und die Wirtschaft eines Landes voranzubringen. Je nachdem was also am Arbeitsmarkt nötig ist, wird dies auch Auswirkungen auf die Schulen, den Ausbildungsmarkt und die Universitäten haben. Unterschiedlichste Faktoren können Veränderungen in einer Gesellschaft, also den sozialen Wandel bewirken.

Wissenschaftliche Entdeckungen und technische Neuerungen können eine Gesellschaft maßgeblich beeinflussen. Der Einzug des Computers in fast allen beruflichen Bereichen im Verlauf der vergangenen 20-30 Jahren fordert von allen Arbeitnehmern den professionellen Umgang damit. Die Arbeitswelt hat sich dadurch grundsätzlich verändert. Viele Arbeitsabläufe können sehr viel schneller oder zum Teil ohne jegliche menschliche Arbeitskraft ausgeführt werden. Dies hat einerseits viele Arbeitskräfte überflüssig gemacht, aber andererseits auch neue Berufsfelder, v.a. in der IT-Branche, hervorgebracht. Um wirtschaftlich sowohl national, wie auch international bestehen zu können, müssen Unternehmen die wissenschaftlichen und technischen Neuerungen in ihren Arbeitsabläufen berücksichtigen.

Auch die Entscheidungen der Politik beeinflussen die Entwicklung in einem Land. Abhängig von den gesellschaftlichen und wirtschaftlichen Erfordernissen werden politische Maßnahmen getroffen, die das Land zu einem konkreten Zeitpunkt braucht. Diese hängen aber auch davon ab, welche politischen Parteien gerade die Regierung in einem Land stellen. Die Neuerungen und Gesetze werden nämlich dem Programm dieser Parteien entsprechen. In der Folge werden unterschiedliche gesellschaftliche Gruppierungen zufrieden bzw. unzufrieden auf die politischen Entscheidungen reagieren und zu gesellschaftlichen Reaktionen aufrufen (Streik, Demonstration, Unterschriftensammlung ...), um die Politik zum Umdenken oder zur Fortsetzung der Politik zu bewegen.

Nicht zu übersehen ist auch der Einfluss von bestimmten Wertevorstellungen zu unterschiedlichen Zeiten: Noch vor ca. 50 Jahren waren beispielsweise Erziehungsziele wie Gehorsam, Unterordnung und Disziplin sehr wichtig. Diese haben jedoch an Bedeutung verloren und inzwischen sind Werte wie Selbständigkeit, freier Wille und Unabhängigkeit an deren Stelle getreten.

Diese Veränderung hat natürlich Konsequenzen für das Zusammenleben der Menschen. In diesem Kontext ist auch die Veränderung des Verhältnisses von Männern und Frauen zu sehen. Die Emanzipation der Frau hat dazu geführt, dass immer mehr Frauen einer Beschäftigung außerhalb der Familie nachgehen, um unabhängig zu sein und sich selbst zu verwirklichen, aber auch um der Familie ein weiteres Einkommen zu ermöglichen.

Ein weiterer wichtiger Aspekt ist, dass es dank einer immer besser werdenden Gesundheitsversorgung heute immer mehr ältere Menschen in unserer Gesellschaft gibt, während die Geburtenquote stark rückläufig ist. Das bedeutet, unsere Gesellschaft überaltert und gleichzeitig sinken die Bevölkerungszahlen. Dafür gibt es unterschiedliche Gründe: Frauen ergreifen nach erfolgreichem Abschluss einer Berufs- oder Universitätsausbildung einen Beruf und wollen zunächst Karriere machen. Dadurch verschiebt sich bei vielen die Phase der Familiengründung weiter nach hinten. Dazu kommt noch die nicht immer optimale Vereinbarkeit von Familie und Beruf, die das weitere Absinken der Kinderzahlen verstärkt. Oftmals finden Frauen wie Männer auch nicht den geeigneten Partner, mit dem sie eine Familie gründen wollen. Die daraus resultierende Bevölkerungsstruktur hat natürlich Auswirkungen auf die Gesellschaft, die Bedürfnisse der Mehrheit der in ihr lebenden Menschen und die notwendigen politischen Entscheidungen.

Von den bereits genannten Faktoren bleibt aber auch die Familie nicht unberührt. Die klassische Kleinfamilie mit Vater, Mutter und einem Kind ist inzwischen zum gesellschaftlichen Standard geworden. Das Streben nach Unabhängigkeit und individueller Verwirklichung hat sogar so weit geführt, dass viele Menschen gar nicht mehr in festen Beziehungen leben wollen oder dass viele Ehen geschieden werden. Andererseits hat aber auch die Akzeptanz alternativer Formen des Zusammenlebens zugenommen, so dass z.B. Patchwork-Familien, aber auch schwule und lesbische Partnerschaften offiziell anerkannt sind und offen gelebt werden können.

Autorentext

Methode: Umgang mit einem Sachtext

Anhand der in den Arbeitsaufträgen vorgegebenen Schritte kannst du den Text M 4 sinnvoll gliedern und wichtige Aspekte herausarbeiten.

1. Finde Überschriften für jeden Absatz in M 4.
2. Gestalte eine Graphik, in der du die Gesellschaft und ihre Bestandteile festhältst.
   a) Überlege dir für jedes Teilsystem Beispiele und nimm diese in deine Darstellung auf.
   b) Arbeite aus dem Text die die Gesellschaft beeinflussenden Faktoren heraus und übertrage sie in deine Graphik.
3. Bringe die gerade gesammelten Faktoren anhand einer Tabelle in eine sinnvolle Reihenfolge und überlege dir mögliche Zusammenhänge zwischen diesen und einzelnen Teilsystemen der Gesellschaft. Übertrage deine Ergebnisse in die Tabelle.
4. Ermittle vom Text ausgehend, welche Werte sich noch verändert haben.
5. Erkläre den Begriff sozialer Wandel.
6. Suche nach Beispielen in deinem privaten Umfeld *(Familie, Schule, Verein)*, an denen du den sozialen Wandel nachvollziehen kannst.
7. Erarbeite aus dem Text, wie sich die Rolle der Frau in der Gesellschaft geändert hat.
8. Wäge ab, inwiefern sich auch das Verständnis der Männer von sich bzw. ihrer Rolle in der Gesellschaft gewandelt hat.

Wissen kompakt

Neue Lebensentwürfe

Die Jugendlichen, die für die Shell Jugendstudie 2010 befragt worden sind, sind sich alle einig darüber, dass sie später eine Familie mit Kindern haben wollen. Vor allem bei den jungen Frauen ist aber auch das Bewusstsein dafür vorhanden, dass sich dies mit ihrer angestrebten Karriere nur schwer vereinbaren lässt und es deshalb wichtig sein wird, mit dem Partner gemeinsam zu einer Lösung zu kommen.
Neben der klassischen Familie mit Vater, Mutter und Kind werden inzwischen auch andere Lebensformen praktiziert und auch anerkannt. So nehmen beispielsweise nicht nur die sogenannten Patchwork-Familien zu, sondern auch die Zahlen von Alleinerziehenden und Singlehaushalten steigen. Seit dem 01.08.2001 können sich auch gleichgeschlechtliche Beziehungen offiziell „eintragen" lassen und so einen eheähnlichen Status erwerben.

Verändertes Selbstverständnis von Mann und Frau

Im Selbstverständnis von Mann und Frau hat sich offensichtlich grundsätzlich etwas verändert. Für beide Geschlechter ist zwar Partnerschaft und Familie immer noch sehr wichtig, aber man definiert sich nicht mehr ausschließlich darüber. Selbstverwirklichung, das eigene Wohlergehen und Unabhängigkeit sind durchaus wichtige Faktoren geworden. Die Tatsache, dass mehr als die Hälfte aller Scheidungsanträge von Frauen eingereicht wird, zeigt, dass Frauen jetzt selbstbewusster und fordernder auftreten.
Befragungen zur finanziellen Versorgung der Familie beweisen aber auch, dass traditionelle Rollenerwartungen immer noch sehr lebendig sind. Viele Männer sehen sich hier immer noch in der Hauptverantwortung, während viele Frauen Einkommenseinbußen und Arbeitszeitverkürzungen gerne hinnehmen, um offensichtlich die Hauptlast der Erziehungsfunktion wahrzunehmen.

Die Gesellschaft

Teilsysteme der Gesellschaft:
- die Bevölkerung (Zahl, Jung und Alt, ...)
- das politisches System (Demokratie)
- das wirtschaftliche System (Freie Marktwirtschaft)
- die Kultur (Sprache, Religion, ...)
- die Institutionen (Schulen, Universitäten, Krankenhäuser, ...)
- die Gesetze (Grundgesetz, BGB, ...)

→ Veränderungen in einem Bereich haben Auswirkungen auf andere Bereiche

Einflussfaktoren der Gesellschaft:
- wissenschaftliche Entdeckungen
- technische Neuerungen
- politische Entscheidungen
- Veränderung von Wertvorstellungen
- die Bevölkerungsstruktur
- Kriege
- Naturkatastrophen

Sozialer Wandel

Darunter fasst man alle Veränderungen zusammen, die in einer Gesellschaft in einem konkreten Zeitraum ablaufen. Der Wertewandel beispielsweise hat in sämtlichen gesellschaftlichen Bereichen zu erheblichen Veränderungen geführt, so auch im Verhältnis zwischen Mann und Frau, das nun grundsätzlich durch Gleichberechtigung, Unabhängigkeit und Selbständigkeit gekennzeichnet ist.

Überprüfe dein Können

Karikatur: Marie Marcks

	ledig	geschieden, verheiratet und getrennt lebend	verwitwet
	%		
	Männer		
2008	73,5	25,4	1,1
1998	69,5	28,8	1,7
	Frauen		
2008	66,2	28,8	5,0
1998	60,6	31,8	7,5

Statistisches Bundesamt, Frauen und Männern in verschiedenen Lebensphasen, 2010

Aufgaben

1. Erschließe die Aussagen der drei Materialien und erläutere daran den Wertewandel.
2. Mache einen Zeitsprung von 20 Jahren: Entwickle Vorstellungen, wie du gerne leben würdest. *Wie sieht dein Alltag aus? Lebst du als Single, mit Partner, mit Familie? Wie sind die Aufgaben zwischen dir und deinem Partner / deiner Partnerin verteilt?* P

5.3 Aktuelle Situation in Gesellschaft, Politik und Wirtschaft

5.3.1 Wie wirken sich Rollenklischees aus?

M 1 Fußball für Mädchen – Ballett für Jungen?

Szene aus dem Film „Billy Elliot – I will dance"

Szene aus dem Film „Kick it like Beckham"

M 2 Nicht meine Art, aber meine Rolle

Meine Eltern hatten mir – sicher mit besten Absichten – eine Welt vorgegaukelt, in der Jungs und Mädchen gleichberechtigt sind und gleich behandelt werden. Konkret hieß das: Meine Schwester und ich bekamen keine himmelblauen und rosafarbenen Hemden, dafür beide Autos und Puppen als Spielzeug, wir hatten die gleichen Pflichten in der Küche und beim Fahrradreparieren. Außerdem war da Ulrike. Ulrike war ein Rabaukenmädchen, mit ihr konnte ich alles tun, was man sich von guten Freunden so erwartet: Fußball spielen, auf Bäume klettern, Sandburgen bauen. Wenn wir Ärger bekamen, bekamen wir ihn beide. (...) Dass sie ein Mädchen war und ich ein Junge, das war egal. Ich war überzeugt, dass es so bleiben würde. Bis ich in die Schule kam. Ich war ein netter, langweiliger Junge, der seine Hausaufgaben machte und eher zurückhaltend war. Trotzdem bekam ich die volle Breitseite der Geschlechterrollen ab: Strafarbeiten, Ermahnungen, mäßige Noten in Betragen. Ich saß in einer Bank mit Jungs, und in den Augen der Grundschullehrerin war es wohl Gleichbehandlung, dass alle Jungs die gleiche Strafarbeit bekamen. In ihrer Welt wuchsen jedem Jungen unsichtbare Teufelshörner, während über den Köpfen der Mädchen unsichtbare Heiligenscheine schwebten. Erst war ich verärgert, dann wütend. Wichtig war offenbar nicht, wer ich war, sondern allein, was ich war: ein Junge. Aus der Wut wurde Trotz: Wenn ich schon die volle Wucht der Klischees abbekam, dann wollte ich auch die Narrenfreiheiten. Ich wollte unvernünftig, vorlaut und großmäulig sein und über schlechte Witze lachen, kurzum: Ich wollte mich in meine Rolle als Junge fügen. (...) Auch wenn das nicht meine Art war, es war meine Rolle.

Daniel Erk, Ellbogen und Straftaten, in: fluter, 01/2007, S. 24ff

M 3 Verdienst und Karriere – eine Frage des Geschlechts?

Nettoeinkommen in Euro	Zusammen	Fach-/Hochschulabschluss	Lehrausbildung
	%		
	Männer		
unter 900	3,9	2,0	3,8
900 – 2.600	73,7	44,3	84,5
2.600 und mehr	22,4	53,7	11,7
	Frauen		
unter 900	10,5	4,0	11,6
900 – 2.600	80,7	69,4	84,8
2.600 und mehr	8,7	26,6	3,6

Statistisches Bundesamt, Frauen und Männern in verschiedenen Lebensphasen, 2010

Karikatur: Tomicek, 08.03.2007

Methode: Auswerten von Werbespots, Anzeigen und Plakaten

Welches Produkt wird beworben?	Welche Personen sind zu sehen?	Wie werden die Personen dargestellt? (Kleidung, Gestik, Mimik, Haltung)	Welche Tätigkeiten werden ausgeführt?	Werden Rollenklischees bedient? Ja Nein Wenn ja, welche?

Häufig wird behauptet, dass sich in der Werbung Rollenklischees besonders lange halten. Überprüfe anhand von mindestens drei selbstgewählten Werbespots im Fernsehen, eines Werbeplakats oder einer Zeitschriftenwerbung, ob Werbung tatsächlich immer noch veraltete Rollenklischees bedient. Verwende zur Auswertung die in der Tablle aufgeführten Kriterien. P

Aufgaben

1. Sammelt Gründe, weshalb die Familien der in M 1 abgebildeten Kinder Einwände gegen deren Hobbys erheben könnten.
2. Ermittle aus M 2, wer Einfluss darauf nimmt, welche Rolle Daniel in verschiedenen Lebensphasen einnimmt.
3. Erarbeite mit einem Partner ein Handbuch für Eltern, in dem du eine Erziehungsanleitung gibst, die besonderes Augenmerk auf die Ausgeglichenheit von Rollenerwartungen hat. P
4. Werte das Material in M 3 aus. Nimm Stellung dazu. P
5. Untersuche deine Lieblingsserie. Inwiefern werden dort Rollenklischees vermittelt? P

5.3.2 Lassen sich Geschlechtergerechtigkeit und -sensibilität vereinen?

Girls' Day:
Bundesweiter Orientierungstag für Mädchen zwischen 10 und 15 Jahren, der den Mädchen spannende Berufe u.a. in den Naturwissenschaften schmackhaft machen soll

Rollenbilder im Unterricht:
Die Hamburger Erziehungswissenschaftlerin Hannelore Faulstich-Wieland sieht den Grund für fehlende Gleichberechtigung im Klassenzimmer u.a. im Vorhandensein von Rollenbildern bei den Lehrkräften. Immer noch vorherrschende Stereotypen wie *„Jungen interessieren sich für Mathe und Mädchen für Deutsch"* führen bei Mädchen zu mangelndem Selbstbewusstsein, das sich negativ auf die Leistung auswirkt.

Genderkompetenz im Unterricht:
Fähigkeit der Lehrer und Lehrerinnen, die eigenen Rollenbilder kritisch zu hinterfragen und zu korrigieren, aber auch das Bewusstsein darüber, dass Mädchen und Jungen schon vor der Schule unterschiedlich sozialisiert wurden, dass sie andere Erfahrungen gemacht haben

M 4 Wie alte Vorurteile den Schulalltag prägen

Eigentlich dachte die Lehrerin immer, dass sie schon viel richtig machen würde. Claudia Gehe-Becker unterrichtet Naturwissenschaften an einer Realschule in Berlin-Charlottenburg – und sie will dabei auch die Mädchen fördern: Sie besucht mit ihnen einen Technik-Parcours, damit sie einen Tag lang – ohne ihre männlichen Schulkollegen – löten, basteln und schweißen können, sie unterrichtet an manchen Tagen geschlechtergetrennt, und sie unterstützt den Girls' Day (...). Dann aber ließ sie einen ihrer Schüler während des Unterrichts notieren, welche Schüler sie aufrief, wer sich meldete und wer nicht. Damit wollte sie zeigen, dass sie alle gleichmäßig drannehmen würde. Die Strichliste zeigte: Meldete sich ein Junge achtmal und ein Mädchen zehnmal, kam der männliche Schüler häufiger zu Wort. „Wie kann das sein? Ausgerechnet du als Frau bevorzugst die Jungen?", fragte sie sich. Heute glaubt sie, die Gründe zu kennen: Die männlichen Schüler seien dominanter und deshalb auch präsenter im Unterricht. Schon um die Klasse ruhig zu halten, hat sie manchmal den Impuls, eher Jungen aufzurufen als Mädchen. (...) Auch die Schulforscherin Bettina Hannover von der Berliner Freien Universität kommt zu einem ähnlichen Schluss, auch sie vermisst in der Schule das, was sie „Genderkompetenz" nennt (...). „Genderkompetenz spielt in der Lehrerausbildung kaum eine Rolle", beklagt Hannover. Worauf sich die Forscher in Sachen Geschlechterförderung einigen können, ist nicht allzu viel: Mädchen und Jungen sind unterschiedlich, sie denken und verhalten sich unterschiedlich, sie werden unterschiedlich sozialisiert. Darauf, so der Konsens der Wissenschaftler, müssten die Schule, der Unterricht und die Lehrer reagieren. Umstritten bleibt, auf welche Weise das geschehen soll. „Kompensatorisch", sagen Forscherinnen wie Hannover: Lehrer und Schulen sollten auf diese unterschiedlichen Vorerfahrungen eingehen. Das könnte sogar im Extremfall dazu führen, dass Mädchen und Jungen wieder auf unterschiedliche Schulen aufgeteilt würden, wie es einigen Wissenschaftlern vorschwebt. Die Alternative zu dieser Extremvariante wäre eine abgespeckte Version: Mädchen und Jungen könnten in bestimmten Altersstufen und in bestimmten Fächern, die als „typisch weiblich oder typisch männlich" angesehen werden, in Mädchen- und Jungenklassen aufgeteilt werden. Die Berliner Lehrerin Gehe-Becker ist für die abgespeckte Version, sie plädiert für einen getrennten Unterricht in einigen Fächern, den Naturwissenschaften etwa, und auch hier nur in einer bestimmten Altersstufe. Mit dem geschlechtergetrennten Unterricht in der Klasse 9 und 10 hat sie gute Erfahrungen gemacht: „Sowohl Mädchen als auch Jungen sind viel gelöster und freier, sich zu melden." (...) Unverzichtbar hingegen seien Lehrer und Lehrerinnen, die eine größere Sensibilität dafür entwickeln, dass Mädchen häufig eine andere Herangehensweise an Problemstellungen haben als ihre männlichen Mitschüler. Was die Schülerinnen brauchten, seien daher Denkanstöße, auch wenn es darum geht, sich von den traditionellen Berufsvorstellungen zu lösen. Gehe-Becker erlebt in ihrem Schulalltag, dass Mädchen genau in diesen gewohnten Berufskategorien denken: „Schülerinnen, die sehr gut in Naturwissenschaften sind, entscheiden sich dann trotzdem häufig für einen sozialen Beruf."

Linda Tutmann, Löten Mädchen anders?, in: Die Zeit, 02.09.2010, Nr. 36

Gender-Mainstreaming

Info

Gender-Mainstreaming bedeutet, dass in allen Phasen des politischen Prozesses – Planung, Durchführung, Monitoring und Evaluation – der Geschlechterperspektive Rechnung getragen wird. Ziel ist die Förderung der Gleichstellung von Frauen und Männern. Nach dem Gender-Mainstreaming-Konzept sind politische Maßnahmen stets daraufhin zu prüfen, wie sie sich auf die Lebenssituation von Frauen und Männern auswirken, und gegebenenfalls neu zu überdenken. Das Anfang 2007 eingeführte Elterngeld sollte beispielsweise die veränderten Lebensumstände und -entwürfe von Familien berücksichtigen. Laut Bundesministerium für Familien, Senioren, Frauen und Jugend ist der familienpolitische Dreiklang aus finanzieller Förderung, verbesserter Infrastruktur und mehr Zeit vor allem durch das Elterngeld erreicht worden.

Nach: http://ec.europa.eu, Abruf am 20.05.2011

M 5 Für die gesetzliche Frauenquote gibt es gute Gründe, dagegen auch?

Für die Frauenquote in Unternehmen	Gegen die Frauenquote in Unternehmen
Die Top-Positionen in den Unternehmen nehmen immer noch vor allem Männer ein.	Die Unternehmen müssen selbst entscheiden dürfen, wen sie einstellen.

Frauenquote:
Bei der Besetzung von Gremien und Stellen werden genauso viele Frauen wie Männer berücksichtigt. Ziel ist die tatsächliche Gleichstellung von Mann und Frau in allen Bereichen der Gesellschaft.

Aufgaben

1. Erarbeite aus M 4 die dargestellte Problematik.
   a) Stelle die Positionen der Forschung zu Geschlechtsunterschieden dar. P
   b) Mache Vorschläge für mehr Geschlechtergerechtigkeit an Schulen.
   c) Erarbeite mit einem Partner Vor- und Nachteile eines getrenntgeschlechtlichen Unterrichts. P
2. Erkundige dich zu den Projekten „*Boys' Day*" und „*Girls' Day*". P
   a) Ermittle die Zielsetzung solcher Projekte.
   b) Hältst du diese Maßnahmen für sinnvoll? Begründe deine Meinung.
3. Erkläre in eigenen Worten den Begriff des Gender-Mainstreaming.
4. Erläutere, inwiefern das 2007 eingeführte Elterngeld dem Gedanken des Gender-Mainstreaming entspricht.
5. Sammelt weitere Gründe für und gegen eine Frauenquote (M 5) und führt eine Podiumsdiskussion.
6. Recherchiert nach weiteren politischen Maßnahmen zur Förderung der Gleichstellung von Mann und Frau. P
7. Führt mit euren Eltern Interviews zur Geschlechtergerechtigkeit an deren Arbeitsplatz. *(Verantwortungsbereiche von Mann und Frau, Schlüsselpositionen, Beschäftigungsmodelle, Gehalt, Möglichkeiten zur Vereinbarkeit von Familie und Beruf ...)* P

5.3.3 Was schlagen Experten vor?

Familienministerin Kristina Schröder, im Spiegel-Gespräch

M 6 „Wir müssen selbstbewusster werden"

Spiegel: Ein Referat für Jungs. Wer hat Sie auf diese komische Idee gebracht?

Schröder: Was ist daran komisch? Ich fand schon immer, dass wir das Thema Jungen- und Männerpolitik sträflich vernachlässigen. Es ist doch so: Früher hatte das katholische Arbeitermädchen vom Lande die größten Probleme in der Schule. Heute sind es die Jungs aus bildungsfernen Schichten.

Spiegel: Wie würden Sie uns Jungs denn gern helfen?

Schröder: Ich will zum Beispiel dafür sorgen, dass es mehr männliche Erzieher in Kitas und Grundschulen gibt. Jungs, die bei alleinerziehenden Müttern aufwachsen, bekommen oft bis sie zwölf Jahre alt sind weder in der Kita noch in der Grundschule einen Mann zu Gesicht. (...)

Spiegel: Wir hatten, offen gesagt, den Eindruck, dass wir Männer bislang ganz gut ohne ihre Hilfe klarkamen: Von den 185 Dax-Vorständen in Deutschland sind immerhin 181 männlich.

Schröder: Ich fände es aber mies, den Jungs zu sagen: Weil die Männer die vergangenen Jahrtausende unbestritten die Vorherrschaft besaßen, werdet ihr jetzt in der Schule nicht gefördert. (...)

Spiegel: (...) könnten Sie den Frauen (...) dadurch helfen, dass Sie Lohnunterschiede bei gleicher Leistung verbieten, den sogenannten Gender Pay Gap.

Schröder: Das ist schon längst durch das Allgemeine Gleichbehandlungsgesetz verboten. Aber die Wahrheit sieht doch so aus: Viele Frauen studieren gern Germanistik und Geisteswissenschaften, Männer dagegen Elektrotechnik – und das hat dann eben auch Konsequenzen beim Gehalt. Wir können den Unternehmern nicht verbieten, Elektrotechniker besser zu bezahlen als Germanisten.

Spiegel: Die Frauen sind also selbst schuld, wenn sie weniger verdienen?

Schröder: Zumindest müssen Sie sich darüber bewusst sein, dass mit bestimmten Berufswünschen gewisse Einkommensperspektiven verbunden sind.

Spiegel: Es gibt gar keine echte Benachteiligung der Frauen bei der Bezahlung?

Schröder: Natürlich, in mehrfacher Hinsicht sogar. Erstens wird Frauen oft noch jahrelang nachgetragen, wenn sie für die Familie eine berufliche Auszeit genommen haben. Zweitens bekommen Frauen, die Teilzeit arbeiten, dafür im Schnitt rund 6,5 Prozent weniger Lohn als Männer. Hinzu kommt, dass viele Frauen auch einfach schlecht verhandeln. Viele sind froh, wenn ihnen der Wiedereinstieg ins Berufsleben gelingt – Hauptsache, der Job ist einigermaßen kompatibel mit der Familie. Genau das ist falsch! Wir Frauen glauben oft, wir müssen uns damit beliebt machen, das wir bescheiden sind. Die Personalchefs denken aber: Wer sich so günstig hergibt, kann auch nicht besonders gut sein. In dem Punkt müssen Frauen sehr, sehr viel selbstbewusster und tougher werden.

Spiegel: Haben Sie eigentlich Verständnis für Männer, die sich heutzutage verunsichert fühlen? Einerseits sollen sie liebevolle und treusorgende Familienväter sein, andererseits mögen Frauen auch keine Weicheier.

Schröder: Es ist schwieriger geworden für die Männer. Aber für uns Frau-

Gender Pay Gap: durchschnittlicher Unterschied der Stundenlöhne zwischen Männern und Frauen in einer Gesellschaft en doch auch. Für die Männer sind die unterschiedlichen Rollenerwartungen das Problem, wir Frauen leiden oft unter unserem Perfektionismus. Frauen wollen sowohl die Supermutter sein als auch die Superpartnerin als auch top im Job. Das stresst.

Spiegel: An welchem Vorbild sollten wir Männer uns denn orientieren?

Schröder: Für mich wäre der Mann ein Vorbild, der eine Führungsposition innehat und dabei den Mut besitzt zu sagen: Wir halten das Meeting um 16 statt um 19 Uhr ab, ich möchte nämlich gern meinen Sohn ins Bett bringen. Ich garantiere Ihnen: Alle Frauen im Unternehmen werden diesen Mann lieben! Wir müssen uns endlich von dieser typisch deutschen Präsenzkultur verabschieden, schließlich ist nicht unbedingt der der Beste, der am längsten hinter dem Schreibtisch sitzt – vielleicht ist er auch der Ineffizienteste. Oft sind gerade Mitarbeiter, die familiäre Verantwortung tragen, auch am Arbeitsplatz besonders produktiv.

Der Spiegel, 08.11.2010, Nr. 45, S. 54-58

M 7 Bitte nicht so brav!

Jungs scheinen (für ihre Entwicklungs- und Entscheidungsprozesse) länger zu brauchen als Mädchen. Welche Rolle spielt die Erziehung?
Da gibt es immer noch eine geschlechtsstereotype Sozialisation. So werden Mädchen in der Familie viel stärker und viel früher zur Mitarbeit herangezogen – und zwar gerade wegen ihrer schnelleren Entwicklung. Mädchen bekommen im Alter von fünf oder sechs schon mal einen 20-Euro-Schein in die Hand gedrückt und dürfen einkaufen gehen, weil die Eltern wissen, die erledigen diese Aufgabe gewissenhaft.

Sollen die Mädchen dankbar dafür sein, dass sie eher den Tisch abräumen müssen?
Die Verantwortung, die damit einhergeht, ist etwas, das man für die Schule unbedingt braucht. Die Jungs machen das alles erst Jahre später. Mädchen werden viel früher zur Verantwortung erzogen – mit dem Effekt, dass sie sich nach der Schule besser sinnvoll beschäftigen. Erst einmal Hausaufgaben machen und dann rausgehen. Die Jungs hängen stattdessen vor dem Computer herum oder auf dem Fußballplatz und sagen sich: Hausaufgaben mache ich später. Die Zahlen sprechen ja eine deutliche Sprache: 40 Prozent der Jungs schaffen es auf eine weiterführende Schule und 40 Prozent auch auf eine Hochschule. Bei den Mädchen sind es 60 Prozent. Wir verlieren vor allem am unteren Rand viel zu viele Jungs. Schauen Sie sich diese 15-Jährigen an – da gehört fast jeder Vierte zur Risikogruppe der Bildungsarmen.

So viele?
Ja, und bei den Mädchen sind es unter zehn Prozent. Diese Jungs gehen uns dauerhaft verloren. Und zwar nicht nur im Beruf, sondern auch in Beziehungen, im privaten und gesellschaftlichen Leben. Viele Frauen wollen lieber einen nichterwerbstätigen Akademiker als jemanden, der keine Bildung hat. Das finden sie ganz furchtbar. Vielleicht bekommt man in solchen Beziehungen noch ein Kind, aber dann sagen sich viele Frauen: Erziehen werde ich es lieber alleine. (...)

Was folgt daraus, dass Jungen ständig den Mädchen hinterherhinken?
Es ist nicht schön, wenn man im Kollektiv erlebt, schlechter abzuschneiden. Da entwickeln sich kollektive Reflexe: Alle Lehrer bevorzugen Mädchen, heißt es dann, oder: Alle Jungs sind genauso schlecht wie ich. (...)

Jutta Allmendinger hat das, was immer noch viel zu vielen Frauen verwehrt bleibt: Eine Führungsposition. Sie war Professorin für Soziologie an der Ludwig Maximilians Universität München, später Direktorin des Instituts für Arbeitsmarkt- und Berufsforschung. Seit 2007 ist sie Präsidentin des Wissenschaftszentrums Berlin für Sozialforschung, eine international renommierte Forschungseinrichtung auf dem Gebiet der Sozialwissenschaften. Allmendinger forscht unter anderem über die Ungleichheit der Geschlechter am Arbeitsmarkt.

Wie kann man diese Kulturen auflösen?

Indem schon die Schule mehr von dem anbietet, woran Männer Interesse haben. Damit sie auch mal Hand anlegen und draußen praktisch etwas machen können.

Aber handwerkliche Fähigkeiten werden doch in einer modernen Dienstleistungsgesellschaft gar nicht mehr nachgefragt?

Es ist in der Tat ein Problem, dass diese traditionellen Männerarbeiten im industriellen Sektor immer weniger nachgefragt werden. Wir müssen also diese jungen Männer von heute schon in der Schule viel mehr auf so genannte Mädchenjobs vorbereiten. Es gibt zwar viele Programme, um Frauen in von Männern dominierten Berufen Fuß fassen zu lassen, aber komischerweise ganz wenige Programme für Männer in Frauenfächern – die aber die Fächer der Zukunft sind. Wir werden in einer alternden Gesellschaft zum Beispiel mit Sicherheit viel mehr Pflegepersonal brauchen. Aber wer schult bitte junge Männer, damit sie solche Arbeiten übernehmen können.

Pflege gilt als völlig unterbezahlter Frauenberuf.

Insbesondere bei uns. In anderen Ländern sind auch dies akademische Berufe. Das wertet ein Berufsbild auf. Man muss die Bezahlung dieser Arbeiten verbessern. Die psychische Belastung bei der Pflege ist enorm, und von der körperlichen Belastung her würde ich Pflegeberufe Jobs auf dem Bau gleichstellen. (...)

Von den Chefärzten in deutschen Kliniken oder Klinikdirektoren sind geschätzte 90 Prozent Männer. Wie kommt's?

Weil wir in Deutschland bei den Frauen das Problem der Vereinbarkeit von Beruf und Familie nicht im Griff haben. Viele Frauen bekommen irgendwann ein Kind, und dann gibt es nicht genügend Betreuungsplätze, damit die Frau weiter arbeiten kann. Und der Vater übernimmt seinen Anteil an Betreuung und Erziehung nicht. Man muss sich mal vorstellen, dass es schon als extrem ehrgeiziges und nicht zu erreichendes Ziel gilt, jedem dritten Kind in Deutschland einen Kitaplatz zu besorgen. Im Schnitt gelingt das bei weniger als jedem sechsten Kind. Im Vergleich zu Frankreich oder Norwegen ist das läppisch.

Sind Frauen nicht gewollt in der Arbeitswelt?

Sagen wir mal so: Ich glaube, es hat sich noch nicht richtig bei allen die Erkenntnis durchgesetzt, dass Frauen nicht nur gewollt sein sollten – sondern dringend benötigt werden. Nicht nur aus demographischen Gründen. Untersuchungen in den USA zeigen, dass Teams von Männern und Frauen im Arbeitsprozess sehr gewinnbringend sind, in jeder Hinsicht. (...)

Sozialforscher trauen sich manchmal Prognosen zu. In welche Richtung entwickelt sich unsere Arbeitswelt?

(...) Bei den Frauen befürchte ich einen weiteren Geburtenrückgang. Denn wenn sie aufgrund ihrer Bildung in gute Positionen kommen und feststellen, dass sich das mit Kindern nicht realisieren lässt, werden sie eher auf Kinder als auf die Karriere verzichten. Wir haben dann viele gut ausgebildete Frauen, die Karriere machen, aber keine Kinder haben, und auf der anderen Seite Frauen mit schlechter Ausbildung und Kindern. Es sei denn, wir legen ein höheres Tempo vor: beim Ausbau der Möglichkeiten zur Kinderbetreuung, dabei, Väter in die Erziehung einzubinden – und dabei, Vorurteile abzubauen wie jenes, dass eine Rabenmutter ist, wer seine Kinder von anderen betreuen lässt. Daran müssen wir dringend arbeiten.

Oliver Gehrs und Robert Reick, Bitte nicht so brav!, in: fluter, Herbst 2010, S. 5-9

M 8 Die neue Männlichkeit: Wann ist ein Junge ein echter Junge?

Ein Interview mit Bernd Drägestein vom Institut für Jungen- und Männerarbeit „mannigfaltig" in München (gekürzt)

Bernd Drägestein, Institut für Jungen- und Männerarbeit „mannigfaltig" in München

Was sind denn die hauptsächlichen Probleme und Konflikte, mit denen Jungs zu kämpfen haben?

Häufig ist es der Spagat zwischen den eigenen Wünschen und der Außenerwartung. Als Junge habe ich bestimmte Vorstellungen, wie ich das Junge-Sein füllen möchte. Ich habe persönliche Vorlieben, Interessen und Kompetenzen. Die stehen aber häufig im Konflikt mit meinem Umfeld und dessen Erwartungen und Forderungen. Da sind die Eltern, die Lehrer und die Freundeskreise, die berühmten „peer groups", die bei Sozialisationsmechanismen eine große Rolle spielen. Dort werden männliche stereotype Verhaltensweisen von mir erwartet. Anerkennung bekomme ich immer von Außen – und das nur, wenn ich die von mir erwartete Rolle gut erfülle. Die Frage ist aber, ob das wirklich ich bin, den ich da zeige. Ein Beispiel für den Außendruck ist das Risikoverhalten bei Jungs: Sie machen Mutproben und testen gefährliche Grenzen aus, weil sie dadurch in der Gruppe Bestätigung erfahren, eben „männlich" sind. Sie springen von Bushaltestellen-Häuschen, haben dabei aber total die Hosen voll. Sie denken, sie müssen das, weil sonst ihre Männlichkeit infrage steht, die Angst vor der Ausgrenzung lässt sie springen. Das lässt sich auf viele Bereiche im Leben übertragen und begleitet Jungs auch später als erwachsene Männer. (...)

Insgesamt geht bei diesem Rollenkonflikt viel Energie verloren, weil ich mich bemühe, Dinge zu machen und Erwartungen gerecht zu werden, mit denen ich selbst eigentlich wenig anfangen kann. (...)

Auch der Arbeitsmarkt verändert sich: Traditionelle „Männerjobs" fallen weg, Dienstleistung wird immer wichtiger – und damit auch die als „weiblich" bezeichneten Kompetenzen wie Kommunikationsfähigkeit und Empathie. Können sich Jungs darauf nicht einstellen?

Es gilt immer noch, dass Männer sich sehr stark über ihren Beruf identifizieren. Er ist ein großer Bestandteil ihrer Männlichkeit. Wenn ich als Mann arbeitslos bin, dann wirft das immer einen Schatten auf meine männliche Identität: Man könnte denken, dass ich nichts kann, nichts finde, zu faul bin. Das wird dann sehr auf die Person reduziert: Männer ohne Arbeit sind nur halbe Männer. Ich glaube, es ist in der Vorstellungswelt von Jungen und Jungmännern noch nicht angekommen, dass wir ein neues Modell von Arbeit bekommen. Bestimmte Jungs werden mit diesem Flickenteppich aus Arbeitsformen und Arbeitsverhältnissen große Probleme bekommen. Es trifft besonders die eher schlecht gebildeten Jungen, weil ihnen die Flexibilität und Kompetenz meist fehlt, sich auf die neuen Arbeitsformen einzustellen. (...)

Kritiker sagen, die Arbeit mit reinen Jungengruppen sei kontraproduktiv. So würde der Geschlechterunterschied nur betont und das Rollenbild zementiert, man müsse vielmehr in gemischten Gruppen arbeiten.

Das stimmt nicht grundsätzlich. Erst mal sind reine Jungen-Gruppen ein eigener Schonraum. Jungs öffnen sich erst, wenn keine Mädchen dabei sind, sonst wird nur gekichert und rumgekaspert. Außerdem muss man die Jungs dort abholen, wo sie sind. Beobachten Sie mal Sechstklässler auf dem Schulhof – die Jungs und Mädchen

sind da in homogenen Gruppen unterwegs. Wir fügen bei der Jungenarbeit also keinen künstlichen Aspekt hinzu. Wir greifen das auf, was Teil ihrer realen Erlebniswelt ist. (...)
Unser Institut heißt ja „mannigfaltig“, der Name verrät schon, das uns an Vielfalt gelegen ist. Wir versuchen, die Jungenrolle und Mannwerdung zu erweitern, in dem wir die Reflexion bei Jungs anregen. Sie sollen nachdenken und selbst entscheiden, was zu ihnen gehört und was sie wollen. Reflexion schafft Entscheidungsoptionen bei der eigenen Rollenfindung. Wenn ein Junge eine eher weibliche Tätigkeit oder Rolle selbstbewusst für sich in Anspruch nimmt, dann wird diese Rolle in bestimmten Teilen auch männlich. So ergibt sich mehr Spielraum für den eigenen Verhaltenskodex und das Verhaltensrepertoire. (...)

Was macht Ihr Institut denn genau, um Jungen in Konflikten zu helfen? Was kann ich mir unter „Selbstbehauptung für Jungs“ vorstellen?

Jungs machen früh relativ große und viele Erfahrungen mit Gewalt. (...) Bei körperlicher Gewalt sind Jungs zu vier Fünfteln beteiligt, Opfer sind zwei Drittel aller Jungen.
Bei diesen Zahlen wird klar, dass Jungs ein Angebot brauchen, um sich mit der Gewaltproblematik auseinanderzusetzen, weil sie auf ihre Art „Experten“ auf diesem Gebiet sind. Gewalt hat bei vielen Jungs eine Legitimation als Mittel der Konfliktlösung. Wir suchen zusammen in der Gruppe, welche Formen der Konfliktlösung sonst noch möglich sind – und wie ich dabei trotzdem „männlich“ sein kann. Jungs sind zum Beispiel recht ungeübt darin, die feinen Facetten von Körpersprache zu lesen und zu interpretieren, auch in der Selbstbeobachtung. Mein Herz fängt an zu klopfen, ich hab weiche Knie, feuchte Hände. Auch mein Gegenüber kann ich vor der Eskalation beobachten. Bis dahin ist noch keine Faust geflogen. Wir trainieren auch die verbale Kommunikation, die Jungs sollen sprachliche Möglichkeiten finden, um schwierige Situationen zu entschärfen. (...)

Wie alt sind denn die Jungs, mit denen sie arbeiten?

Wir fangen schon in der ersten Klasse an, dann sind die Jungs sechs oder sieben Jahre alt. Wir machen auch Kurse für 12- oder 13-jährige, aber desto näher die Pubertät rückt, desto unzugänglicher werden sie. In der Grundschule sind die Kinder noch offener für eine Reflexion ihrer Rollenvorstellungen, noch nicht so festgefahren. Bei 13-jährigen ist ein hinterfragtes Männerbild dagegen sofort mit Schwulsein verknüpft. Die wollen sich nicht mit einem älteren Mann und 20 anderen Jungs zum Reden treffen, die denken, dann könnten wir auch gleich auf den Fußballplatz gehen. Diese Hürde muss man erst mal überwinden. (...)

Wieso sind die Beratungsangebote für Jungs und junge Männer nicht schon viel ausgeprägter?

Es ist nicht männlich, Beratung in Anspruch zu nehmen und sich helfen zu lassen. Als Mann geht man gerne in die Werkstatt und fragt, wie man sein Auto tunen könnte. Das ist für viele ein Beratungsangebot von Mann zu Mann. Wenn es um persönliche Themen geht, dann fällt der Vorhang. Die offen formulierte Nachfrage für Beratungsangebote fehlt seitens der Männer einfach noch.

Johannes Graupner, Die neue Männlichkeit: Wann ist ein Junge ein echter Junge?, in: http://jetzt.sueddeutsche.de, 11.02.2008

Methode: Gruppenpuzzle

Diese Unterrichtsmethode arbeitet mit zwei Gruppenformen, der Stamm- und der Expertengruppe. In den Stammgruppen (3-5 Schüler) erhält jedes einzelne Gruppenmitglied eine Teilaufgabe der Gesamtaufgabe, mit der es sich zunächst einmal selbst auseinandersetzt und für diese zum „Experten“ wird. Im zweiten Schritt treffen sich alle „Experten“, die dieselbe Teilaufgabe bearbeitet haben, in der Expertengruppe, tauschen sich aus, klären offene Fragen und vertiefen ihr Wissen. In der dritten Phase kehrt jeder in seine Stammgruppe zurück und unterrichtet die anderen Mitglieder der Stammgruppe über seine Erkenntnisse. Nach dieser gegenseitigen Unterweisung muss jedes Gruppenmitglied über alle Teilaspekte des Gesamtthemas informiert sein.

Abb. 1. Schritt: Stammgruppen — 2. Schritt: Expertengruppen — 3. Schritt: Stammgruppen

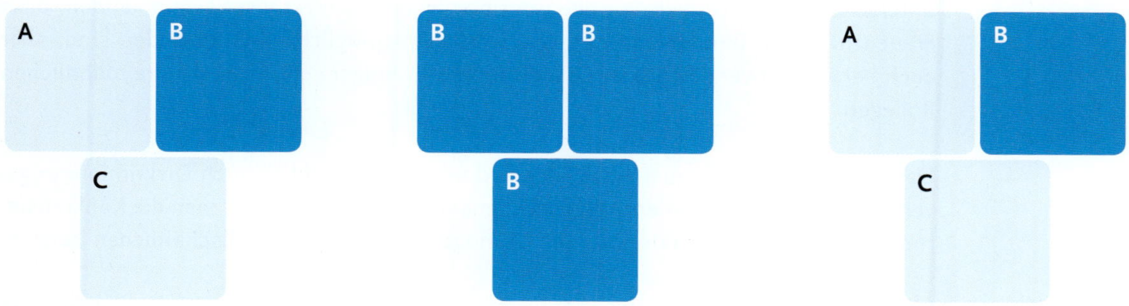

Material zum Gruppenpuzzle

Das hier vorgestellte Material teilt das Gesamtthema „Vorschläge zur Förderung der Gleichstellung von Mann und Frau“ in drei Aspekte auf. Die gebildeten Stammgruppen sollten also mindestens aus drei Mitgliedern bestehen.

Aufgaben

Folgende drei Teilaufgaben sind vorgesehen und sollen nach den gegebenen Aufgabenstellungen bearbeitet werden.

1. Erarbeite aus M 6 die Probleme, die von Familien- und Frauenministerin Schröder thematisiert werden, und ihre Vorschläge zur Verbesserung der Situation von Frauen und Männern. Nimm Stellung dazu.
2. Trage anhand von M 6 die Gründe für die beschriebenen Probleme zusammen und sammle die Lösungsvorschläge von Jutta Allmendinger in M 7. Begründe deine Meinung.
3. Nenne die in M 8 von Bernd Drägestein angeführten Probleme von Jungen und Männern und erarbeite die Vorschläge zum Thema Jungenförderung, die das Institut für Jungen- und Männerarbeit gemacht hat. Erläutere deine Einschätzung – wann ist ein Junge ein echter Junge?

Jede Stammgruppe soll außerdem am Ende ein **Resultat** erarbeitet haben, das anhand von Folien der Klasse präsentiert werden kann.

Wissen kompakt

Einfluss des direkten Umfeldes auf die Entwicklung des eigenen Rollenverständnisses

Die Erziehung, die man in der Kindheit und Jugend durch die unterschiedlichen Sozialisationsinstanzen (Familie, Schule, Peers, Medien) erfährt, ist maßgeblich dafür verantwortlich, welches Rollenverständnis man entwickelt. Das heißt, welche Verhaltensmuster man sich aneignet und welches Verhalten man folglich als richtig bzw. falsch empfindet. Wenn ich beispielsweise während meiner Kindheit erfahre, dass Jungs Fußball spielen und Mädchen stattdessen Ballett machen, dann ist es natürlich für mich erstaunlich, dass es auch anders sein kann.

Verteilung von Berufen und Löhnen zwischen Mann und Frau

Trotz Gleichheitsgrundsatz im Grundgesetz und Diskriminierungsverbot zeigen Zahlen, dass die Realität häufig anders aussieht: Männer und Frauen werden in vielen Bereichen unterschiedlich behandelt. Vor allem im beruflichen Kontext lässt sich erkennen, dass Frauen häufig in Berufen mit geringeren Verdienstmöglichkeiten zu finden sind, aber auch bei absolut vergleichbarer Qualifikation oft weniger verdienen als ihre männlichen Kollegen.

Allgemeines Gleichbehandlungsgesetz (AGG) (→S. 54, M 2)

Das Gesetz gilt seit August 2006 und wird umgangssprachlich auch Diskriminierungsverbot bzw. Antidiskriminierungsgesetz genannt. Darunter versteht man die Konkretisierung des Gleichheitsgrundsatzes des Grundgesetzes für den gesellschaftlichen Bereich.

Genderkompetenz an der Schule

Lehrer müssen ein Bewusstsein dafür entwickeln, dass auch sie nicht völlig frei von traditionellen Rollenzuschreibungen sind und dass man sich allzu leicht von herkömmlichen Rollenmustern in der Einschätzung und Beurteilung von Schülern leiten lässt. Dieses Bewusstsein soll dazu beitragen, den Schülern unvoreingenommener zu begegnen und falsche Zuweisungen zu vermeiden.

Förderung von persönlichen Kompetenzen

Die Förderung von persönlichen Kompetenzen (Selbstbewusstsein, Selbständigkeit; allg.: das Wissen über sich selbst, die eigenen Schwächen und Stärken) soll dazu beitragen, dass Schüler ihre berufliche Entscheidung, unverfälscht von herkömmlichen Rollenzuschreibungen, nur den eigenen Vorstellungen und Neigungen entsprechend treffen können.

Gender-Mainstreaming

Das bedeutet, sämtliche politischen Vorhaben müssen vor ihrer Umsetzung daraufhin untersucht werden, welche Auswirkungen ihre Umsetzung auf Frauen und Männer haben wird, um bei möglichen Benachteiligungen für das eine oder andere Geschlecht das Vorhaben noch einmal zu überdenken und neu zu gestalten.

Politische Maßnahmen zur Förderung der Gleichstellung von Mann und Frau

- Förderung der Vereinbarkeit von Familie und Beruf: Elterngeld, Ausbau von Betreuungseinrichtungen, steuerliche Absetzbarkeit von Kinderbetreuungskosten ...
- Förderung von Frauen in Führungspositionen in Wirtschaft, öffentlicher Verwaltung, Wissenschaft und Forschung
- Diskussion zum Thema Frauenquote in Unternehmen, Parteien ...
- Bekämpfung der Entgeltungleichheit (Gender Pay Gap)
- Förderung von Selbständigkeit bei Frauen
- Öffentliche Debatte zur Gleichstellung von Mann und Frau

Überprüfe dein Können

Ist unsere Schule geschlechtersensibel?

1. Phase:

Gibt es an der Schule problematisches Verhalten zwischen Jungen und Mädchen?

In einer Box werden anonym Aussagen und Erfahrungen von Schülerinnen und Schülern in der Klasse, auf dem Schulweg oder auf dem Pausenhof gesammelt zu den folgenden Fragen:

- In welcher Situation hast du gemerkt, dass das Verhalten eines Jungen/Mädchens einem Mädchen/Jungen gegenüber als unangenehm oder verletzend empfunden wurde?
- Gab oder gibt es Signale (Kleidung, Accessoires, verbales oder nonverbales Verhalten), die Jungen und Mädchen unangenehm berühren?
- Hast du Situationen erlebt, in denen Äußerungen missverständlich interpretiert wurden und so „stille“ Verletzungen entstanden sind?

2. Phase:

Auswahl der Fälle durch die Schülerinnen und Schüler

Die Box wird von der Lehrkraft geleert und die Klasse stimmt für jeden Fall ab, ob über ihn diskutiert werden soll.

3. Phase:

Analyse der Situationen

Die ausgewählten Situationen werden diskutiert, wobei für jeden Fall klarwerden sollte:

- Warum wurde die Situation als unangenehm oder verletzend empfunden?
- Wie kann man verhindern, dass Signale (Kleidung, nonverbales Verhalten) als unangenehm empfunden werden?
- Wer hat in den Situationen angemessen oder unangemessen reagiert?
- Welche Rolle können/sollten Dritte bzw. Lehrkräfte übernehmen?

4. Phase:

Wie können wir geschlechtersensibles Verhalten an der Schule sicherstellen?

In einfachen Rollenspielen können die Ergebnisse der 3. Phase umgesetzt werden: Negativ bewertetes Verhalten wird in partnerschaftliches Verhalten umgewandelt, Interventionsmöglichkeiten durch Betroffene oder durch Dritte werden diskutiert.

Das Ergebnis könnte auch ein Katalog von Regeln sein, der partnerschaftliches Verhalten in der Klasse oder an der Schule sicherstellen soll.

Glossar

Abgeordnete
Die gewählten Mitglieder eines Parlaments.

Bund (Bundesstaat)
Der Zusammenschluss mehrerer Staaten zu einem Gesamtstaat, zum Beispiel die Bundesrepublik Deutschland mit allen Bundesländern.

Bundeskanzler
Der Chef der Bundesregierung. Er bestimmt die Richtlinien der Politik und trägt die Verantwortung dafür.

Bundespräsident
Das Staatsoberhaupt der Bundesrepublik. Er repräsentiert Deutschland nach außen. Außerdem gehören zu seinen Aufgaben die Ernennung und Entlassung der höchsten Staatsbeamten und die Unterzeichnung der vom Bundestag verabschiedeten Gesetze.

Bundesrat
Der Bundesrat ist ein Teil der Legislative. Über ihn wirken die Länder an der Gesetzgebung des Bundes mit. Der Bundesrat muss bei Gesetzen, die Länderinteressen berühren oder die Verfassung ändern, zustimmen, damit diese in Kraft treten können. Bei anderen Gesetzen kann er Einspruch erheben, der aber vom Bundestag überstimmt werden kann.

Bundestag
Name des deutschen Parlaments, s. dort!

Bundesverfassungsgericht
Höchstes Deutsches Gericht mit Sitz in Karlsruhe. Das Bundesverfassungsgericht wacht darüber, dass Parlamente, Regierungen und Gerichte in Deutschland das Grundgesetz einhalten. Jeder Bürger kann eine Verfassungsbeschwerde beim Bundesverfassungsgericht einreichen.

Bürgerliches Gesetzbuch (BGB)
In ihm stehen die wichtigsten rechtlichen Regelungen, die das Zusammenleben der Bürger betreffen, z. B. zu den Rechten und Pflichten beim Kaufvertrag.

Demografischer Wandel
So werden die Veränderungen in der Bevölkerungszusammensetzung hinsichtlich ihrer Größe und Struktur (z. B. Alterszusammensetzung) bezeichnet.

Demokratie
Das Wort stammt aus dem Griechischen und bedeutet Herrschaft des Volkes. Die Beteiligung aller Bürgerinnen und Bürger an allen Abstimmungen kann nur in sehr kleinen Staatsgesellschaften verwirklicht werden (direkte Demokratie). Wo dies nicht möglich ist, wählt das Volk Vertreter (Repräsentanten), die für das Volk handeln (repräsentative Demokratie).

Europäische Union
Die Gemeinschaft von heute (2011) 27 europäischen Staaten wurde 1957 als Wirtschaftsbündnis gegründet. Neben der gemeinsamen Politik in allen wirtschaftlichen Bereichen wurde im Vertrag von Maastricht (1992) auch eine Zusammenarbeit in der Außen- und Sicherheitspolitik sowie der Justiz- und Innenpolitik beschlossen.

EU-Organe
Zu den wichtigsten Organen der Europäischen Union – vergleichbar mit den Verfassungsorganen in der Bundesrepublik Deutschland – gehören der Ministerrat, die Europäische Kommission, das Europäische Parlament, der Europäische Gerichtshof und der Europäische Rechnungshof. Der Europäische Rat ist kein Organ der EU im rechtlichen Sinne, doch hat der Europäische Rat eine große Bedeutung für die Entwicklung der Europäischen Union.

Einschaltquote
Mit Hilfe von Messgeräten wird in ausgewählten Haushalten ermittelt, wie viele Zuschauer welche Sendungen wie lange sehen. Die so ermittelte Einschaltquote ist Maßstab für den Erfolg einer Sendung und dafür, wie viel Geld die Sender für Werbeeinblendungen verlangen können.

Erziehung
Erziehung nennt man alles, was dazu beiträgt, die gesamte Persönlichkeit eines Menschen zu bilden und zu fördern.

Exekutive
Die ausführende Gewalt, d. h. Regierung und Verwaltung.

Familie
Gemeinschaft, die bei uns in der Regel aus den Eltern und Kindern besteht. Im weiteren Sinne ist eine Familie eine Gruppe von Menschen unterschiedlicher Generationen, die unter einem Dach zusammenleben, füreinander Verantwortung übernehmen und sich gegenseitig unterstützen. In unserer Gesellschaft gibt

es viele unterschiedliche Formen der Familie: Kleinfamilie, Patchworkfamilie, Großfamilie, allein erziehende Mütter oder Väter mit ihren Kindern, Stieffamilie usw.

Föderalismus
Gliederung eines Staates in Gliedstaaten (in der Bundesrepublik Deutschland die Bundesländer) mit eigener Verfassung, Regierung und Parlament. Bezeichnet auch das Bestreben, die Rechte der Gliedstaaten zu wahren.

Gemeinde
Die Gemeinden (Kommunen) bilden das unterste politische Gemeinwesen in der Bundesrepublik Deutschland. Gemeinden besitzen das Recht der Selbstverwaltung (Art. 28 GG) und regeln im Rahmen der Gesetze alle Angelegenheiten der örtlichen Gemeinschaft in eigener Verantwortung.

Generation
Damit meint man alle innerhalb eines bestimmten Zeitabschnitts geborenen Menschen. Der Abstand zwischen zwei Generationen ist der Abstand zwischen den Geburtsjahren von Großeltern, Eltern und Kindern.

Gesellschaft
Eine Gesellschaft bezeichnet einen relativ dauerhaften Verbund von Gemeinschaften / Gruppen, die innerhalb einer politischen und wirtschaftlichen Ordnung leben und gemeinsame Normen und Werte teilen.

Gesetz
Ein Gesetz ist eine verbindliche Vorschrift, die das Ziel hat, das Zusammenleben der Menschen zu regeln. Es muss in einem dafür vorgesehenen Verfahren rechtmäßig zustande kommen. Gesetze werden von den Parlamenten (Bundestag, Landtag, Gemeindevertretung) beschlossen.

Gewaltenteilung
Verteilung der drei Gewalten Gesetzgebung (Legislative), Verwaltung (Exekutive) und Gerichtsbarkeit (Judikative) auf verschiedene, voneinander unabhängige Staatsorgane. In der Regel sind dies Parlament, Regierung und Verwaltung und eine unabhängige Richterschaft. In der Bundesrepublik Deutschland ist die klassische Gewaltenteilung teilweise durchbrochen (Gewaltenverschränkung).

Grundgesetz
Das Grundgesetz ist die Verfassung der Bundesrepublik Deutschland. Sie regelt den Aufbau, die Aufgaben und das Zusammenspiel der Staatsorgane. Im Grundgesetz werden auch die Grundrechte garantiert, die jedem Einzelnen gewährt werden, wie zum Beispiel die Meinungsfreiheit, die Versammlungsfreiheit und die Menschenwürde.

Grundrechte
In der Verfassung garantierte Rechte, die für jeden Einzelnen gewährleistet werden, wie zum Beispiel die Meinungsfreiheit, die Versammlungsfreiheit und die Menschenwürde.

Informationsgesellschaft
Man bezeichnet unsere heutige Gesellschaft auch als Informationsgesellschaft. Damit meint man, dass Informationen in unserem Leben eine zentrale Bedeutung haben und ohne gründliche und schnelle Informationen unsere Wirtschaft und Gesellschaft nicht funktionieren würde.

Infotainment
Gebildet aus den beiden Begriffen „Information" und „Entertainment", ist die Kombination von Information mit Elementen der Unterhaltung bei Nachrichtensendungen.

Integration
Im allgemeinen Sprachgebrauch versteht man darunter die Eingliederung oder Einbindung eines (fremden) Einzelnen oder einer Minderheit in eine größere Gruppe.

Judikative
Die rechtsprechende Gewalt; sämtliche Gerichte der Bundesrepublik Deutschland.

Kabinett
Der Kanzler, die Minister und politischen Beamten (Staatssekretäre).

Koalition
Zusammenschluss zweier oder mehrerer Parteien, die gemeinsam eine Regierung bilden und Gesetzentwürfe ausarbeiten.

Legislative
Die gesetzgebende Gewalt; sie wird in der Bundesrepublik Deutschland von Bundestag und Bundesrat ausgeübt (auf Landesebene von den Länderparlamenten).

Manipulation
Unbewusste, unerlaubte Beeinflussung von Entscheidungen, Einstellungen oder Wahrnehmungen. Die Manipulation von Menschen kann so weit führen, dass jemand seine Willensfreiheit verliert oder gänzlich unter die Kontrolle derer gerät, die sie bzw. ihn manipulieren. Manipulation birgt damit immer auch die Gefahr eines Machtmissbrauchs.

Massenmedien
Massenmedien richten sich an ein großes, weit verstreutes und unbestimmtes Publikum, an die „Masse". Die Massenkommunikation geschieht öffentlich – jedem ist der Zugang zu den Angeboten von Massenmedien offen. Zu den Massenmedien zählen: Zeitung, Zeitschrift, Buch, Flugblatt, Plakat, Film, Hörfunk und Fernsehen, massenhaft verbreitete Speichermedien (z. B. CDs, DVDs) sowie Webseiten im Internet.

Mediendemokratie
Form der Demokratie, in der die Artikulation und Diskussion von politischen Problemen in erster Linie von den Medien angestoßen und vermittelt wird

Menschenrechte
Das sind die persönlichen Rechte, die jedem Menschen von Geburt an zustehen, z. B. das Recht auf Meinungsfreiheit.

Migration
Im Laufe der Geschichte haben sich immer wieder kleinere oder größere Gruppen von Menschen oder ganze Völker auf Wanderungen begeben. Dies hatte ganz unterschiedliche Gründe: So wurden die Menschen aus religiösen oder politischen Motiven verfolgt, andere waren arm und sahen für sich und ihre Kinder keine Zukunft mehr in ihrer Heimat. Alle diese Wanderungen (lat. migrare = wandern) nennt man Migration.

Mobbing
Mobbing bedeutet, dass jemand z. B. in der Schule schikaniert, belästigt, drangsaliert, beleidigt, ausgegrenzt wird. Wenn man eine negative Handlung als Mobbing bezeichnen möchte, dann muss diese häufig und wiederholt auftreten und sich über einen längeren Zeitraum erstrecken. Das Mobbingopfer ist der Situation häufig hilflos ausgeliefert und leidet stark unter der Situation.

Opposition
Alle Personen und Gruppen, die der Regierung im Parlament gegenüberstehen und sie kritisieren.

Parlament
Die Versammlung der vom Volk gewählten Abgeordneten. Das Parlament regt Gesetze an, bewilligt sie und kontrolliert die Regierung. In einer parlamentarischen Demokratie nimmt vor allem die Opposition die Kontrollfunktion wahr, da die Mehrheit im Parlament die Regierung trägt.

Parteien
Politische Gruppen, die über einen längeren Zeitraum Einfluss auf die politische Willensbildung nehmen. Sie sind bereit, in Parlamenten und Regierungen Verantwortung zu übernehmen.

Pressefreiheit
Garantie für die freie Berichterstattung und Veröffentlichung von Informationen und Meinungen. Sie ist im deutschen Grundgesetz festgeschrieben (Art. 5 GG) und gilt als Grundlage der Demokratie, da sich die Bürger nur mithilfe der Informationen an politischen Entscheidungen beteiligen können.

Rechtsstaat
Ein Rechtsstaat ist ein Staat, in dem die öffentliche Gewalt an eine objektive Rechtsordnung gebunden ist. In einem Rechtsstaat ist die Macht des Staates begrenzt, um die Bürger vor gesetzloser Willkür zu schützen.

Rolle
Eine Rolle ist ein bestimmtes Verhalten, das andere Menschen von bestimmten Personen oder in bestimmten Situationen erwarten. Das Verhalten der Geschlechter (Frauen / Männer) und damit zusammenhängend die Rollen- und Arbeitsverteilung in der Familie sind oft mit solchen Erwartungen verbunden.

Soziales Netzwerk
Der Begriff soziales Netzwerk bezeichnet ein Beziehungsgeflecht, das Menschen mit anderen Menschen verbindet. Menschen sind untereinander zum Beispiel durch Beziehungen in der Familie und Verwandtschaft sowie im Freundeskreis, aber auch mit der Nachbarschaft und in der Arbeitswelt vernetzt. Soziale Netzwerke werden zunehmend im Internet gebildet.

Sozialstaat
Bezeichnung für einen Staat, der seinen Bürgern ein Existenzminimum sichert, wenn sie in Not geraten sind, und für einen gerechten Ausgleich zwischen Reichen und Bedürftigen sorgt. In Deutschland geschieht dies z. B. durch die Sozialversicherungspflicht und durch staatliche Unterstützung, wie die Sozialhilfe, Kindergeld oder Ausbildungs- und Arbeitsförderung.

Staat
Mit dem Begriff bezeichnet man eine Vereinigung vieler Menschen (Staatsvolk) innerhalb eines durch Grenzen bestimmten geografischen Raumes (Staatsgebiet) unter einer unabhängigen (souveränen) Staatsgewalt, die von den Staatsorganen (Regierung, Parlamente, Gerichte, Polizei) ausgeübt wird.

Staatsangehörigkeit
Zugehörigkeit zu einem Staat. Als Staatsbürger besitzt man bestimmte Rechte und Pflichten in dem jeweiligen Land. So darf man wählen oder gewählt werden, muss aber auch Steuern bezahlen oder zum Beispiel Wehr- oder Zivildienst leisten.

Spielsucht
Zwanghaftes Spielen oder Spielabhängigkeit bedeutet die Unfähigkeit eines Betroffenen, dem Wunsch zu spielen zu widerstehen, auch wenn dies schwerwiegende Folgen im persönlichen, familiären oder beruflichen Umfeld nach sich zu ziehen droht oder diese schon nach sich gezogen hat.

Steuern
Steuern sind allgemeine Geldabgaben der Bürger und Unternehmen an den Staat. Alle Steuerpflichtigen müssen Steuern zahlen. Es gibt verschiedene Steuerarten (z. B. Einkommensteuer, Mineralölsteuer, Hundesteuer). Steuern sind in der Regel nicht an einen bestimmten Zweck gebunden. Hundesteuern müssen z. B. nicht zur Beseitigung von Hundekot verwendet werden. Steuern dienen dazu, dass der Staat (oder das Land, die Gemeinde) seine Aufgaben erfüllen kann, d. h. seine Straßen bauen und instand halten, seine Einrichtungen betreiben und seine Beamten und Angestellten bezahlen.

Verbraucherpolitik
Alle Maßnahmen (Gesetze) des Staates zum Schutz der Verbraucher.

Verbraucherschutz
Maßnahmen zum Schutz der Gesundheit der Verbraucher und zur Stärkung ihrer Rechte als Konsumenten. Mit bestimmten Gesetzen (z. B. zur Kennzeichnung von Lebensmitteln oder zur Gewährleistung), aber auch durch eine verbesserte Information und Aufklärung (z.B. durch Produktsiegel und Warentests) soll die Position der Verbraucher gegenüber den Anbietern verbessert werden.

Vermittlungsausschuss
Bundesrepublik Deutschland: Ausschuss, der tätig wird, wenn ein Gesetzesbeschluss des Bundestages auf Einwände des Bundesrates stößt. Bundestag und Bundesrat entsenden je die Hälfte der 32 Mitglieder. Aufgabe des Vermittlungsausschusses ist es, Kompromisse auszuarbeiten. Europäische Union: Ausschuss, der tätig wird, wenn nach der Zweiten Lesung eines Gesetzes keine Einigung zwischen Europäischem Parlament und Ministerrat erzielt werden kann. Der Vermittlungsausschuss setzt sich aus den Mitgliedern des Rates und ebenso vielen Vertretern des Europäischen Parlaments zusammen, Vertreter der EU-Kommission nehmen beratend teil.

Werbung
Im wirtschaftlichen Sinne die Bekanntmachung von Gütern oder Dienstleistungen mit der Absicht, bei den Konsumenten eine Kaufhandlung auszulösen. Wird dies versteckt gemacht, spricht man von Schleichwerbung.

Wahlen
Verfahren der Berufung von Personen in bestimmte Ämter durch Stimmabgabe einer Wählerschaft. Demokratische Wahlen müssen allgemein, frei, gleich und geheim sein. Das genaue Wahlverfahren ist meist in Wahlgesetzen geregelt.

Register

A

Achtung 21, 46
Allgemeines Gleichbehandlungsgesetz (AGG) 182
Allmendinger, Jutta 177
Antidiskriminierungsgesetz 54
Artikel
– 3(2) GG 158
– 20 GG 15
– 33 GG 54
– Entstehungsgeschichte 164
Aufenthaltsgesetz 40
Ausgrenzung 29, 58

B

Bayerische Verfassung (BV) 51
Bertelsmann AG 79
Bewerbungen, anonymisierte 58
Bildmanipulation 90
Bologna-Reform 148, 150
Bundeskanzler 13, 15
Bundesminister 15
Bundespräsident 15, 53
Bundesrat 13, 15
Bundesregierung 13, 15
Bundesrepublik Deutschland 14
Bundestag 13, 15
Bundesverfassungsgericht 13, 15
Bundesversammlung 15
Bürgerliches Gesetzbuch (BGB) 159

C

Cloud Computing 115
Computerspiele 106
Cover 64 f.
Cyber-Bullying 111 f.

D

Datenschutz 110, 112
Demokratie 14, 64, 67
Deutsche Demokratische Republik (DDR) 14
Drägestein, Bernd 179
Duale Rundfunkordnung 76 f., 80

E

E-Democracy 115
Ehen, gleichgeschlechtliche 167
Eingetragene Lebenspartnerschaft 167
Euregio 134 f., 146
Euromünzen 117
Europa 120 ff., 124 ff., 128, 130 f., 140, 144, 146, 149
– Chance für junge Menschen 150
– Islam in 123
– Jugendliche in 150
Europäische Einigung 130
– Motive 132
Europäische Kommission 129
Europäische Richtlinien 128
Europäische Union 117, 122, 126, 128, 136 f., 139
– Bürger 137
– Flagge 126
– Gesetz 128
– Mitgliedstaaten 127, 132, 137
– Organe der 132
– Rat 122
– Ziele 132
Europäischer Gerichtshof 129
Europäischer Rat 129
Europäischer Rechnungshof 129
Europäisches Gastschuljahr 146
Europäisches Parlament 126, 129
Eurovision Song Contest 120
Exekutive (Vollziehende Gewalt) 13
E-Zine 115

F

Familie 46, 167
Fernsehen 76, 94, 102
Flüchtlinge 139
Frauenberuf 178
Frauenquote 175
Frauen-Rollen 156

G

G2C 115
Gemeinderäte 13
Gemeindeverwaltungen 13
Gender Mainstreaming 175, 182
Gender Pay Gap 176
Genderkompetenz 182
Gerechtigkeit 30
Geschlechtergerechtigkeit 174
Geschlechterrolle 156, 164
Geschlechtersensibilität 174, 183
Gesellschaft 21 f., 24, 26, 41, 53, 170, 172
Gesetze 112, 158
Gesetzgebende Gewalt (Legislative) 13
Girl's Day 174
Gleichberechtigung 153, 158
Gleichgeschlechtliche Ehen 167
Gleichstellung von Mann und Frau 182
Grundgesetz 14, 60, 153
– Artikel 3 (2) 158, 164
– Artikel 20 15
– Artikel 33 54
Grundrecht, Meinungs- und Pressefreiheit 71
Grundrechte 14
Grundwerte 57
Gruppenpuzzle 181
GUN-Prinzip 82
Guttenberg, Karl-Theodor zu 84

H

Habitualisierungs-These 109

I

ICQ 113
Identität 29
Imitations-These 109
Infotainment 83
Inhibitions-These 109
Inklusion 59
Integration 21, 33, 36, 50
– Probleme 60
– Ursachen für mangelnde 34
– Voraussetzung für eine gelingende 44
Integrationskurs 41
Internet 94, 96, 112
Internetzensur 71
Islam 24
Italien 33, 139
IT-Recht 10

J

JIM (Jugend, Information, (Multi-) Media) 94
Judikative (Rechtsprechende Gewalt) 13
Jugendliche 92, 145, 149
– in Europa 150
– Medienbeschäftigung in der Freizeit 94
Jungen 153, 179

K
Kanada 41
Katharsis-These 109
Kommunen 42
Kreistage 13
Kreuz 50
Kurzreferat 163

L
Labor, soziales 27
LAN-Party 115
Legislative (Gesetzgebende Gewalt) 13
Lena 120
Lissabon, Vertrag von 122
Lokalzeitungen 78
Luchsprojekt 135

M
Mädchen 153
Männerberufe 161
Mantelredaktionen 78
Massenmedien 66, 96, 99
Mediatisierung 97
Medien 63 f., 67, 92, 96, 106, 109, 114
Medien
– audiovisuelle 96
– auditive 96
– interaktive 96
– multimediale 96
Mediendemokratie 66, 74
Medienkonsum 99, 102, 108
Medienkonzentration 78 ff.
Medienlandschaft 76
Medienmissbrauch 102, 108
Mediennutzung 94, 114
Medienprotokoll 95
Mediensucht 108
Meinungsfreiheit 74, 78
Menora 50
Merkel, Angela 131
Migranten 41
Migration 137 f.
Minderheiten 21 f., 24
Ministerrat 129
Mitgliedsstaaten der EU 132
Motive der europäischen Einigung 132

N
Nachrichten 82, 85
Nachrichtenformate 87
– klassische 90
– neue 90
Nachrichtenmagazin 64
Nachrichtenwert 70
Natura 200 134
Netzwerke 99

O
Oberste Gerichtshöfe 13
Öffentlich-rechtlicher Rundfunk 80
Organe der Europäischen Union 129, 132

P
Parallelgesellschaft 56
Parlamente der Länder 13 f.
Persönlichkeitsrecht 110, 112
Perspektivenwechsel 27
Polis 11
Politik 11, 16, 18, 83, 172
Politikzyklus 17 f.
Portfolio 154
Pressefreiheit 70, 74
– Grundrecht Meinungs- und 71
– Schranken der 74
Presserat 72 f.
Printmedien 96
Prosumer 115

R
Randgruppen 21, 24, 26
Rat der EU 122
Rechtsprechende Gewalt (Judikative) 13
Rechtsstaat 15, 54
Regionalzeitungen 78
Rolle 156, 172
Rollenbrecher 160
Rollenerwartung 164
Rollenklischees 156, 164, 172
Rollenspiele 155
Rollenverständnis 182
RSS-Feeds 115
RTL2-News 85
Rundfunk
– öffentlich-rechtlicher 80
– privater 80
– Unterschiede 80

S
Sachtext, Umgang mit einem 169
Schengener Abkommen 134
Schröder, Kristina 176
SchülerVZ 111
Self-fulfilling-prophecy 31, 35
Shell Jugendstudie 2010 166
Sinti und Roma 22
SMS 111, 113
Social Media 98, 115
Song-Contest 120
Soziales Labor 27
Sozialgesetzbuch IX 45
Staat 12, 40, 53 f., 56
Staatsgewalt 15, 18
Staatsorgane 13
Stadträte 13
Stadtverwaltungen 13
Stereotype 31, 156
Sucht 107
Suchtpotential 106

T
Tageszeitungen 68, 80
Telekommunikationsgesetz 16
Toleranz 21, 46
Traditionelle Rollenerwartungen 164
Tusk, Donald 131

U
Umgang mit einem Sachtext 169
Urteile, (Vor-) 30

V
Verbraucherschutz 10
Vermittlungsausschuss 15
Vertrag von Lissabon 122
Volk 15
Volkssouveränität 15
Vollredaktionen 78
Vollziehende Gewalt (Exekutive) 13
Vorurteile 30 ff.

W
Wahl zum Europäischen Parlament 145
Wandel, Bürgerliches Gesetzbuch (BGB) 159
Wandel, sozialer 168, 170
Web 2.0 98 f.
Wertevermittlung in Familie und Schule 52

Z
Ziele der Europäischen Union 132
Zivilcourage 49
Zivilgesellschaft 36
Zusammenarbeit
– europäische 134
– grenzüberschreitende 138
Zusammenhang von Medien und Gewalt 114
Zusammenleben 54

Literaturnachweis

Kapitel 1

S. 10, M1: http://www.stern.de/tv/sterntv/abofallen-im-internet-ein-klick-mit-folgen-1518916.html, 16.11.2010

S. 10, M2: http://www.pressrelations.de/NEW/standard/result_main.cfm?r=425543&sid=&aktion=jour_pm&quelle=0&n_firmanr_=102077&pfach=1&detail=1&sektor=pm&popup_vorschau=0, 23.09.2010

S. 11, Info: Gerd Schneider/ Christine Toyka-Seid, Politik, in: Das junge Politik-Lexikon, bpb, Bonn, 2. korr. Aufl., 2006, S. 221

Kapitel 2

S. 22, M2: Johann Osel, Das Prinzip Hoffnung, in: Süddeutsche Zeitung, Nr. 191, 9. 08.2010, S. 24

S. 23, M3: Philipp Wurm: Endlich frei, in: Zeit Magazin Nr. 34, 19.8.2010, S. 18–19

S.24, M4: http://www.ekd.de/aktuell_presse/news_2010_12_02_2_islam-studie.html, 2.12.2010

S. 25, M5: http://www.taz.de/1/leben/alltag/artikel/1/leben-zwischen-den-stuehlen/, 25.04.2010

S. 28, M6:
- Frank Gerstenbach, u.a., in: Stern 38/2009, 10.9.2009 S. 57
- Communichator no 21 sose 2010, hrsg v. Institut für Kommunikationswissenschaft und Medienforschung der LMU München, S. 6–7
- Karl-Heinz Büschemann, Thomas Öchsner, Sozialer Sprengstoff, in: Süddeutsche Zeitung, 01.09.2010, S. 19
- Nicola Holzapfel, Das gibt es doch gar nicht, dass du nichts findest, in: Süddeutsche Zeitung, 29.9.2010, S. 20

S. 29, Info: Klaus Feldmann, Soziologie kompakt. Eine Einführung, 4., überarbeitete Auflage, Wiesbaden, 2006 S. 91

S. 30, M8: Werner Bergmann, Was sind Vorurteile?, in: Informationen zur politischen Bildung, Vorurteile – Stereotype – Feindbilder, 2001, Nr. 271,

S. 31, M9: Sabine Etzold, „Forscher, Sänger, Provo", in: Die Zeit, Nr.18, 28.04.2005

S. 32, M10: Wolfgang Redwanz, Vorurteile, in: Zeitlupe 33/1994, Bonn, 1994, S. 4

S. 32, Randspalte: Wolfgang Redwanz, Halt! Keine Gewalt. Gegen Extremismus und Fremdenfeindlichkeit, Wiesbaden, 1992, S. 8 f.

S. 33, Exkurs: Harald Hordych, Zu Gast bei Fremden, in: Süddeutsche Zeitung, 23./24.10.2010 S. V2/6

S. 36, M3: Matthias von Hellfeld, in: http://www.dw-world.de/dw/article/0,,5859723,00.html, 25.08.2010

S. 35: James Thurber, Fünfundsiebzig Fabeln für Zeitgenossen, Rowohlt Reinbek, 1967

S. 36, M1: http://www.mehrgenerationenhaeuser.de/core-media/mgh/de/03__Fachdiskurs/Fachleute/Experteninterview_20Demenz_20-_20Peter_20Wissmann.html, 12.05.2009

S. 38, M3: http://www.dw-world.de/dw/article/0,,5859723,00.html, 25.08.2010

S. 38, M4: http://www.oberpfalznetz.de/onetz/2231737-118-hausaufgaben_gemacht,1,0.html#top, 10.03.2010

S. 40, M5: Franziska Schwarz, in: http://www.goethe.de/lhr/prj/daz/inf/int/rep/de4628110.htm, 12.12.2010

S. 41, M6: Leo Spors, Mut und Wille statt Geld, in: ZDF Reporter unterwegs, in: http://reporter.zdf.de/ZDFde/inhalt/31/0,1872,8107583,00.html, 02.09.2010

S. 42, M8: http://content.stuttgarter-nachrichten.de/stn/page/detail.php/2224805, 06.10.2009

S. 41, M9: http://www.dradio.de/dkultur/sendungen/thema/1305954/, 28.10.2010

S. 46, Info: http://www.unesco.de/fileadmin/pdf/erklaerung_toleranz.de.pdf, 1995

S. 47, M2: Sylvia Meise, Bildung schon im Kindergarten, in: Psychologie heute Compact, 2003, Heft Nr. 11, S. 34

S. 47, M3: Simone Buchholz, Sind das deine? Warum Eltern manchmal so schwierig sind, in: Fluter, Bundeszentrale für politische Bildung, Heft Nr. 6, 04/2003, S. 46-49

S. 50, M4: Maria Wetzel, Michael Deufel, Deutsch–Pflicht auf Stuttgarter Schulhof,in http://www.stuttgarter-nachrichten.de/inhalt.mehr-sprachkompetenz-deutsch-pflicht-auf-stuttgarter-schulhof.62e04cf5-843a-4279-9af4-04ea5b707589.html, 08.05.2010

S. 50, M5: http://www.tagesschau.de/inland/integration148.html, 15.10.2010

S. 50, M6: http://www.taz.de/1/zukunft/bildung/artikel/1/an-der-wand-kreuz-und-menora/, 03.01.2011

S. 53: http://www.bundespraesident.de/Anlage/original_670528/Weihnachtsansprache-2010-von-Bundespraesident-Christian-Wulff.pdf, 25.12.2010

S. 54, Info: Gerd Schneider, Christian Toyka–Seid: Das junge Politik–Lexikon, bpb, Bonn, 2006, S. 232-233

S. 55, M3: http://www.bildung.koeln.de/regionale_projekte/antidiskriminierungsarbeit/beispiele/suche_ausbildungsplatz/index.html, Abruf am 04.01.2011
- http://www.bildung.koeln.de/regionale_projekte/antidiskriminierungsarbeit/beispiele/ausbildung/ index.html, Abruf am 04.01.2011
- Antidiskriminierungsstelle des Bundes, Wichtige Urteile, Gesetzesinitiativen und Entwicklungen zum Diskriminierungsschutz im Jahr 2009, Berlin 2010 S. 9-11
- Antidiskriminierungsstelle des Bunde, Wichtige Urteile, Gesetzesinitiativen und Entwicklungen zum Diskriminierungsschutz im Jahr 2009, Berlin 2010 S. 9-11

S. 56, M4: http://www.tagesschau.de/inland/meldung203016.html, 27.08.2007

S. 57, M5: http://www.infogmbh.de/aktuell/Pressemitteilung-fuer-pressekonferenz4.pdf, 19.11.2009

S. 58, M6: Wiebke Baden, in: http://www.mz-web.de/servlet/ContentServer?pagename=ksta/page&atype=ksArtikel&aid=1290668086148, 25.11.2010

S. 58, M7: Magdalene Federlin, in: http://www.taz.de/1/zukunft/wissen/artikel/1/kein-recht-auf-alltag-fuer-behinderte/, 25.11.2008

S. 59: http://www.schulministerium.nrw.de/BP/Schulrecht/Fragen_Antworten/TeilnahmeSchwimmunterricht.html, Abruf am 04.01.2011

Kapitel 3

S. 64, M1: Mathieu von Rohr in: Der Spiegel Nr. 32, 09.08.2010, S. 128 f.

S. 66, M5: Schülerduden Politik und Gesellschaft, 5. Aufl., Mannheim 2005, S. 260

S. 67, M6: Informationen zur politischen Bildung Nr. 260, Massenmedien, hg. von der Bundeszentrale für politische Bildung, Bonn, 3/1998

S. 70, M8: Heribert Prantl, Pressefreiheit in Deutschland, in: http://www.goethe.de/cgi-bin/print-url.pl?url=http://www.goethe.de/wis/med/dos/jou/pfr/de2298880.htm, Abruf am 10.11.2010

S. 71, M9: Stefan Krempl, in: http://www.heise.de/tp/artikel/8/8076/1.html, 24.04.2000

S. 72, M10: http://www.presserat.info/uploads/media/Pressekodex_01.pdf, Abruf am 30.09.2010

S. 73, M11: http://www.presserat.info/uploads/media/Pressekodex_01.pdf, Abruf am 30.09.2010

S. 77, M3: Sparkassen SchulService, Schülerheft Medien, Stuttgart 1997/2002, S. 39

S. 78, M4: http://de.wikipedia.org/wiki/Mantelredaktion, und: http://de.wikipedia.org/wiki/Mantel_%28Journalismus%, Abruf am 14.11.2010

S. 79, M6: Rolf Schwartmann, Wann ist ein Markt ein Markt, in: http://m.lto.de/de/html/nachrichten/653/Wann-ist-ein-Markt-ein-Markt/, Abruf am 15.11.2010

S. 82, M2: Politik und Unterricht, Medien, Hrsg.: Landeszentrale für politische Bildung Baden-Württemberg, 1/2002, S. 15

S. 83, M4: Christina Holtz-Bacha, Aus Politik und Zeitgeschichte, B 41-42/2001

S. 85, M5/ S. 86, M6: Dennis Kremer, Mit „Hammerbräuten" gegen die Hypothekenkrise, in: http://www.welt.de/fernsehen/article1124670/Mit_Hammerbraeuten_gegen_die_Hypothekenkrise.html, 22.08.2007

K

S

S

S

S